上海助力打赢脱贫攻坚战口述系列丛书

长宁的责任

中共上海市长宁区委党史研究室 编

上海人民出版社　学林出版社

编委会

目 录

CONTENTS

1　强化责任担当　凝聚强大合力
　　全力助推对口地区打赢打好脱贫攻坚战　王为人

11　强化干部担当　做好人才选派工作　宋宗德

21　援藏三年：在艰苦环境中历练　王建民

31　情系浦江　功建高原　胡国强

41　我的三年江孜城建之路　王金才

50　不忘脱贫初心　牢记援滇使命　沈汉平

60　退伍不褪色　援滇新征程——记我在红土地上的两年扶贫路
　　　　　　　　　　　　　　　　　　　　张明远

70 为红河发展尽献绵薄之力 　　毛国伟

80 回望援滇真情路——我在红河州的所感、所悟、所获 　　梁　宏

90 跑基层　接地气　当不辱使命
　　——记我在云南红河州两年对口帮扶工作 　　王友晓

100 一声"阿黑哥"　一生云南情 　　叶鹏举

111 扶植特色产业　助力援滇事业 　　刘于朋

121 见红河新貌　了扶贫心愿 　　马　骥

130 "上海张爸"的援疆教育情怀 　　张斯恒

140 敢创新　办实事　树形象
　　——回顾我援疆的三年工作生活 　　史永亮

150 凝心聚力　扎实做好援疆工作 　　俞　浩

160 坚守初心：做好沪克教育搭桥人 　　鱼东彪

170 "智力援疆"新模式　脚踏实地促发展 　　邓大伟

180 点科技合作之灯　走科技创新之路 　　江　平

189 为了克拉玛依教育的腾飞 　　吴　凯

198 我的甘德援青之路 　　祝　华

208 三年甘德行　一生甘德人 　　缪　武

218 同饮一江水　情系一家人 　　张　戎

227 · 格桑花中闪亮着的"上海名片" 赵冬兵

237 · 植根雪域高原著华章 江轶群

245 · 礼赞甘德脱贫摘帽 王全有

254 · "红"与"绿":对口援赣大山情 曾新跃

264 · 援青工作十周年 累累硕果记心间 索南多

275 · "长金"千里结情缘 "东成西就"促脱贫 杨 菊

285 · 后 记

强化责任担当　凝聚强大合力 全力助推对口地区打赢打好脱贫攻坚战

王为人，1968年2月出生，江苏张家港人。2014年11月至今，任中共上海市长宁区委书记。任职期间，大力推动长宁区东西部扶贫协作和对口支援工作。2020年5月，长宁区对口的云南省红河县、绿春县、金平县和青海省甘德县全部脱贫摘帽。

口述：王为人
整理：彭梅芬

打好精准脱贫攻坚战是全面建成小康社会的三大攻坚战之一。2015 年 11 月，中央召开扶贫开发工作会议，习近平总书记强调，要"确保到二〇二〇年我国现行标准下农村贫困人口实现脱贫，贫困县全部摘帽，解决区域性整体贫困，做到脱真贫、真脱贫"。2015 年以来，习近平总书记先后就打赢脱贫攻坚战召开了 7 个专题会议，每次围绕一个主题，同时也提出面上的工作要求。今年 3 月 6 日，总书记主持召开决战决胜脱贫攻坚座谈会，就克服新冠疫情影响，凝心聚力打赢脱贫攻坚战，确保如期完成脱贫攻坚目标任务，作了非常明确的具体部署，我们坚决抓好贯彻落实。

根据 2016 年底上海市对口支援与合作交流工作领导小组关于调整各区对口支援关系的统一部署，长宁区东西部扶贫协作与对口支援地区调整为云南省红河州红河县、金平县、绿春县以及青海省果洛州甘德县，并承担新疆克拉玛依市人才援疆工作。云南省红河州三县以及青海省果洛州甘德县都是国家级深度贫困地区，贫困人口多、贫困程度深、脱贫难度大（根据 2017 年底国务院扶贫办认定数据，四县约有建档立卡贫困人口 22 万，其中，红河县 8.1 万，绿春县 5.7 万，金平县 7.2 万，甘德县 1.03 万）。区委坚决落实中央和市委决策部署，着力增强政治意识、责任意识，把助力对口地区打赢脱贫攻坚战，作为东西部扶贫协作和对口支援工作的重中之重，强化精准施策、聚焦难点突破，按照已经明确的路线图、时间表，以钉钉子精神抓好推进，确保责任全面落实。

自 2017 年起，国家层面开展脱贫攻坚成效考核（"国考"），红河州金平、红河县先后被抽中，长宁区也连续两年接受国家脱贫成效考核。在上海市东西部扶贫协作考核（"市考"）中，长宁区 2018 年、2019 年连续两年位列第一档。今年 4 月 21 日，青海省人民政府发布公告，正式批准果洛州甘德县退出贫困县序列；5 月 17 日，云南省人民政府发布通知，红河、金平、绿春县达到贫困县退出标准，批准脱贫摘帽。至此，长宁区对口所有贫困县提前完成脱贫出列任务，助力打赢脱贫攻坚战取得阶段性成效。对口所有贫困县提前完成脱贫出列任务，助力打赢脱贫攻坚战取得阶段性成效。

把助力打赢打好脱贫攻坚战作为一项重大政治任务

脱贫攻坚是全面建成小康社会必须完成的硬任务，没有任何退路和弹性。我们始终把助力对口地区打赢打好脱贫攻坚战当作长宁的分内事，放在重要议事日程，与全区重点工作一样来看待、来部署、来推进，确保中央和市委的要求不折不扣落到实处。

按照中央、上海市委对口支援工作最新要求，我们及时调整了区对口支援与合作交流工作领导小组，由我担任组长，长宁区区长担任第一副组长，区委副书记以及组织部部长、分管区长担任副组长（原先由区委、区政府分管领导担任组长和副组长），成员单位进一步扩大到全区 44 个部门和街镇。领导小组会议定期召开会议，深入学习贯彻习近平总书记关于扶贫工作的重要论述以及中央、市委会议精神，部署全区年度扶贫协作、对口支援和合作交流各项工作任务。长宁区委常委会、区政府常务会议也先后围绕消费扶贫、劳务协作、干部选派、考核动员等重点工作进行了专题研究，听取相关情况汇报，全力推进工作落实。此外，我们还邀请上海市合作交流办姚海主任，为全区局处中心组作专题辅导，进一步提升全区干部对于打赢脱贫攻坚战重要性的认识。

我们对标中央以及市委、市政府有关政策文件，以区委、区政府的名义印

◀ 2019 年 6 月 3 日，长宁区举行对口支援与合作交流领导小组全体（扩大）会议。王为人（左三）出席会议并讲话

发了进一步做好东西部扶贫协作和对口支援工作的实施办法，制订了长宁区助力对口地区打赢脱贫攻坚战三年行动计划，从顶层设计上进一步明确对口支援的总体要求、目标任务、工作思路。近年来，我们还先后制订了携手奔小康行动实施方案，以及关于深入开展消费扶贫实施办法等规范性文件，下达了关于开展村企结对精准扶贫行动等通知要求，结合对口帮扶工作实际，对中央、市委有关要求进行了细化，确保落实落细落地。

近几年，每年我和长宁区政府主要领导都会带队前往对口帮扶地区调研考察，并按照要求深入到贫困村、贫困户听取意见，了解脱贫攻坚工作第一手情况。长宁区领导小组其他领导以及区四套班子领导也根据工作需要，经常性地前往扶贫协作和对口支援地区，调研相关工作，开展帮扶活动，慰问挂职干部，等等。工作中，我们完善了与对口地区的党政联席会议机制，双方党政主要领导及相关部门常态化地召开党政联席会议，共同总结工作、交流情况、部署任务、破解难题。据统计，2017 年以来，长宁区与对口地区累计召开东西部扶贫协作和对口支援党政联席会议 37 次。此外，我们全面做实帮扶结对要求，探索形成了"区县帮扶、街乡共建、企村结对"三位一体的携手奔小康模式，全区 10 个街道（镇）与对口县 40 个贫困乡镇实现 100% 结对，全区 136

家企业、社会组织与对口县 240 个贫困村实现 100% 结对。

全力推进各项对口帮扶措施落到实处取得实效

精准扶贫、精准脱贫是新时期脱贫工作的基本方略。工作中，我们坚持"当地所需、长宁所能"相结合，精准对接对口地区所需，把产业合作、劳务协作、市场对接、社会事业帮扶等作为工作重点，因时因地制宜、因村施策，全力以赴帮助对口地区提升脱贫攻坚实效、实现更好发展。

聚焦产业合作，把加强产业帮扶作为关键举措。坚持"输血"和"造血"并举、近期成效和长远发展并重的理念，通过政府引导与市场运作相结合的方式，积极引导全区各类市场主体赴对口地区投资兴业，多途径帮助对口地区开发特色资源、发展壮大特色产业、培育经济增长的内生动力。一方面，我们加大了资金投入力度，全力推进各类帮扶援建项目，向特殊困难群体倾斜、向基层倾斜、向民生倾斜，确保扶贫工作稳步推进。另一方面，充分发挥计划外区级财政帮扶资金带动作用，根据当地资源禀赋，大力推进产业扶贫，培育扶持特色产业发展，增强当地"造血"功能，提高自我发展能力。三年来，累计推进产业扶贫项目 20 个，以产业扶贫项目吸纳贫困人口 202 人，通过利益联接机制带动脱贫 3320 人。其中，在红河县，我们主要助力了食用菌菌种培育中心、"红河嫂"劳务实训基地、哈尼梯田鸭养殖等项目；在绿春县，我们主要助推了拼多多茶产业扶贫车间、农产品加工流通、红米线产业开发等项目；在金平县，我们重点扶持了绞股蓝种植、古树茶加工、蜂蜜加工及诺玛飞鸡养殖等项目；在甘德县，我们重点扶持了中藏药材种植、牛绒加工等项目。我们也欣喜地看到，通过我们的产业扶贫引导，越来越多当地青年因家乡的变化选择了回乡创业。比如，90 后小伙子白冰大学毕业后，从省城昆明回到了绿春，在苦么山上开办绿鑫生态茶叶有限公司，每年可生产 600 吨茶叶，能为周边 1.3 万亩茶园 800 多户农户提供增收渠道。相关企业前往收购，直接点出其茶叶包装不好看，对买家吸引力不足的问题。于是白冰咬咬牙，花了近 10 万元请专业公司为黑、白、绿、红四种茶叶的茶饼、茶包、铁罐分别做设计，"玛玉茶"品牌因此逐渐在云南打出名号。

▲ 2018 年 9 月 26 日，
王为人（右二）在
金平县沙依坡乡走
访贫困户

　　聚焦劳务协作，不断提升就业扶贫规模和质量。就业是最有效最直接的脱贫方式，近年来，我们千方百计与对口地区开展就业扶贫协作，扎实做好就业招聘组织、劳务协作培训的同时，进一步加大转移就业力度，帮助贫困劳动力通过就业实现有尊严的脱贫。比如，春秋集团在符合民航规章标准的前提下，降低身高、学历要求，面向红河州三县定向招录乘务人员。通过面试、体检、政审，第一批 35 名合格人员中，建档立卡贫困户 8 名，占比 23%，少数民族 25 人，占比 71%。通过培训，已有 32 名学员完成航班带飞考核，与公司签订了劳动合同，在上海缴纳五险一金，月薪人均 8500 元，实现了"一人就业、全家脱贫"。目前，第二批建档立卡空乘招收工作正在进行中。国务院扶贫办予以充分肯定。近期，经过长宁区协调，市消防局也定向面对红河县建档立卡贫困户招聘 20 名消防员，正式录用后月薪近万元。比如，长宁区华恩爱心志愿服务社七年来始终致力于红河州对口县绣娘培训和绣品产业发展，将少数民族特色民族文化传承与市场时尚元素需求相结合，打造"滇绣"品牌。至今，已在对口地区建立 13 个绣娘合作社，刺绣协会 15 个，业余从业者 1000 多人。2019 年，由华恩设计、绿春县绣娘制作的"玉兰花香"入围第二届进博会上海伴手礼展区，得到市领导高度评价。

◀ 2019 年 6 月 18—19 日，长宁区举办对口帮扶地区特色商品进机关活动。图为王为人（左二）在活动现场询问了解各参与企业的产品特色和销售情况

　　聚焦市场对接，切实加强农产品对接扶持力度。充分发挥长宁"互联网＋生活性服务业"产业集中集聚的优势，积极动员携程、拼多多、易果等注册我区互联网龙头平台企业，助力搭建商贸、电商、社区、批发等方面的产销对接平台，为对口地区特色农副产品畅通销售渠道提供便利。携程网与红河县政府签订战略合作协议，哈尼梯田登上了 2019 年推荐旅游目的地，门票预定较同期上涨了 700%，进一步激活了当地文化旅游资源。拼多多与云南省扶贫办签订帮扶合作协议，上线云南农产品销售平台，累计在云南 74 个贫困县投入 1 亿元扶贫资金，做实"多多农园"精准扶贫项目，打造让贫困户增收脱贫的可持续发展机制。为进一步拓展对口地区特色农产品销售，2019 年初，拼多多还在红河等地举办了电商培训班，短短半年时间，红河三县就在拼多多上开店 160 多家，累计成交 208 万笔 5740 余万元。疫情期间，区领导还带头为对口地区产品直播带货，取得很好的社会反响。此外，我区九华集团还在对口地区设立九美商贸公司，开展农产品集中收购，依托九华邻里中心、美天菜场专柜等设立对口地区农产品线下销售点位，把更多对口地区的产品，特别是具有带贫机制的产品融入长宁以及上海的大市场当中。全区机关、企事业单位也纷纷集中认购，红米线等大山深处的特色农产品进入机关、企业的餐桌。2019 年

11 月 2 日，习近平总书记来长宁区虹桥街道古北市民中心视察，对老年助餐工作非常关心，当了解到当晚主食是来自对口地区红米线时，总书记给予了肯定。习近平总书记的肯定，极大地鼓舞了我们做好助力对口地区打赢脱贫攻坚战的信心和决心。

聚焦社会事业帮扶，更好造福对口地区人民群众。针对长宁区对口地区"两不愁"问题基本得到解决，"三保障"方面仍然存在薄弱环节的现实情况，充分发挥长宁在医疗、教育等方面的资源优势，持续精准开展教育扶贫、健康扶贫，惠及更多贫困人口，帮助当地逐步提高公共服务水平。在教育方面，重点聚焦基础教育和职业教育，加大对对口地区教学设施的投入和师资队伍的培养力度，切实推进对口地区教育均衡化发展和职业技能提升。长宁区 7 所中小学校与红河州对口三县的 8 所学校签署了校际结对帮扶协议，并选派教育骨干到结对学校完成随堂听课、指导组织教育活动、上示范课等规定任务。在医疗方面，重点关注贫困人口常见病、慢性病得不到及时治疗的问题，通过培养当地医护人才，提供紧缺医疗设施，开展远程医疗会诊等多种方式，持续改善对口地区群众医疗条件和健康水平。同仁医院、天山中医院、区妇幼保健院以及全区 10 家社区卫生服务中心分别与对口地区有关医院签署了帮扶协议。帮助红河县人民医院成立妇科，指导绿春县人民医院完善卒中中心救治流程，联手上海儿童基金会开展了红河三县先天性心脏病儿童筛查救治等。

着力营造全社会参与的浓厚对口帮扶工作氛围

总结多年工作实践，我们也更加深刻地感受到，东西部扶贫协作与对口支援工作是一项系统工程，既要充分发挥政府主导作用，增加资金以及人力投入，全力推进帮扶项目，组织、引导、支持贫困群众用自己辛勤劳动实现脱贫致富；也要广泛动员各方力量，把方方面面的资源和力量统筹起来，更加精准、更有针对性地参与到对口帮扶工作中来，使脱贫具有可持续的内生动力。

坚持全区"一盘棋"。按照全市有关考核办法要求，长宁区委将对口帮扶工作纳入了全区绩效考核，要求各相关单位主要领导亲自关心、亲自推进，形成一级考核一级、层层压实责任的工作机制。工作推进中，充分发挥各成员单位、相关部门和各街镇以及区属国有企业能动性，按照各自任务分工抓好落实的同时，加强工作统筹、资源统筹，针对不同对口地区的环境条件、资源禀赋，充分协商、因地制宜地推进帮扶项目，确保援建任务和项目落地生根、取得实效。注重坚持需求导向、问题导向、效果导向，与对口地区加强经常性沟通协调，把各项帮扶举措进一步聚焦到贫困乡镇、聚焦到贫困村、聚焦到贫困户，缺什么补什么、能干什么就干什么，确保真正扶到点上、扶到根上。

各方参与"全动员"。积极引导各类企业、群众团体、社会组织和爱心人士参与，以强大合力共同讲好长宁帮扶故事，传递长宁温度，营造更好氛围。全区各相关部门，特别是各街镇、园区都动了很多脑筋，想了很多办法。比如，临空园区党委以党建引领，探索成立了园区公益扶贫联盟，广泛发动园区内知名企业积极参与东西部扶贫协作。公益项目由最初的旅游资源宣传，拓展到帮困助学、消费扶贫、志愿服务、公益慈善等诸多方面，通过主题党日活动、专题组织生活会、专题调研、走访交流等形式，在企业党组织、工会组织内爱心接力。两年来，共发动园区企业捐助 1080 名云南贫困学生，帮困助学金 92.79 万元，推进了"携程·志汇护航梦想教室"、博世公司"一校一梦想"、联合利华"希望图书室"、伊顿公司平掌街小学围墙改造、兄弟机械和迪卡侬向乡村学校捐赠学习体育用品等一批帮扶项目。

打响产品"知名度"。长宁的对口帮扶工作，得到了中央、市级媒体的关注，通过"宣传 + 消费"，进一步扩大了工作影响，努力营造出关注扶贫、了解扶贫、参与扶贫的社会氛围。东方卫视精准扶贫综艺节目《我们在行动》走进金平，通过镜头挖掘脱贫故事，以诺玛养殖专业合作社带领当地农户发展产业这条主线为故事点，由艺人、企业家组成的"助农团队"用实际行动为村民打通产业链，通过"下乡选品、产品研发、订货会推广、社区推广"等方式，线上线下联动，让"脱贫""扶贫"快速聚合关注度和行动力。节目开播以来，通过节目的宣传带动作用，诺玛飞鸡正式进入上海市场，获得 400 余万元的订单，树立了对口地区农产品良好口碑和形象。目前，我区对口地区的诺玛飞鸡、哈尼梯田鸭、芒果、玛玉茶以及蕨麻等 5 个特色农产品入选上海市"百县百品"，初步提高了品牌认知度和认可度。

习近平总书记强调，"脱贫摘帽不是终点，而是新生活、新奋斗的起点"。目前，长宁区对口的四个贫困县虽然已经全部出列，但我们也深刻地认识到，全县出列不代表全员出列，我们的对口支援工作，仍有较大的深化拓展空间。只有增强贫困地区和贫困人口的"造血功能"，才能真正拔掉穷根、开掘富源。下一步工作中，我们要严格贯彻落实习近平总书记关于"摘帽不摘责任、摘帽不摘政策、摘帽不摘帮扶、摘帽不摘监管"的指示精神，在上海市委的坚强领导和统一部署下，继续增强做好这项工作的责任感、使命感和紧迫感，始终保持攻坚态势、压实攻坚责任、强化攻坚举措，确保脱贫不返贫，巩固提升脱贫成果。尤其是要统筹推进疫情防控和脱贫攻坚工作，帮助对口地区建立防止返贫监测和帮扶机制，针对那些脱贫不稳定户、边缘易致贫户以及因疫情或其他原因收入骤减或支出骤增户加强监测，提前采取针对性的帮扶措施，努力将疫情的影响降到最低，为确保对口地区如期全面打赢脱贫攻坚战作出长宁更多贡献。

强化干部担当　做好人才选派工作

　　宋宗德，1971年12月出生，山东青岛人。曾任共青团普陀区委书记、党组书记，普陀区青联主席，普陀区甘泉社区（街道）党工委副书记、甘泉路街道办事处主任，普陀区委办公室主任、政策研究室主任、党史研究室主任，长宁区副区长等职。现任中共上海市长宁区委常委、组织部部长。

口述：宋宗德
整理：袁鲁宁

党和国家历来高度重视边疆和少数民族地区的经济发展和社会稳定。自中央部署对口支援工作以来，长宁区委、区政府一贯坚持和贯彻中央和市委对口支援的工作要求，自觉站在全局和战略的高度，深刻认识开展对口支援工作的重要意义，增强支援干部人才选派工作的责任感和使命感，为上海对口支援工作的开展提供强而有力的保障。

近年来，长宁区主要对口支援云南省红河州、青海省果洛州甘德县和新疆克拉玛依市等地方。随着这项工作的逐渐深入，对口支援在地域上也呈现出新的特点。例如，2015 年 8 月，中组部明确上海市干部人才对口支援克拉玛依市，突出人才、智力援克。8 月 27 日，上海市首批 15 名援克拉玛依干部人才和第八批（中期）9 名援喀什大学教师启程奔赴新疆，开启上海人才支援新疆建设的工作。

援建干部坚持"选优挑强"

2016 年，我到区委组织部工作以后，按照区委要求，一直参与对口支援新疆、青海、云南等的有关工作，选派了 30 多名干部到这些地方任职。在选派干部过程中，我深刻领会到习近平总书记"对口支援是党和国家的重大战略决策，也是我们党培养干部的重要平台，要把优秀人才选派到条件艰苦和情况复杂的地区去磨练意志、增长才干"的重要指示精神和意义。

干部是发展的决定性因素。长期以来，我们把援建干部的选派和后备干部的培养结合起来，"好中选优、优中选强"的氛围也日渐浓厚。首先，我们考虑的是干部的政治素质要好，"四个意识"要强，要坚定不移地贯彻和执行党的路线方针政策，在思想上要具备援建的愿望和决心。其中，选好小组长很重要。我们对小组长的要求比较严格。例如，2017年2月，上海市选派第二批24名援克干部人才到克拉玛依市开展对口援建工作，其中有8位同志出自长宁区。经过讨论，最后确定邓大伟同志为小组长。他在配合副指挥长开展一系列工作的同时，还要兼顾做好长宁区8位选派干部的管理、服务和保障工作。在条件允许的情况下，小组长还要集中安排一些团队建设活动，这些活动可以增强团队的凝聚力和向心力，是很有必要的。其次，要坚决执行党的民族政策和宗教政策。新疆是多民族聚居的地区，因此，援建干部在出发前，还是要主动地了解当地的民族关系特点，等到了援建地后，也会比较快地理出工作头绪，尽快进入到工作状态中。再次，要具备较强的工作能力和较丰富的实际工作经验。随着援建工作的逐步深入，当地对教育、信息化、社会建设等方面人才的要求也会"水涨船高"。这方面我们比较注重的是"挑好内行"，不是只注重学历或者专业知识等方面。因为他们到当地是要挑担子的，要主动作为、有所作为、大有作为。不是内行，工作就难以在短时间内开展，也就没有完全达到我们选派干部的初衷。最后，干部身体要健康，能够适应当地艰苦的工作环境。在当地开展好工作的同时，我们也经常强调，一定要保重身体，注意安全。青海果洛的高海拔气候、云南红河崎岖的山路都会带来一些安全隐患，虽然我们跟当地都会有一些保障的措施，但关键还是要援建干部们相互关心、相互照应，心里时刻紧绷安全这根弦。

选派干部到援建地工作，是建设一支能够担当重任、经得起风浪考验的干部队伍的实际需要，到祖国边疆参加对口支援工作，也是年轻干部锤炼党性、磨炼意志和增长才干的宝贵机会。为此，我们根据市委组织部选派人才的条件，提出了相关要求：担任县处级及以下职务的同志，年龄一般在45岁以下；对个别符合援疆岗位需求、个人援疆意愿强烈的同志，在年龄要求上可以适当放宽。专业技术人才和企业经营管理人员年龄一般在 55 岁以下。一般为男性。根据当地设置的岗位具体要求，结合我们区的实际情况，通过召开动员部署会、各单位人选上报、个别谈话、家访了解、综合比选、体检面谈等流程，最终我们选出符合要求的优秀同志到当地进行挂职锻炼。

按照"平级择优""选好内行"的原则分类选派人才。"平级择优"，也就是按照拟担任的援建职务级别来选派同职级的干部，可以"高职低任"，但不能"低职高任"。这是选派工作的一条重要原则。例如，当地提供的岗位是副处级岗位，我们就选派长宁的副处级干部，甚至是正处级干部。根据市委组织部的口径，我们一般是从公务员当中选出干部，事业单位、企业中相当于副处级、相当于正处级的干部也可以积极报名党政干部岗位。对于专业技术人才，我们坚持"选好内行"这条基本原则。这次克拉玛依需要 4 名教育方面的技术人才，我们就请区教育党工委负责好专业技术人才的选派工作。他们精心制订了工作方案，确定了工作步骤和时间节点，为完成选派任务做了大量细致的工作，真正做到了"挑好内行"。上一轮选派到克拉玛依的 3 名教育系统的干部，得到了当地较高的评价，这与区教育党工委一直以来的高度重视、精心选派是分不开的。

实践同样证明，那些高素质、有能力的年轻后备干部到援建地接受三年或两年的挂职锻炼，经组织上考察考核成绩优异的，回上海后，他们的工作安置就比较顺利一些。有些同志还没有回到上海，组织上就已经提前考虑好他们的岗位安置问题。这也是激励年轻干部在对口支援地区做好工作的一种体现。

援建工作坚持务实为民

党的十一届三中全会以来，尤其是 20 世纪 90 年代初邓小平同志南方谈话以来，长宁区经济社会建设得到了迅猛发展，人民生活水平不断提高，各方面工作取得新的重大的成就。近年来，长宁区对口支援工作也已取得阶段性战果。目前，长宁区对口支援的四个贫困县已全部摘帽，这种"质变"的背后离不开当地干部群众对脱贫的渴望和努力奋斗，同时也离不开援建干部们的辛勤

◀ 上海市长宁区援
　助石头寨整村推
　进项目

付出、家属们的默默支持和相关部门的大力协助。他们用实际行动助力决战决胜脱贫攻坚，为全面建成小康社会贡献了自己的聪明才智。

　　脱贫是建成全面小康社会的硬性指标，打赢脱贫攻坚战是实现第一个百年奋斗目标的底线任务。因此，无论任务多么艰巨，我们都必须结合援建工作要求，积极配合当地党委、政府如期地完成。脱贫攻坚战是一个系统性的工程。上至中央，下至长宁区的各个街道、镇都已经动员起来，各方面都已经调动了大量的人力、物力投入到这场攻坚战之中。近年来，长宁区在帮扶资金投入、村企结对、技能培训、产业合作、劳务协作、公益扶贫等方面都加大了扶持的力度。援建干部在两地发挥着桥梁纽带的作用。他们一方面熟悉对口支援地区资源分布的状况和贫困户的实际需求，另一方面又熟悉长宁区本地的资源优势和市场需求，这可以激发当地干部群众脱贫的内在动力，为实现脱贫指明方向。与此同时，援建干部通过与大后方取得联系，也可以广泛动员长宁区的市场资源和社会力量参与到这场攻坚战中，为当地脱贫助力。

　　援建红河州、甘德县的干部们大多是带着项目或资金参与当地扶贫工作。他们很少坐在办公室里埋头做案头工作，大多深入田间地头抓项目落地，排摸资金到位等情况，深入到农户、牧民家中了解实际困难，总体上是希望更多的当地群众实现脱贫的目标。2018年9月，我跟随长宁区党政代表团到云南红河参与考察调研工作。代表团用了5天时间，行程1500多公里，深度走访调研了三个深度贫困县。我们欣喜地看到这么多年来，红河州当地经济社会发展取得长足进步，三个对口的深度贫困县都已提前脱贫出列。在当地，我听到当地干部群众对援建干部的高度认同：他们把上海的建设经验带到这里进行"嫁接"，因地制宜，结出累累硕果；他们冒着山体滑坡、泥石流灾害的危险，依然驱车到基层摸情况、听意见、找"症结"。有多少次我们的干部与危险擦肩而过，此时，他们心中更多的是装着老百姓，把对老百姓疾苦的认知放诸行动上，用一次次的调研排摸践行着共产党员的宗旨意识。自1996年长宁和红河的友谊桥梁搭建后，截至2018年，10批援滇干部已先后扎根在红河这片热土上，长宁区累计投入帮扶资金达数亿元，累计在红河州实施帮扶项目430个，援建涉及温饱安居、基础设施、文化教育、卫生科技等各个领域。

自2010年援青以来，长宁区援建干部克服4200米高原的不良反应和生活上的不习惯，把实现甘德县脱贫的工作目标放在首要位置，着力解决人民群众最关心、最直接和最紧迫的问题。在新农村建设方面，他们把做好农牧民定居点配套设施改造和环境整治工程结合起来，使得乡镇的面貌日新月异；在产业发展方面，把畜牧业生态养殖作为重要的工作内容，目的在于降低养殖成本，实现牧民的增产增收，同时发展当地特色旅游业，如德尔文格萨尔文化史诗村等；在社会事业方面，重点建设教育、卫生、牧民服务等项目，投资大量资金援建甘德县青珍乡寄宿制小学、甘德县牧民综合服务中心、甘德县民族中学综合楼、县人民医院医技楼、综合楼等项目。2016年，甘德县牧民综合服务中心完成了上海援建项目的首批绩效考评。两地凭借信息化手段，推动并实施了远程医疗培训、远程会诊等项目，实现了医疗资源的高效互通。

2015年8月与克拉玛依市建立结对共建关系以来，长宁区先后派出两批干部人才到当地挂职。五年来，两地在教育、医疗、科技等领域实现比较好的合作和共建。援建干部借助各方的资源优势，利用好"1 + 2 + 3 + X"的机制，通过"人才 + 项目 + 资金"的模式，为改变克拉玛依市单一的经济发展模式贡献才能和智慧。在这里，援建干部们经受了中央环保督察组进疆的严格考验，借鉴上海"五违四必"整治经验和"菜篮子"工程的做法，分别解决了城市综合整治中出现的问题和"买菜难、买菜贵"的民生难题。2019 年 7 月，我随长宁区党政代表团到新疆克拉玛依市考察工作，慰问了长宁区援克干部人才。通过座谈交流，我看到了当地干部的良好作风，同时也看到了长宁区援建干部在这里锤炼了党性修养、拓宽了工作视野、增长了业务才干、丰富了人生阅历。

经过这么多年的援建工作，长宁区大批的干部群众对援建也产生浓厚的情结。报名时，区里的干部们都踊跃参加。即使后来没能到当地参加援建工作，他们依然在大后方做出力所能及的事情，为配合援建地建设和发展贡献才智。这些年来，虽然工作中存在有很多的困难，又远离家乡、亲人和组织，但我们长宁的援建干部人才都经受住了各种考验，做出了比较突出的成绩，树立了良好的形象，赢得了当地党委、政府和干部群众很好的口碑。他们克服困难，顾全大局，过了最难过的"亲情关"，义无反顾地投身到祖国最需要的地方去，为实现当地脱贫、经济社会发展而默默奉献。

援建工作坚持培养干部

我们把对口支援作为培养干部的重要途径。他们到援建地工作，可以说是在特殊的环境里履行特殊的职责，他们面临的工作环境、生活条件肯定比上海的要艰苦和复杂得多，工作生活中遇到的很多困难和问题也是在上海难以遇到的。越是艰难困苦的环境，越是能够磨炼干部的意志品质，提高应对突发事件、驾驭复杂局面的能力，在实践和锻炼中增长才干。

加强学习，提高素质。根据这几年的了解，我们的援建干部在出发前的这段时间里，基本都会根据自己所挂职的岗位需求进行针对性的学习和"消化"工作。他们所在的派出单位也给予了各方面的支持，目的也就是让他们能够尽快融入当地的工作生活中去，这也体现出高度的责任感和使命感。除了学习专业的岗位知识外，他们还了解和熟悉当地的风土人情、生活民俗、民族政策和宗教政策等。同时他们还不忘向"前辈们"取经，虚心向当地干部群众请教，取长补短，增加学习交流的机会，减少在参加当地工作后失误的可能性。但如

◀ 2019年，捐赠甘德100万元，用于岗龙乡龙木切村自驾游营地电网接入项目

果要真正地融入援建地的环境，我们的援建干部就要在具体的工作实践中摸爬滚打。认识来源于实践，在实践中得出的认识往往是最为真实可靠的。

自我约束，团结协作。援建干部到当地开展工作，肯定会遇到比较多的困难，生活条件要差很多、艰苦很多。对于长宁区选派在外的干部，我们始终最牵挂的是干部的安全问题。每次选派工作，上海市委组织部都会组织援外干部进行培训，重点就是强调安全问题。这里突出的是三条铁的纪律：严禁学车和驾车；严禁出入当地娱乐场所；严禁酗酒。这些规定都是有前车之鉴的。这也是我在援建干部座谈会上每次都会强调的纪律。援建干部首先要做到的是严于律己，自觉地遵守这些规定，既是对组织负责，也是对家人负责，更是对自己负责。为了更好地自我管理和约束，我们援建干部制定了日常管理制度，如安全防范、应急处置、请销假、作息安排等制度。这就像是部队的纪律一样，必须严格遵守。援建干部到达当地后，做到了相互关心、相互爱护、相互帮助，遇到困难可以坐在一起想办法。在团结协作中共同完成组织上交给的目标任务，这对于他们来讲既是锻炼，也是提升，就是要在艰难困苦的环境中锤炼过硬的能力和作风。

展示才能，磨炼意志。对口支援工作为年轻干部展示自身才能、磨炼意志品质和实现人生抱负提供了广阔的舞台。从另一个角度讲，援建地需要什么样的干部人才，我们就派什么样的人才过去。只有这样，才能做到人尽其才、才尽其用。选派援外干部是培养和锻炼优秀年轻干部的重要形式，注重的是从后备干部、年轻干部和有潜力的干部中进行选派。中央和市委文件中也明确强调：要把参加对口支援的态度作为衡量干部政治素质的一个重要标准，对组织选定、个人无正当理由不参加援派的，当批援派期内不得提拔或重用，是后备干部的取消其后备资格。"宝剑锋从磨砺出，梅花香自苦寒来。"只有那些旗帜鲜明、踏实肯干、敢于担当、不谋私利的好干部，才可能是组织上重点培养的目标群体。

我们组织部门是干部之家，在做好选派干部工作的同时，也要做好关心、爱护干部的工作。干部只身到外地参加援建工作，背井离乡，舍小家顾大家，我们组织部门就要帮他们解决后顾之忧，如援建干部本人或者家庭遇到特殊情况、特殊困难的，要及时报区委组织部。我们也做到了逢年过节必访，家属生病住院必访，家庭有重大变故必访，等等，时刻注意、关心好援建干部人才家属的工作和生活，为援建干部人才在外安心工作创造尽可能好的条件。

经过三年的援建工作，我们的援建干部人才在政治敏锐性和鉴别力方面都有了比较大的提高，自身的工作能力、意志品质等都得到比较好的锻炼。2017年春节前夕，第八批援疆干部人才完成对口支援工作返回上海。时任上海市委常委、组织部部长徐泽洲同志专门就援建干部安置工作做出批示："今年是援外干部轮换年，对援藏、援滇、援青、援黔、援疆等对口支援的干部，要根据德才兼备原则，特别是援外期间的表现妥善安置好。该提拔的提拔，该重用的重用。要让他们各得其所，绝不可让响应组织召唤，到艰苦地区工作的同志吃亏。"回到长宁后，这批干部都得到了比较好的安置，让援建干部人才体会到了组织上的关怀和信任，这有利于干部选派工作良性机制的形成和发展。

总而言之，在上海市委、市政府，长宁区委、区政府的坚强领导下，在社会各界和干部家属们的大力支持下，长宁区对口支援工作取得了比较好的成绩，逐渐形成了社会整体效益的良性循环。这些年来，我们选派了一批又一批的年轻干部到西藏、云南、新疆、青海等地方进行挂职锻炼。最开始的那批干部，现在很多已经退休了，但他们通过支援当地建设，在当地留下了一项项地标工程、一桩桩惠民实事，诉说着他们曾经在这里待过，在这里奉献过、拼搏过。历史不会忘记，我们也不会忘记，长宁区曾经有那么一批人，他们听从党组织的召唤，舍弃个人的"小家"，为了祖国的"大家"，做出他们的努力和奉献。

援藏三年：在艰苦环境中历练

王建民，1953年9月出生，江苏金坛人。曾在江西生产建设兵团二团四连和农机连务农、做工。回沪后，曾任长宁区武夷路街道集体事业团总支书记，长宁区武夷路街道党委委员、政宣组组长，长宁区程家桥街道党委副书记，长宁区江苏路街道党委副书记，长宁区老龄委副主任、办公室副主任。1995年4月，任西藏自治区日喀则市江孜县人民政府常务副县长。回沪后，先后任长宁区周家桥街道办事处主任，长宁区环卫局、市容局党委书记，长宁区人大常委会城建环保工委主任。

口述：王建民
采访：王佩娟　袁鲁宁　祝　慧
整理：王凤兰
时间：2020 年 3 月 22 日

1995 年，长宁区委组织部部长张丽丽找我谈话。尽管事前已经有所准备，但当部长说让我对口支援西藏的时候，我还是特别激动，当即表态："组织上认可我的工作能力、信任我，我愿意接受组织的挑选。"之所以会有这样的表态，与当时的社会背景有着密切的关系。

1994 年 7 月，中央召开了第三次西藏工作座谈会，座谈会确定了对口支援西藏的 12 字方针，即分片负责、对口支援、定期轮换。分片负责和对口支援主要是指，内地 14 个省市对口支援西藏的 7 个地市，中央部委对口支援自治区的各委、办、局。上海市和山东省对口支援西藏的日喀则地区，其中上海市对口支援日喀则地区的江孜县、拉孜县、亚东县和定日县。定期轮换主要是十年内分三期进行轮换。贯彻落实中央第三次西藏工作座谈会的精神，审时度势，对口支援西藏的经济社会发展是当时全上海党员干部的共同愿望。同时，孔繁森同志先后三次进藏的感人事迹，也极大地激励着广大党员干部的热情和干劲。所以，当组织找到我的时候，我丝毫没有犹豫，当即报名接受组织的挑选和安排。

复杂艰苦的环境

江孜县在西藏的位置是非常重要的，地理位置属于后藏。当时的江孜县号称是西藏第三大城市，面积近 3800 平方公里，大约是现在长宁区面积的 100 倍，但是人口只有 6 万。西藏整个自治区面积是 120 万平方公里，1995 年的人口才 240 万，可耕地非常少，人均只有 2.5 亩，属于比较典型的人少地也少的农牧区。江孜县自古以来是连接前藏与后藏的交通枢纽，战略地位十分突出。过去，这里商贾云集。19 世纪初，江孜县是接受西方文化影响最早的地区，曾有过外国电报局和英语学校，有过训练用的体育场。这些历史情况和实物，在"帕拉庄园"里有比较完整的保存。1904 年，西藏人民抗击英国殖民侵略者的英勇故事也发生在这里。电影《红河谷》的故事就反映了当时的真实事件，当时把江孜县的宗山作为外景场地。西藏解放后，江孜县作为西藏重地，受到党和政府高度重视，被命名为"国家级历史文化名城"加以保护。

尽管江孜县有着悠久的历史，但总体来说，多元环境下的援藏工作是艰苦的，主要表现在：自然环境恶劣，空气的含氧量很低，无霜期短，雨季很少，降雨量一年才 200 毫米，对一个以农业为主的地区是个很大的限制；生

► 王建民（前排左二）与白居寺喇嘛在一起

活环境艰苦，当地绿叶菜比较少，日照多，高寒高原地区植物生长相对内地就比较贫乏了；宗教节日比较多，开张仪式、奠基仪式、开工仪式等都有着浓厚的宗教色彩；民族环境特殊，体现在两个"离不开"，即汉族离不开少数民族，少数民族离不开汉族，尤其中国是 56 个民族组成的大家庭。因此，必须要有坚定的政治立场、政治观点、政治态度，旗帜、立场、观点必须非常明确。

完成对口支援首先是要学会适应，即三个"学会"，一是学会生存，不适应高原的生活方式就没法生存，在恶劣的自然条件和艰苦的生活条件下学会生存，才有可能去工作，把工作做得好。二是学会相处，各人的社会习惯、经历、文化知识、年龄、语言各有差异，只有做到和睦相处，才能求大同存小异，形成合力。同时，我们的目的不是与当地产生利益冲突，而是帮助他们搞建设，怎么跟当地人相处好，这也是很重要的问题。三是学会自我保护。

尽心尽力的帮扶

西藏解放前，长期处于农奴制社会。1959 年，农奴制被废除后，解放了百万农奴和奴隶，一步跨入社会主义，相当于跨越了几个社会形态，这对它来讲，确实存在发展上的问题。比如经济的发展、社会的发展、文化的发展，都需要循序渐进。这是我们面临的现实状况。

江孜县是一个农牧业大县，工业相当落后，财政基本靠国家拨款，一般都是通过转移支付来解决。为了有效地做好援助工作，我调查研究，争取资金来源，千方百计为当地办实事。当时承办的第一个项目就是铺设光缆。1996 年2 月，经过我们和自治区邮电局领导的商谈，修建日喀则至江孜的通信光缆项目的协议得以签订。商谈的结果是光缆项目由江孜县出资 500 万元，自治区邮电局出资 800 万元，共同完成光缆铺设工作。劳动力出自江孜县的农民，自己挖沟，埋光缆线，这个就等于没有人工成本了。铁塔是找的成都的一家工厂来做，做好后，用大卡车运进来。当年 11 月正式开通。原来我们跟上海打电话根本打不通，寄信来回至少要一个月。现在通过光缆打电话，联系就方便、快

◀ 接通光缆后，王
建民在住处打
电话

捷多了。我们办公室装了电话，当地的局长家里都有电话，县里电话免费，打
长途要自己付钱，这样就解决了我们的通信问题。这是一个重要的里程碑，从
此结束了打电话要去邮电局的历史。

通信问题基本解决了，下一步要解决的就是江孜县自己的"造血"问题，
要让经济发展起来，没有自己的财政来源，仅仅依靠帮扶是不可能长久的。
1996年7月，我们和西藏地质大队签订了一个矿产资源的开发项目。因为江
孜县山多，资源并不缺乏，主要是没有资金、技术和管理经验。县政府没投一
分钱，当年获得利税10万元，1997年获得利税36万元。另外，建设了一个
水泥厂。建路、搞基建要有水泥，兴修水利没有水泥也不行。原来江孜县有一
个水泥厂，在这个水泥厂的基础上，我们调整了领导班子，更换了机器设备，
更新了生产技术，强化了生产经营管理。现在这个水泥厂成了江孜县的骨干企
业和上缴利税大户。1995年12月，我们与上海塑料制品研究所签订了新建江
孜塑料厂的协议，由上海无条件投资250万元的设备。这个厂子成为当时西藏
唯一的生产矿泉水瓶和瓶盖的配套企业，同时签订了矿泉水在沪销售的协议。
对当地来说，这也是一个产生利税的好企业。1996年，江孜县又跟西藏自治
区交通厅和日喀则地区交通局洽谈，投资250万元在江孜兴建了货运停车场。

当时江孜县基本上是没有机动车的，都是牛车、马车，县政府有几辆公务用车。同时，开通公交车，设有停车站，对地区的经济发展是有好处的。

三年来，上海援助江孜县的工程项目就有20多个，投资了1680万元。当时的1680万还是很可观的，不亚于现在的1.68个亿。其中长宁区对口支援173万元。另外还支援了5台"386"电脑，当时有电脑就很不容易了。还有打字机和两台9000型的摄像机。当时江孜县有两位副台长到长宁区挂职锻炼了四个月，他们走的时候，我们顺便把这套设备送给了他们。同时，还有5名老师到长宁区学校接受一年的培训，与上海的老师一起备课、上课、管理班级，每个月给他们补贴300元，吃、住、交通费全部报销。当时，我们还陪同长宁区领导探望和慰问了38名江孜县在上海、常州读书的学生。江孜县也是西藏到内地上学的学生最多的县之一，每年都有100多个学生到这两个地方的学校求学。所有这些，增进了两地的友谊，促进了江孜县的发展。

通过尽心尽力的帮扶，三年来，江孜县的经济有了较大的发展。按照三个产业来分类，第一产业增长了119%，平均每年增长29.9%。1997年，当地第二产业和第三产业比1996年分别增长了50%和55%，都是很高的。除此之外，1994年江孜县的财政是174万元，1997年达到527万元，每年增长约44%。这个增长幅度还是比较大的。

成绩的取得，也要有精神的支撑，就是要发扬"五个特别"的精神，即特别能吃苦，特别能忍耐，特别能理解，特别能战斗，特别能奉献。这是老进藏干部创造的"老西藏精神"。老进藏干部在藏工作几十年，献青春、献终身，没有一句怨言。他们饱尝亲人分居离别之苦，他们每一个人都是无私奉献的孔繁森。他们才是我们学习的榜样。我们援藏不过三年，而他们在藏工作是没有期限的。他们才是真正的英雄，是活着的孔繁森。

真情实意的奉献

三年里，我认真贯彻中央关于加快西藏发展的"一个中心、两件大事、三个确保"的方针，始终坚持思想领先、规划先行、措施有力的思路，在不断研究县情的基础上，科学地编制发展规划，坚持循序渐进、重点突破的方法，探索出一条江孜县发展的路子，取得了一定的效果。

作为一名常务副县长，我既要协助县长，又要明确工作职责。三年来，每年的县三级干部会议都由我筹备，每年的人代会议涉及政府工作报告、计经委和财政局的工作报告，还有人大代表和政协委员的提案、意见、建议都由我负责办理。1995 年 7 月—12 月，我编制完成了《江孜县科技兴县规划》《江孜县拆县建市的规划》《联系江孜实际，大力解放思想》《江孜县城镇建设规划设计方案》《贯彻三次西藏工作会议精神，搞好对口支援的工作》《江孜县"九五"计划发展目标》等材料；1996 年 4 月，我代表县委起草了《江孜县综合改革实施意见》，江孜经日喀则地委批准为综合改革试点县；次年，我又撰写了《科技兴县，促进国民经济和社会事业持续、快速、健康、协调的发展》《加强文物工作，是社会主义两个文明建设的需要》《坚持党的解放思想、实事求是的思想路线》《建设一支高素质的干部队伍》《为财政状况的根本好转而努力》。此后，我又撰写了《认清形势加快发展江孜建设》《开好头、起好步，争取财政状况的根本好转》《认清新形势，明确新目标，采取新举措，夺取 1998 年财政工作的新成绩》。上面这些规划和文章，是在工作中不断深化县情认识的结果，也是不断探索江孜县建设发展新路子的结果。在上海出差和休假期间，应各方面的邀请，先后做过 19 场报告。

理论再好，也要回归到实践。当时江孜县实行"三三制"。什么叫"三三制"？就是三分之一培训，三分之一工作，三分之一轮休。四套班子 30 多个人，实际上平时也就 10 多个人在单位工作。江孜县有 19 个乡镇，最远的离办公地有 100 多公里。当时电话是打不通的。只能是干部四面出击，派工作组下去面对面地调查研究。因为交通、通信都不发达，怎样有力地把这些精神贯彻和落实，就是一个规划和发展的问题。当时的西藏自治区，农民需要交公粮。我们结合县情搞了个"三类九等"。什么叫"三类九等"呢？三类就是农区、牧区、居民区，居民区就相当于城市，分好、中、差三等，同时农区、牧区也有好、中、差之分。江孜草场产草量很少，要 20 亩草地才能养一只羊，总体是限制养牲畜，超过一定量就要赶快杀掉，不杀掉就不平衡。多少草场承载多少牲口量，大于这个数字就是破坏草场，少于这个数字就是浪费，经济活力不够。以牛、羊、马匹作为个人财产，实行以物易物。山沟里面离市区城市很远，他们不愿意出来。我就从江孜的实际出发，提议采用"三留一比例"的新办法，即按人均年口粮留 2000 斤，牲口粮每亩留 15 斤，种子粮亩均留 40 斤，然后按余粮多少，结合年河乡、山沟乡、农牧乡及原有基础划分比例，统一政策区别对待，这样就保证了老百姓安居乐业，也受到班子成员和基层干部的认可。

奉献要有全局意识、大局意识、政治意识。跟当地干部关系融洽，是一种工作艺术。对我们来讲，"输血"很重要，但更重要的是让当地学会"造血"。"输血"的目的在于通过这种形式激发内在的活力。自己"免疫力"不提高，"造血"功能差，老是靠"输血"，发展是没有后劲的。这就需要建立健康的机制，只有跟当地的情况结合起来，才能使发展更有持续性。比如青稞变成面粉，制作成面包，才能卖到一元多一个；奶制品可以变成罐装奶，水可以变成矿泉水。现在来讲，就是增加产品的附加值。当然，由"输血"到"造血"也要有个过程。为了当地的发展，三年里，我个人捐款 3500 元，带的药品也都是给当地人使用。

总的来说，奉献也要正确处理好"四对关系"：一是支援和受援的关系。对我们来说，怎样激发当地内在的"造血"功能，把当地的资源优势和上海的技术优势、产业优势整合起来，这是我们看重的一条路，也是对口支援的一个重要的问题。如果能在这个问题探索出好的方法，当地的发展会少走不少弯路。二是个人作用和集体领导的关系。怎样和当地干部团结在一起，发挥好四套班子的作用，也是个很重要的问题。我们每个星期都有四套班子的例会，这里没有严格的区分，重大议题提出来，讨论通过以后即形成决议。三是打上海牌还是打上海各区牌的关系。对我们援藏干部来说，当时上海 18 个区，每个区都会派干部带着资金支援，相互之间也会有比较，这样无形中就会形成工作之外的压力。当时长宁区也在全力搞市政建设，能够拿出来的资金有限。拿的最多的是闵行区（300 万元），在当地建了个闵行中学，这对我们长宁区的压力是很大的。所以，这个问题很关键。我们要打综合性的上海牌，是上海对口支援，不要打各个区的牌，要有大局意识，是全国支援西藏，上海是执行中央的精神帮扶西藏，要有这个意识。四是第一批援藏干部和后几批援藏干部的关系。对口支援是党中央的决策，是上海人民的无私援助，而不是某个人的恩赐，更不能作为换取个人名利的筹码，受援地的同志也有这样的看法。帮助少数民族地区建设历来都是相互的。过去几十年，各省市给予上海很多的支援，上海在改革开放的新时期，发展了，富起来了，理应为全国各地的建设提供服务。我们的责任在于不辱使命，不负重托，做好对口支援工作。援藏干部毕竟是少数。如何发挥当地干部作用，依靠集体领导求发展，把个人置于集体领导之下，这才是上策。三年，仅仅是对江孜的认识比过去进了一步，对发展目标路子做了有益的探索，对江孜发展仅仅做了一些基础性的工作。第一批援藏干部为后来者打好基础，为今后的发展创造了条件。

热情诚挚的期待

1995 年援藏，至今已经二十五年过去了，白驹过隙转瞬间，好像就在昨天。当时，我是毫不犹豫地报名参加，但我也是有困难的。1970 年，刚满 16 岁的我，作为上山下乡的知青，第一次远离上海，去江西生产建设兵团务农。在农场入了团，加入了共产党。四年后，因父母身边无子女，作为特困青年于 1974 年 5 月回到上海，先后在武夷路、程家桥、江苏路街道和区老龄委担任领导工作。

1995 年，辞别年近 70 岁的父母再次远行，逆流而上顺势来到祖国母亲河的源头——青藏高原，开始参与江孜县政府的工作。之所以毫不犹豫地报名参加援藏，除了父母、爱人的支持以外，最重要的就是一切听党指挥的信念使然。现在想起来，援藏工作对我个人来讲，应该说是一种考验，一种磨炼。对口支援是国家的战略，通过三年的援藏工作，我感受到江孜县的发展变化，亲历了各民族的团结，增长了个人的阅历和才干。

三年多的援藏工作使我们收获、感悟很多。我们力所能及的帮扶，与当地老百姓面临的巨大困难之间，有着巨大且短期不可逾越的"鸿沟"，我们能做的还是太少，我们应该做的还是太多！历经数十年的与天地斗，与自然灾害斗，江孜人创造了"江孜精神"。治山，治水，治大旱，抗风雪，斗寒霜，战风沙，驱冰雹。送走贫穷，迎来温饱，一举成为全国农业百强县、全西藏的粮仓。而今江孜人又迈开从温饱向小康前进的步伐。我热情诚挚地期待西藏人民在党中央和自治区各级党委、政府的领导下，在全体人民的共同努力下，生活越来越好！

情系浦江　功建高原

胡国强，1956年2月出生，上海人。曾任长宁区团区委副书记，长宁区程家桥街道办事处副主任，长宁区卫生局党委副书记、纪委书记。1998年5月—2001年6月，任西藏自治区日喀则市江孜县委常委、常务副县长。回沪后，先后任长宁区环境保护局党组书记、局长，长宁区委党校常务副校长，长宁区委宣传部副部长、文明办主任，长宁区食品药品监督管理局党委书记、局长，上海九华商业（集团）有限公司监事长。

口述：胡国强

采访：王佩娟　袁鲁宁　祝　慧

整理：贾彦春

时间：2020 年 3 月 28 日

　　1998 年 5 月，我踏上了西藏高原这片古老而又神奇、艰苦而又可爱的国土，作为上海第二批援藏干部，参加援建西藏江孜工作。2001 年 6 月，我返回上海。其间，我们根据上海与西藏两地党委、政府的要求和当地实际情况开展工作。援建已经过去二十年，回头想想，那三年，我确实长进不少，学到很多东西，意志得到磨炼，能力得到培养，思想得到升华。重新讲述这段记忆犹新的岁月，我得以重新找回在西藏难忘的经历和收获，回味与西藏江孜干部群众在一起的同胞之情。

援藏是国家的战略任务

　　援藏干部进西藏是党中央的英明决策，是中华人民共和国成立以来改变西藏面貌的又一壮举。正如西藏自治区有位领导说的："1950 年十八军解放西藏，新时期对口支援建设西藏。"

　　党的十一届三中全会以后，党中央高度重视西藏的建设与稳定。1980 年 3 月，中央召开了第一次西藏工作座谈会，提出了要"为建设一个团结、富裕、文明的新西藏而奋斗"的目标要求，并为西藏的经济社会发展提供了一系列优惠政策。1984 年 2 月，第二次中央西藏工作座谈会召开，确定了新时期西藏工作重大的方针政策和战略目标等，主要从一些建设工程项目上帮助西藏发展。1994 年 7 月，召开第三次中央西藏工作座谈会，明确了"分片负责、对口支援、定期轮换"选派干部援助西藏的原则。这次会议从全局战略高度，提出"一个中心，两件大事，三个确保"方针，"一个中心"就是以经济建设为中心，"两件大事"就是发展和稳定，"三个确保"就是确保西藏经济的发展，确保社会的全面进步和长治久安，确保人民生活水平的不断提高。这次会议也标志着全国性、制度化援藏工作的开始。

上海对口的是江孜、拉孜、定日、亚东四个县。想当初，我们不顾高原缺氧、语言不通、习俗不同等因素，除了服从组织上的需要外，想的就是为西藏人民做点事，为西藏发展出把力。

1998 年 3 月，接到区委组织部领导关于第二批援助西藏干部选派的通知，当即我就报了名。经过两次体检，征得"单位、家属、本人"三方面完全同意，并经过上级党组织根据"选优挑强"、层层筛选、审核后，我被正式批准为上海第二批 50 名援藏干部中的一员。5 月 17 日，时任长宁区区长姜樑、区委副书记张丽丽、区委组织部部长陈建兴以及相关部门领导和家属在区机关大院握手告别，虽然只有轻轻的"保重"两个字的嘱咐，已经让我深深感到援藏工作的使命感和光荣感。带着组织上的嘱托，我们暂别上海，踏上援藏的征程。

在历史古城接受锤炼

江孜县处在青藏高原南部，日喀则市的东部、年楚河上游，是西藏最大一个县，面积 3771 平方公里，相当于上海土地面积的 60%。自古是连接前藏与后藏的交通枢纽，战略地位十分突出。西藏解放后，江孜作为西藏重地，受到党和政府高度重视，被命名为"国家级历史文化名城"加以保护。这里有著名的"宗山抗英纪念馆"和有着千年历史的"白居寺"，还有保存完整的反映西藏农奴制黑暗社会景象的旧贵族居所——"帕拉庄园"。勤劳朴实的江孜人民在新社会的阳光下勤恳耕耘，这里也是西藏发展最快的县。当然这个"快"是

◀ 1998年9月，胡
国强在江孜县县
政府办公室

相对的。受制于当地自然环境和社会条件，江孜县经济发展、社会面貌与内地相比较，仍然停留在相对落后的水平上。这里以自然经济为主，农作物品种单一，劳动力不能向其他产业有效转移，其发展潜力尚待开发。第二批对口支援江孜小组的八位同志来自浦东、徐汇、虹口、长宁四个区和上海市规划局。

　　了解西藏的基本特点是融入藏族同胞的前提。首先是雪域高原恶劣的自然环境。江孜县城海拔4050米，含氧量只有上海的60%—70%，炉子上沸腾的开水只有80度左右。不干活，即使坐在板凳上，感觉也是晕乎乎的。还有就是特殊的民族环境，95%以上的人口是藏民，风俗习惯与汉族差异很大，语言不通，一旦离开县城到了乡里，完全靠翻译才能交流。虽然我们也学了简单的常用语，但离不开工作人员的翻译。另外，藏传佛教在当地人中有着广泛而又深刻的影响。了解了江孜的历史与现状，我们暗暗地下决心，一定要为江孜人民谋幸福，为江孜的发展作贡献。

　　援藏期间，我担任了江孜县委常委、常务副县长，江孜联络援藏小组副组长等职务。当时的定位就是要当好江孜格桑县县长的助手，做好自己的分管工作，比如计委、财政局、税务局、公安局、工商局、卫生局和县政府办公室的工作，把上海的工作方法、经验和江孜县的实际结合在一起，完善政府工作制度、流程和机制，增强当地干部依法行政的意识，帮助理顺政府部门之间的关系，指导政府部门工作达标，并注重政府工作整体性、协调性，强调发挥县政府的整体功能。用上海工作理念和方法，或多或少地影响着当地干部，改善和强化政府部门之间的合力，为县政府工作的良好运行打下较好的基础。

三年来，我把与藏族干部和睦相处作为对口援藏的立足点，指导帮助县政府办公室建立文书档案制度，使政府系统历年各类文书整理建档，规范管理。"三讲"教育活动期间，我主持制定了县政府系统 21 项日常规章制度，使政府工作逐步走上制度化、规范化。我直接参与拟定政府相关文件 90 多个，帮助制定了《江孜县国民经济和社会发展第十个五年规划》等，理顺了县政府工作思路，协调好政府部门职能关系，改善和加强了政府部门工作。

多办实事 奉献真情

江孜县是个农牧业大县，工业相当落后，财政基本靠国家拨款。为了有效做好援助，我调查研究，访贫问苦，思考具体项目，争取资金来源，千方百计为当地办事情。比如说，江孜县人民医院缺医少药，我就与长宁区卫生局联系，争取到部分医疗仪器及设备，无偿运到江孜来。我还组织了 8 位专业医务人员到长宁区卫生机构参加三个月的培训。为了完善县有线电视发展，我与徐汇区援藏干部吴志荣多次去西藏自治区广电局争取立项争取资金，建成了西藏第一个有 30 个频道的有线电视台。当时江孜县的老百姓很高兴，这也推动了整个西藏有线电视的发展。为提高县财政收入，县财政与税务部门想方设法开源节流，使江孜县财政年收入从 1997 年的 527 万元，增加到 2000 年的 1068 万元，平均年增长 30% 以上，并消除了历年结累下来的近 400 万元的财政赤字。通过对县机关招待所、农田牧场、机关食堂、大院菜地等实行个人或集体承包经营和减员节省人员工资支出等方式，一方面增加财政收入，另一方面又转变了当地干部的思想观念，为克服单纯的"等、靠、要"的旧习惯起到了引领作用。

在平时工作生活中，我既与当地干部融为一体，坐在一条"板凳上"思考问题、讨论工作，注重平等相待，又以党性原则严格要求自己，呈现真诚的言行和良好的精神状态。在当地机关开展"公务员过渡转编"的工作中，围绕队伍素质、年龄结构、思想观念等问题，我积极提出自己的想法和建议。在县委四套班子开展"三讲"教育活动民主会上积极地进行批评与自我批评。这赢得了当地人的好感。加上藏族同胞非常好客，对我们援藏干部更是热情。我们下乡走访藏民家，一进门他们就拿出最好的、平时自己舍不得用的酥油，打酥油茶给我们喝。我们与藏族朋友一起过藏历新年，在亲密祥和的气氛中唱歌、聊天。

抗洪救灾是我在援藏三年中碰到最大的一件事。2000年8月28日，由于连降暴雨，江孜县主流河道年楚河洪水猛涨，水位超出实际警戒线，洪水流量达到每秒650立方米，百年不遇的洪灾使庄稼被淹、民宅倒塌一片。面对山上冲下来的冰冷刺骨的洪水，我们援藏干部在抢险第一线与驻地部队官兵、当地干部群众一起运沙袋、石块，扎丁字坝，堵河道缺口，保护河堤安全。为了抢时间，在抗洪救灾中我们根本顾不上吃饭和休息。这一幕一幕动人场景，给江孜人民留下了深刻的印象。当时正值长宁区副区长陈志林带队来江孜考察对口支援工作，慰问上海援藏干部。他们看到了我们与洪水搏斗的场景，看到了援藏干部个个身心疲惫、满身泥土的样子，有的同志流下了眼泪。陈志林当场给县政府5万元的赈灾款，受到县委四套班子的赞扬。援藏期间，我积极参加困难救助、助学献爱心等活动，共捐献人民币32000多元。

把握大局　注重细节

刚到江孜县，我们首先要尽快适应恶劣的高原气候环境和艰苦的生活条件，其次是要与上海第一批江孜援藏小组进行工作对接。我认真听取了他们对工作和县经济社会发展状况的介绍，并走访相关部门，与当地干部接触谈心，虚心听取意见建议，在了解情况的基础上思考开展工作的落脚点。不断学习、领会党中央"一个中心，两件大事，三个确保"的新时期西藏发展指导方针，不把对口支援西藏简单理解为到艰苦地区经受锻炼，而是牢牢把握江泽民总书记的"绝不能让西藏从祖国分裂出去，也决不能让西藏长期处于落后状态"的指示精神，注重整体做好工作，既要完成三年的任务，又要为江孜县的长期稳定发展思考问题，开展工作；既要落实好援建项目，又要为提高县政府工作水平起到促进作用。

为推动江孜经济发展，合理调整产业结构，提高当地农牧民现金收入，经过调查研究，我撰写了《三业并重，调整江孜产业结构》的报告。我在当时的条件下提出"以农业、畜牧业为主，带动江孜传统家庭手工作坊业发展"，提出采取"公司加农户"运作方式，发展江孜手工业，即利用农牧民自己的羊毛卡垫、酥油、奶渣糖、青稞酒等当地特产，让农户分散制作加工，公司统一收购并负责销售。这个报告提出的思路在当时还是比较新的，得到了西藏干部的重视，并在《西藏时报》上刊登。为了使县机关干部状况和结构更加适应新时期西藏跨越式发展需要，我花了两年多时间调查分析，撰写了《江孜县干部队伍的现状及建设》的调查报告，用具体的数据、翔实的资料说明与论证，引起当地的重视。

为了克服与当地风俗习惯、工作方法上的差异，我加强与藏族干部群众的沟通联系，广交朋友，用感情"投资"，努力贴近藏族同胞的习俗、性情。我们可从藏传佛教、哈达文化、地域环境、风土人情等方面领悟到雪域高原的神秘、纯洁和艰苦，这里生存着坚强的民族，他们有着对土地和神明的崇敬，有着对战争和邪恶的憎恨。

对口支援西藏，帮助江孜发展，上海干部既出钱又出力，千方百计争取资金，落实项目，深入一线真抓实干，既支援了西藏发展，又磨砺了自己的意志。

筹措资金　攻坚克难

我们到江孜县遇到的最大困难是筹措资金，当地藏族干部对上海援藏的资金、项目寄予很高的期望，而中央决定对口支援，主要是把干部派到西藏，把内地的经验、知识、观念带到西藏，引导他们转变思想观念，江孜县的未来还是要靠他们自己，"输血最终还是要学会造血"。要我们带着钱去援藏，当时没有这方面的思想准备。我写信给长宁区委、区政府报告了这个情况，并趁 1998 年底回上海休假期间，把日喀则地委副书记、上海市第二批援藏干部

联络组组长林湘书记的要求，以及江孜经济社会实际情况向姜樑区长作了专题汇报，并得到高度重视。姜区长问我有没有具体设想，我立马从口袋里掏出早已准备好的《长宁区第二批援藏项目的计划书》交到他的手里。在计划书里，我向区领导提出了长宁区对口支援江孜的三个项目，即援建一条路、办一个医院、盖一所学校，并把这三个项目的资金需求也提出来，作为建议供领导参考。姜区长看了后回答我说："好的，再研究一下。"我当时很高兴，因为领导没有一点否定的意思。果然，在我回江孜县的前两天，长宁区财政局领导把我约到办公室告诉我，经长宁区委、区政府讨论决定，同意我们的援藏项目计划。

1999 年 5 月 20 日，姜樑区长率长宁党政代表团赴藏考察慰问，其间，分别与日喀则地委、江孜县党政班子领导进行了交流，确定了长宁援助项目与资金，并出席了江孜"长宁路"正式开工仪式。

根据姜樑区长提出的"要从当地群众直接有益的事情做起"的要求，在第二批长宁区对口支援建设项目的选择上，我们从市政道路、教育、卫生事业等方面入手。在长宁区委、区政府的重视和帮助下，于 1999 年 8 月在江孜县城建成了全长 1.2 公里、宽 8 米，路面厚度为 20 厘米的钢筋水泥路——长宁路。

江孜"长宁路"选址穿过 2000 多户的居民区，可以直接通往白居古寺。2000 年 8 月、9 月，又分别建成"江孜县长宁江孜希望小学"和"江孜县妇幼保健院"。这三项工程完善了县城道路网络状，大大改善了江孜县教育、卫生的条件，增加了适龄儿童上学率和妇婴疾病就诊率，赢得了当地群众的赞许。

为了改善对口支援资金问题，我不辞辛劳，多方奔走，积极争取援藏资金和项目。1995 年开始，江孜县城镇建设、社会事业发展的投入逐年加大，当地群众也深深感受到生活水平、生活质量发生了很大的变化。但是，县政府遗留下来建设资金欠款很多，许多工程款是我们到江孜前由四川籍承建人垫资的。单在县城道路建设上的资金缺口就达 700 多万元。这些欠款加重了县财政的压力和负担。为了解决这方面的问题，县委派我向各方"化缘"。我与当地干部多次到自治区要资金，与县财政局嘎玛局长专门两次去北京向国家计委、国家建设部要钱。当时真是千方百计，通过一切途径，积极争取上级拨付建设资金。经过多方努力，国家计委、国家建设部下拨给江孜县建设款 300 万元，帮助解决了一部分资金短缺的问题。

三年来，上海对口支援江孜小组与县四套班子的力量融为一体，与全县干部群众共同努力，为经济社会发展注入了活力，促进了边疆稳定和民族团结。2000 年，江孜县经济总收入为 2.36 亿元，比 1997 年增加了 4500 万元；农牧民人均收入 2165 元，比 1997 年增加 310 元；县财政收入 1068 万元，比 1997 年增加 541 万元，同时消除了历年滚存赤字 400 万元。教育、卫生等社会事业也得到快速发展。在发展相对滞后的边疆民族地区，这些成绩的取得是不容易的，也是对口支援江孜第二批上海援藏八位同志共同努力的结果。

入藏圆了我一个梦。但延伸开去，我觉得这三年更是心灵净化的过程。在一个发展相对滞后的地区，在艰苦的高原环境下工作，这本就是一种考验和磨砺。我们从老进藏干部以及其他在西藏工作的同志身上领悟到什么叫"艰苦奋斗、无私奉献"。藏族人民有着晶莹而剔透的心灵、善良而坚强的性情，他们和我国其他各民族人民一样，有着勤劳、善良、勇敢的品格，世世代代生活在高原雪域，与雪山为伍，与草甸为伴，每一座雪山都是那样神圣，显示出它的纯净性、自然性。藏族同胞为了保卫国家的领土完整，克服恶劣的自然条件守卫边疆，建设家园。能够和他们在一起共事三年，这是一种缘，是中华各族人民建设祖国美好家园的共同心愿。我们同藏族同胞一起，在这片神奇的土地上共同奋斗，真切体验各族同胞之间的深厚感情和藏族人民对五星红旗的拳拳之心。

援建江孜三年的经历是宝贵财富，我个人得到磨炼、成长的同时，也感受到江孜的变化、各族人民的团结、国家的安定祥和。援藏既丰富了我的人生经历，又增长了才干。回上海后，我之所以能够胜任多个岗位，离不开党的教育、组织上的培养、江孜人民的感化和这段难忘的人生经历。感谢组织上选派我参加对口支援西藏工作，感谢江孜人民对我的支持和帮助，感谢曾经支持我、关心我到西藏工作的领导们、同事们和朋友们。

我的三年江孜城建之路

　　王金才，1960年11月出生，江苏盐城人。曾先后任上海市第一纺织机械厂工人、车间团支部书记，长宁区周家桥街道市政科负责人（主持工作）、团工委书记（副科级）、市场管理办公室副主任（主持工作）、市政卫生科副科长、正科级干部。1998年5月—2001年6月，任职西藏自治区日喀则市江孜县城乡建设环境保护局局长，其间提拔任职西藏自治区日喀则市江孜县人民政府副县长。回沪后，先后任长宁区市政管理委员会办公室副主任，长宁区江苏路街道办事处副主任，长宁区江苏路社区（街道）党工委副书记，长宁区江苏路街道党工委副书记，长宁区城市管理行政执法局党委副书记、纪委书记、副局长、执法大队副大队长，长宁区安监局党组书记、局长，长宁区应急管理局党组书记、局长。现任上海服装（集团）有限公司监事长。

口述：王金才
采访：王佩娟　袁鲁宁　祝　慧
整理：贾彦春
时间：2020 年 3 月 16 日

1998 年 5 月 17 日，作为上海市第二批援藏干部的一员，我带着"情系浦江，做上海人民的好儿子；建功高原，做西藏人民的好公仆"的愿望，从长宁区周家桥街道城建科的岗位上来到了西藏江孜县，先后担任城乡建设环境保护局局长、副县长，历时三年。三年的援藏生活和经历，不仅仅圆了我的西藏梦，更重要的是为藏族人民、民族团结做了一点点贡献。

我一定要去援藏

1995 年，长宁区政府在 17 号楼会场召开欢送首批援藏干部暨王伟烈士事迹报告会。我作为王伟烈士的亲叔叔参加了报告会。会上，听了第一批援藏干部的发言，我心灵激荡，感慨万千。他们舍小家、顾大家，要到雪域高原工作三年，很不容易，他们的豪言壮语深深感动了我。当时我就想，如果有机会成为援藏干部，到西藏雪域高原去锻炼，这将是我一生中的骄傲和自豪！

会上，当人们把鲜花献给赴藏干部，而赴藏干部又将鲜花献给烈士王伟的姐姐王琴时，会场气氛达到了高潮。作为一名七尺男儿，我内心无比激动，热泪在眼眶里打转。"我要到西藏去！"在擦干眼泪的一刹那，我在心底里喊下了这句誓言。就冲我是烈士长辈，我岂能甘于人后？

这样的想法，并非心血来潮，喊喊口号。这和我的成长经历息息相关。我6岁的时候就失去了父亲，19岁失去了母爱，但是一路走来，除了哥哥姐姐的关爱，更多的是受到党的关心和培养，我才能顺利地就学、就业。1980年10月，我进入上海第一纺织机械厂，就一头扎进了如火如荼的事业中。进单位才一年，我便被选为厂车间团支部书记，还被上海纺织局评为优秀学徒工，提前一年半晋级满师。之后，我在长宁区周家桥街道工作，从办事员到科员，从科员到正科级干部，是街道干部中角色转换最多的人之一。这都是组织培养教育的结果。我是一个懂得感恩的人，所以说报效祖国，到祖国最需要、最艰苦的地方，比如援藏，一直是我心中怀有的梦想，并对此有着坚定的决心和充分的思想准备。

1998年，第二批援藏干部报名工作启动，我丝毫没有犹豫。当时我在周家桥街道担任市政卫生科副科长，街道党工委书记方惠芳在街道干部大会上传达了对口支援的会议精神，要求符合条件、年龄的同志积极报名，接受组织上的挑选。对照了报名条件和要求之后，我第一时间向街道组织科报了名。当时长宁区有300余名适龄干部踊跃报名，经过组织的层层选拔，最后确定从三名处级干部中选一名到江孜县任常务副县长，从三名科级干部中选一位到江孜县任城乡环境保护局局长，竞争非常激烈。我除了在本单位积极报名外，还专程到区委组织部表示要求援藏的决心和信心。

这种决心和信心，除了思想上、情怀上有着长期的准备，也有岗位的匹配。1988年，我刚到周家桥街道时，在街道城建科工作，一手抓建筑管理、交通市容整治，一手抓查处违章搭建，为居民翻修房屋办理审批手续等。此后，我调任街道团工委书记。不久，组织上又让我筹建东海液化气站。1994年，我被调往市场管理办公室任副主任（主持工作）。在市场办工作期间，我总结出了一系列市场自我管理、自我教育的经验。我在市场办任职期间，周家桥地区的云雾山路市场连续三年获"上海市文明交易点"荣誉称号，成为当时长宁街道系统唯一获此殊荣的交易市场。1997年初，我又回到了城建科。我在城市建设、管理等方面的经历和经验与需求的岗位也非常匹配，更加坚定了我援藏的愿望。

因此，只要我身体条件符合要求，就要坚决到西藏去。就在我满怀希望、憧憬援藏光景的时候，一盆冷水泼了过来。体检报告显示，我的脾脏大了一指，建议复查。急切之下，在正式复查之前，我第一时间跑到周家桥社区医院做了 B 超。结果显示，因为我体形偏瘦，所以脾脏显得大了一点，实际情况是合格的！后来，同事们经常开玩笑说，王金才去西藏很有决心，写血书。实际上血书我没写过，就是决心很大，是真报名，真想去。

三年时间，不长也不短。然而与亲人分离三年，不谓不难熬。我报名援助西藏，我的妻子是不知道的。但我知道的是，她一定会支持我的选择。我的妻子是个贤惠能干的好妻子，她虽是一名普通工人，但对我的工作一向十分支持。尽管当时身患疾病，她却为支持我的工作包揽了所有的家务，还经常鼓励我积极工作。我的女儿在得知我要去西藏后，表示虽然已经习惯了爸爸接送上学放学，但从现在起她要学着自己过马路，自己回家。我和妻子的默契抵消了所有的困难。

我一定能克服困难

到了西藏后，首先面临的考验就是高原反应，发高烧、头疼，头像爆炸了一样，双脚根本没有力气，很难受。西藏吊盐水，挂青霉素、抗生素，比我们内地打针的药量是要翻倍的。高原打针是要缓慢推药水的，否则会疼得受不了。记得当时我发烧到 39 度多。但身体的痛楚，并没有打消我援藏的念头。两个星期之后，我才慢慢适应高原的生存环境，开始投入到江孜县城乡建设环境保护局局长这个工作岗位上。

其实，身体上的考验和挑战不是最重要的，这些都可以通过个人的意志去克服。举一个例子，整个三年援藏期间，我四颗牙齿先后都拔掉了。牙齿疼痛难忍，躺在床上打电话请同事们送我到医院。所谓的医院，其实就是县政府隔壁的一家私人诊所。到了诊所后，医生给我打了一针杜冷丁，再给我挂盐水。直到现在，我一般都不会去打杜冷丁这类止痛药，因为在援藏三年中，这种止痛针剂我打的太多了，对自己身体的伤害是有的。还有就是我的耳朵患有中耳炎。原来我在上海工作期间就有这个症状。医生觉得这不是什么大毛病，是可以援藏的，对工作、生活是没有影响的。但到了高原以后，中耳炎就变本加厉地发作了。当时感觉非常难受。后来因为发炎加重，演变成鼓膜穿孔，直至左耳失聪。我们地委联络组和江孜县委、县政府领导对我很关心，就劝我说，实在不行，你就回上海调整一下。当时我就有一股子拼劲，坚持克服各种困难，轻伤不下火线。我记得，当时局里有一个河南籍的技术员，他说当地有一种草药，可以泡茶吃，吃了以后对治疗中耳炎是有好处的。我听从了他的建议，尽管没能从根本上治好中耳炎，但还是有所缓解的。身体上、生理上的痛苦是可以克服、可以战胜的！

考验、挑战主要来自工作。尽管我在周家桥街道担任过市政卫生科副科长，对城市建设、城市管理比较熟悉，但是到雪域高原担任县城乡建设环境保护局一把手职位，再加上怎样与藏族干部搞好团结，取得他们对我工作的支持，总体上还是很有挑战性的。江孜县城乡建设环境保护局涵盖了规划、建设、管理、绿化、公园、土地建设等职能，专业性很强。这需要我结合当地的实际情况，不断加强专业学习，不断提高自己。总的来说，就是要懂业务，在专和精上下功夫。我克服环境上的不适，利用工作空余时间，积极学习相关的政策和文件，以及一些城市建设方面的书籍，包括建设图纸等。不管面对怎样的困难和挑战，我都会迎难而上，想着如何把工作做好。

有人说，日喀则江孜县比上海要落后五十年。这主要体现在两地的生活水准和生活习惯，还有就是市容市貌。要改变江孜县城市管理的面貌、城市环境，必须靠环卫工人的辛勤劳动，城管执法人员的文明执法、严格执法。在我们援藏干部的努力下，当地的市容市貌比原来有了很大的改观。总体上讲，要在全国人民面前有更加良好的形象，更加现代化的城市面貌，需要对城市引入更加科学系统的管理模式，这着实不是件容易的事。

要想做好这些工作，需要克服种种困难。当时，从江孜县到拉萨要四个多小时，江孜县到日喀则要两个多小时，路很不好走。为了到西藏自治区建设厅，到日喀则地委、建设局跑配套资金，取得他们的支持和理解，我一次次乘坐吉普车往返。一路上颠簸得很厉害，高原反应也很强烈，但我都挺了过来。为了江孜县的建设和发展，我做了自己应该做的事情。经过江孜县委、县政府的不懈努力，江孜县的建设项目初见成效，取得了一些成绩。

我一定能把工作做好

江孜县隶属于西藏自治区日喀则市，位于西藏西南部，日喀则市东部，年楚河的上游，地形为开阔的山间冲积小平原，人们常称"江孜盆地"。江孜县是西藏自治区最大的县，辖区面积约为3800平方公里，平均海拔4000—4200米，干湿季分明，冬季干冷，太阳辐射强烈。据2000年全国第五次人口普查，江孜县常住总人口为61431人，可以说是地广人稀。同时，江孜县是一座英雄古城，也是历史文化名城。受制于自然环境和社会条件，江孜县的经济发展、社会面貌与内地相比，仍然停留在相对落后的水平上。作为农牧业大县，工业相当落后，财政基本靠国家拨款。

我们第二批对口支援江孜小组8位同志来自浦东区、长宁区、徐汇区、虹口区和上海市规划局。了解了江孜县的历史与现状后，我们都表示，一定要把工作做好，为江孜人民谋幸福。为了把工作做好，我通过调查研究，访贫问苦，思考具体项目，争取资金来源，千方百计为当地办实事。长宁区援藏物资加起来只有200多万元。时任长宁区委书记茅明贵鼓励我们，援藏不仅是财力

▶ 王金才（左）检查援建项目妇幼保健院工程建设质量

支援，更重要的是逐步把大城市的科技、教育、文化优势带到西藏，为繁荣社会主义新西藏作贡献。领导的讲话给了我很多工作上的启示：我是分管城市建设的，财力援藏只是一个方面，最主要的是要发挥自己的长处和优势，就像智力援疆、科技援疆工作一样。所以我的工作就要做得更加出色一些，以弥补长宁援藏资金不足的问题。我在这方面动足了脑筋，克服了自身存在的困难，让其他的援藏干部也对我刮目相看。

城市建设好与不好，交通建设是基础。要改变城市环境面貌，就要把路修好，路修好了，整个县城的交通设施才能够完善。援藏期间，由长宁区出资，先后建成江孜县"长宁路"、江孜县人民医院妇保院、江孜县长宁绿地希望小学。建设局大楼主要是徐汇区出资建造的，但内部设施装修费用是我通过周家桥街道和相关部门筹措来的。我们同藏族干部一起深入施工现场，了解工程的进度，保证工程的质量，做项目工程的整体推进。这些就是在我担任副县长、局长期间所做的一些工作。

当时我在西藏还有一个别号，叫"拼命三郎"，就是工作拼命地做。在援藏期间，我还经常利用个人的资源，积极为当地拉赞助、捐助物资和钱款。当时，长宁区中山建设总公司为我们提供2万元的捐助；长宁区规划局捐赠1万元，用来购买电脑；长宁区环卫局等帮助我们解决了环卫服装及其他衣服共 4 万元；周家桥街道也为江孜县提供了 5 万元的捐助。回沪出差期间，积极为江孜县筹措资金约 12 万元。

三年来，在县委、县政府的正确领导下，我带领全局干部职工勤奋工作、科学规划、合理安排，使江孜城镇建设取得了突破性的发展，完成道路建设约 2.5 公里，房屋建设 10000 多平方米。先后建成了英雄北路、上海路（西段）、江虹路、长宁路和城建办公楼、气象雷达指挥中心、法院办公楼以及车仁、藏改两所希望小学、江孜饮料厂等其他工程。同时，利用历史文化名城专项资金 70 万元，分两批对有价值的历史街道"加日交"老街以及白居寺、宗山等进行了维修和整治，杜绝和防止"豆腐渣"工程的出现。在职期间，加大了环卫工作的力度，加强了对市容执法队伍的管理，形成了"道路让出来、垃圾管起来、门前包起来"的良好局面，市容市貌有了明显改善。这些成绩的取得，是当时对口支援江孜小组人员共同努力的结果。

1999 年 11 月，经日喀则地委研究决定，提名我为江孜县人民政府副县长人选。经江孜县人大常委会任命为江孜县人民政府副县长，同时仍兼任江孜县城乡建设环境保护局局长。在 50 名援藏干部中，提任副县长的只有两位同志，我是其中之一，这是西藏人民对我的鼓励和信任。

砥砺前行，不辱使命。三年援藏工作期间，我得到江孜县委、县政府，尤其是藏族同胞对我的工作的充分肯定，连续三年被评为江孜县优秀公务员，同时被评为江孜县优秀共产党员，还被国家建设部评为第三次全国城市环境综合整治先进个人。

我一定铭记不忘

三年的援藏生活很快就结束了，回顾这三年的经历，我只有一句话、八个字：难以忘怀，无怨无悔。

1998 年 5 月 3 日，长宁区委书记茅明贵同志与我和胡国强同志亲切话别。茅书记从援藏工作的意义、西藏当前的形势等方面阐明了援藏干部肩负的使命，着重强调了作为新一轮援藏干部要考虑如何接好接力棒。那句"援藏不仅是财力支援，更重要的是逐步把大城市的科技、教育、文化优势带到西藏，为繁荣社会主义新西藏作贡献"的叮嘱，犹在耳畔。

还记得援藏一周年，我回到上海探亲，与同志们座谈时的表态话语：西藏生活虽然艰苦，自己有些不适，但是我已深深爱上了这片土地。我一定不辜负上海和长宁人民的期望，呕心沥血为建设好第二故乡奉献自己的年华。

还记得当我高原反应最为严重的时候，是可爱的藏族同胞不辞辛苦地关心我、照顾我，他们嘘寒问暖、寻医找药，他们为我担惊受怕。他们关切的眼神，我至今难忘。还记得在城市建设过程中，我和县建设局的同仁们，尤其是一些藏族同胞们密切配合、亲密无间的场景。我们在一起有争论，甚至有争吵，但是我们之间更多的是理解、信任。因为我们的目标一致，就是把工作做好，改变江孜县落后的城市面貌。

三年的援藏工作经历对于我个人来讲是一种历练，是一种成长，更是一笔无形的财富，让我更加明确地理解了国家实行扶贫攻坚工程的重要性。今年是我国全面建成小康社会收官之年，也是脱贫攻坚决战决胜之年，回首江孜三年城建之路，似乎还历历在目，我为有幸为西藏人民、民族团结、打赢脱贫攻坚战贡献自己一点微薄的力量而感到自豪。

不忘脱贫初心　牢记援滇使命

　　沈汉平，1959年1月出生，江苏海门人。曾在上海青浦县插队，也曾是沈阳军区空军后勤部的一名战士，后就职于长宁区民政局。1997年7月—1998年12月，赴云南省红河哈尼族彝族自治州经贸委挂职任主任助理。回沪后，曾任长宁区民政局副局长、长宁区程家桥街道办事处副主任。

口述：沈汉平

采访：王佩娟　祝　慧　袁鲁宁

整理：王凤兰

时间：2020 年 4 月 12 日

1996 年 10 月，党中央召开了扶贫开发工作会议，在《关于尽快解决农村贫困人口温饱问题的决定》中确定了对口帮扶政策，明确上海对口帮扶云南。金平县主要由长宁区帮扶，元阳县由长宁区和青浦县共同对口。

1997 年 6 月上旬，区委组织部副部长沈际平找我谈话，告诉我长宁区需要派一名正科级机关干部到云南红河州挂职两年（后改为一年半），主要任务是开展长宁区结对的金平和元阳两县的帮扶工作。因为我有下乡插队落户和当兵的经历，又在民政局任职正科五年，综合考虑下，组织上准备派我去云南帮扶。我当时立刻表态，既然组织上信任我，我愿意服从组织的安排，努力去完成好这项工作。

接受任务、服从组织安排是一名共产党员的责任感和使命感使然，但实际困难还是有的。当时我的孩子只有 7 岁，若我去云南挂职，妻子一个人照顾孩子有些困难；其次我父亲去世两年，母亲一人独居且患有糖尿病，长期失眠，身体也不太好，需要子女经常去探望。但没想到的是，当我回到家向妻子和母亲征询意见时，她们几乎异口同声地说："你放心去吧，家里的困难我们会克服的！"

就这样，1997年7月2日，也就是香港回归祖国的第二天，我作为上海市首批选派的12位援滇干部之一，满怀激情地踏上了云南省红河州的土地，挂职在红河州经济贸易委员会担任主任助理。

真实红河　贫弱交织

红河州的全称是云南省红河哈尼族彝族自治州，地处云南省东南部。1997年，我刚刚来到红河州，了解到全州总面积为3.293万平方公里，当时下辖2个县级市、8个县、3个自治县，其中7个县是国家级贫困县。总人口380万，发展相对滞后。少数民族人口占总人口的一半以上，是一个多民族聚居的边疆少数民族自治州。红河州有滇南政治、经济、军事、文化中心蒙自，有世界锡都个旧，有国家历史文化名城建水，有文献名邦石屏，有锡文化和梯田文化。红河州是云南经济社会和人文自然的缩影，是云南近代工业的发祥地，也是中国走向东盟的陆路通道和桥头堡。

金平县的全称是金平苗族瑶族傣族自治县，是红河州下辖的一个自治县，也是一个深度贫困县。它位于红河州南部，与越南接壤，县城距边境直线距离7.5公里。全县均为山区，土地面积为3677平方公里，最高海拔为3074米，最低海拔为105米。1997年，全县下辖14个乡镇，人口为31万，少数民族人口占总人口的90%以上。金平县的自然条件恶劣，基础设施落后，当地人思想意识相对封闭，95%以上的人口分布在山区农村，约有三分之二的农民为贫困人口，县财政自给率不足三分之一。县级公路只通到县政府所在地，所有能通车的路基本上都是盘山公路。乡镇级道路基本上是泥沙路，乡到村基本上是小路，只有靠步行才能到达。当时从红河州政府所在地到金平县政府所在地开车需要三个多小时，最多的一公里盘山公路上有30多个弯。

元阳县也是云南省红河州下辖的一个国家级贫困县，紧邻金平县，在金平县的西北面，土地面积为2292平方公里，全为山地，最低海拔为144米，最高海拔为2939米，1997年，全县下辖14个乡镇，总人口为35万人，少数民族人口占总人口的88%。著名景点有哈尼梯田，其他情况与金平县基本相同。

真诚扶贫　授人以渔

　　1997年下半年，我的主要任务是落实好上半年长宁区已经确定好的对金平、元阳两个县的帮扶项目，同时，通过实地调研，提出第二年的帮扶项目。到了工作岗位后，我为了掌握帮扶工作情况，克服语言不通、生活习俗不同的困难，跋山涉水，深入基层，下到贫困县、乡、村、农户家，吃、住、行都入乡随俗，一切从简，与少数民族干部群众打成一片。真诚扶贫的信念，始终激励着我要帮助村民找到脱贫致富的有效路径。

　　在二十二年前的红河州，农村发展沼气这一项目还是急需推广发展的领域。当时，有一个温饱试点村项目准备落户在元阳县攀枝花乡保山寨自然村。这个自然村共200余人，有哈尼族、彝族等多个民族，村民的生活极为贫苦。我们考察后发现，自然村的山脚下有一条山村公路，经过村边通往县城，交通还算便利。大多村民养猪，但是没有猪圈，放养的猪满山乱跑，吃饭的时候甚至在饭桌底下窜来窜去，气味难闻，污水横流，很不卫生。而且村民大多用木柴作为燃料，山上的树木几乎被砍光，做饭的时候烟熏火燎，很不方便。

　　要在保山寨村施行温饱试点村项目，必须通盘考虑，既要致力于让群众脱

▲ 1997年，沈汉平（左三）在金平县偏远山区调研

贫致富，还要因地制宜地发展，这样才能事半功倍。我就想到了将猪圈养起来，利用猪粪实施"沼气猪圈"项目的方案。第一，沼气可以点灯照明、烧火做饭，不用再大量砍伐树木，既能保护山上植被，又能优化生态面貌。第二，建设猪圈，可以改善村庄环境，告别过去不卫生的生活方式。第三，粪便经过沼气池发酵过后的材料是很好的有机肥，可以栽种蔬菜。第四，这些原生态的绿色蔬菜可以通过公路直接运往元阳县城，从而大幅度提高村民的收入水平。这个项目可以实现能源、经济收入、生态保护、生活方式等多种因素的有效整合，不但可以让群众脱贫，而且能让群众的生活理念得到更新。

我们决定先在村干部家里搞试点。为鼓励先行者，我们按照政策给两户试点家庭分别补贴了价值2000元的物资用于建造沼气池。"沼气猪圈"建成后，我们又组织全村村民进行参观，并请技术人员为他们一边讲解，一边示范。

干部带头，群众很快就跟上来了。大家纷纷表示愿意建设沼气猪圈，保山寨自然村的温饱示范村项目全面启动。在县里派出的技术人员的帮助下，在村民的辛勤劳动下，保山寨自然村建成猪圈、厕所、沼气池三配套的"沼气猪圈"工程。我们资助5万多元的建设资金，形成了以沼气为纽带的循环经济，拉动了养殖业，调整了种植业结构，实现了农户生态家园的连锁效益。在这个温饱示范村项目中还包括了人畜饮水工程，解决了当地饮水困难的问题，提高了村民的生活水平。温饱示范村的建设，使所在村百姓真正得到帮扶，尝到甜头，并且以点带面，为所在乡起到了示范作用。

如何让群众通过掌握生产技能而实现脱贫致富，这是我在红河州工作期间一直在思考的问题。"授人以鱼不如授人以渔"，如果解决了这个问题，我们既可以调动群众脱贫的积极性，又可以为扶贫工作提供动力。毋庸置疑，依靠科技帮扶是解开这道难题的金钥匙。坐落于哀牢山区的红河州，集边疆、山区、民族、贫困为一体，农业人口占总人口的84%，主要依靠种植业与养殖业。我们详细研究了当地的情况，因地制宜、一切从实际出发是保证项目接地气而避免出现水土不服的根本原则。

种植业方面，重点对田块进行改造优化，调整作物种植结构。我积极联络并先后陪同上海百事食品公司的中外专家，多次深入建水、泸西、石屏县进行考察，使得大西洋马铃薯种植项目得以在红河州落地。1998 年 9 月，百事食品公司在三县选择了 3000 亩地作为种植马铃薯的原料基地，依靠科技把冬季闲置的土地利用起来。此外，我还结合"温饱示范村"项目建设，在金平、元阳两个县因地制宜发展木薯、草果、花椒、八角、荔枝、龙眼等项目，增加农户收入。

养殖业方面，通过对仔猪的挑选，为农民提供优质品种，在金平县者米乡下新寨村发展养猪产业，作为脱贫的重要项目。为了落实好这个帮扶项目，我在前期的调研中得知，当地农户从市场上买回仔猪家养，病死率一般为 5%，而且很多农户不知道优质仔猪的购买渠道。我考虑到这是个脱贫示范项目，关乎农户收入，因此，我提出在乡这一层面上，成立由乡长任组长，分管副乡长、兽医站站长任副组长的专项工作组，制定工作职责，明确责任到人，并实行奖惩制度，规定在整个养猪过程中猪的病死率不能高于 2%。我们从源头上抓起，从建造猪圈就介入教学，在养殖的整个过程中加强培训和上门指导。通过大家的共同努力，农户在饲养过程中没有死一头猪，而且长势比以往更好。

依靠科技帮扶群众脱贫除了靠政府推动，也需要群众的自发参与。考虑到生产投资问题以及群众掌握技术的水平，长宁区在金平、元阳两县各设立了 2 万元的"科技培训"扶贫项目，专门组织科技培训班，让当地群众通过培训，了解与掌握种植业、养殖业方面的生产技术，提高自身科技素养，为脱贫攻坚打下坚实基础。

真心援助　民生优先

金平和元阳两个贫困县山区的孩子失学率比较高，能读完小学四年级的孩子比例不到 50%，女孩失学比率更高。通过调查了解，主要原因在于：首先是家庭经济困难，缴不起每学期约 50 元的学杂费；其次是交通不便，山区的孩子要上学，路途遥远，基本上都要住读；最后是思想观念落后，认为上学读书也没有什么用。这样就形成了恶性循环，穷就读不起书，越不读书就越没有知识来摆脱贫困状态。

扶贫先扶智。针对这种情况，我在援建金平县"长宁希望小学"的基础

◀ 沈汉平与结对助
学的孩子合影

上，确定在金平、元阳两县建设小学教学点。这样就可以把建一所希望学校的
资金用来建 10 个教学点，让山区孩子就近上学，有利于提高就学率。为了把
好"长宁希望小学"施工建设关，我做好每个点位的实地调查选址、跟踪检查
和验收工作，确保项目落地，能够按时按质完成。

红河州蒙自师范专科学校教学楼这个项目是由上海市教育局和上海市协作
办委托我们援滇红河组负责的，援建资金 300 万元，教学楼由上海同济大学工
程设计院免费设计。为了保质保量做好这个项目，我们成立专项工作组，制定
工作方案，选择质优的施工单位进行建造。在施工过程几个重要环节中，我们
都和监理单位一起到现场认真检查，从而为确保工程质量打下良好基础，同时
也展现了上海援建的教学楼是一幢优质现代化的建筑楼，体现了上海良好的
形象。

长宁区教育局在 1997 年和 1998 年，每年分别派出一支优秀教师队伍到红
河州开展教学交流活动，为个旧市和金平县的中小学教师开展教学培训、上公
开课，起到了很好的示范引领作用，受到当地老师和学生的好评。

医疗卫生工作是关系到提高全民族素质、保障生产力、振兴经济、维护社
会发展和稳定的重要工作，是关系人民群众的健康，关系千家万户幸福的重要

民生问题。金平、元阳两县医疗资源非常匮乏，加上山区交通不便，就医成为当地一个迫切需要解决的难题。我们对贫困地区进行帮扶的主要目的就是要用切实可行的办法帮助当地群众提高生活水平。

我们首先通过捐赠医疗设备来充实当地主要医院，加强受援医院能力建设，全面提升受援医院的服务能力。1997年，长宁区向金平县人民医院和金水河镇卫生院捐赠了一批医疗设备，改善了这两家医院的设备条件，为当地百姓就医提供了有力保障。

我们在对金平、元阳两县的调研中，发现村一级的医疗资源更加匮乏，很多农民就医很不方便，因此积极落实以上海形象标志白玉兰为载体的白玉兰卫生室工程项目。该项目严格实行标准化建设，统一配置医疗设施，统一配备医护人员。在白玉兰卫生室工程建设过程中，我时刻关注着建设进度，严格考核验收，把好质量关，验收通过则为之挂上统一标识，让这一整套硬件软件建设可以保障群众看病放心，看病踏实。医疗帮扶给两个县的群众带来了极大实惠，通过医疗帮扶，当地群众看病更方便了。我看到他们的身体健康有了保障，感觉到自己的工作是有价值的，是受到群众认可的，内心也有了成就感。

真情帮扶　情深意重

在任职红河州经贸委期间，我有机会参与对当地企业生产经营情况的调研。我发现当地的企业国有比率很高，但大部分国有企业处于微利或亏损状态，企业职工大量下岗失业。我利用自己大学所学的经济管理知识，挂职期间通过了全国经济师资格考试，并积极去了解上海当时国有小企业转制的相关情况，经常与挂职岗位的领导和分管州长进行交流，介绍上海国有企业转制的经验。为了增强红河州国有小企业的生产经营活力，我建议当地领导试点开展企业转制工作，得到了他们的肯定和采纳。

在资金的运行上，除了无偿补助的方式外，长宁区在金平、元阳两个县的帮扶项目中各设立了25万元"小额贷款"这一项目，为那些有需要的农民提供小额贷款，收取很低的利息，保障了农民在生产过程中的投资，"小额贷款"

项目的资金留给两个县的扶贫办滚动使用。

"经济技术合作"也是我们对口帮扶中一项重要工作内容。1998 年，我们促成了江苏海门县的一家民营企业与金平国有橡胶厂的收购事宜。经过几轮洽谈，收购方考虑到成本问题，提出只需保留原企业三分之一的员工，这也就意味着剩余三分之二的员工都要下岗失业。面对这种情况，我立刻从中协调，与企业老板进行协商，诚恳地告诉他金平县是国家级贫困县，希望他们把此次收购作为一项帮扶项目，对当地百姓多让点利。同时我也做好对金平县领导的解释工作，告诉他们企业的收购行为不是扶贫，还是要按照经济规律办事。在协商基础上，最终我们达成收购方案：原企业保留一半员工，另一半员工承包种植原属厂的橡胶树，收割下来的橡胶汁由企业按高于市场价 5% 的价格全部收购，实现共赢。如此一来，既提高了金平县的财政收入，保证了员工的收入来源，又解决了员工失业可能会引发的社会不稳定因素。

为尽快了解长宁区对口帮扶两县的情况，我积极下乡调研。在一年半的对口帮扶期间，我共下金平县 10 次，元阳县 8 次，行程 2 万公里，遇到滑坡塌方阻断交通是时常发生的事情，有时也能看到和听到车掉进公路下面的山坳里，有的甚至车毁人亡。有一次在去金平县的路上，我突然听到山上一声响，原来是发生了小面积的山体滑坡，其中有一块 80 公分左右的石头砸在我们的车旁，还好没有砸到我们的车顶，否则后果不堪设想。还有一次是我到金平县者米乡下新寨村落实温饱示范村和一个教学点建设项目，结果前方发生了泥石流。我考虑到当地的村干部和乡亲们知道我要来，于是和同事冒着危险慢慢地走过了泥石流区域。乡亲们看到我们非常激动，连连惊呼："真没想到！上海干部到我们村你是第一人，州里面的干部到我们村你是第一人，冒着泥石流还能过来的州干部你又是第一人。"

还记得，我乘坐金平县扶贫办的一辆吉普车到者米乡验收帮扶项目，半路上车坏了。我们仔细检查车辆后才知道，汽车方向轴上的一个万向轮，原本应该有三颗螺丝进行固定，现在只剩下一颗螺丝了。车坏的原因就是其中一颗螺丝刚刚发生断裂，导致方向盘失灵。经过询问我才知道，原来螺丝已经坏了有两个多月了，但是扶贫办办公经费紧张，车能开就对付着开，便没有去修理。

我想这辆吉普车已经很破旧了，又要长年累月行驶在颠簸的盘山公路上，对车的损耗很大，行驶也很危险。由此可见，除了驾驶员安全意识薄弱以外，扶贫办的办公经费确实很紧张。事后我了解到，扶贫办的办公经费每人每年只有80元，每年县财政按人头核拨到每个部门，结余上交，超支自负。出差、汽车修理、保养、汽油、办公用品、接待等经费都包括在办公经费这个科目里，实行部门承包制。

因此，我始终牢记上海市委组织部领导对我们援滇干部提出的"一个党员一面旗，你们的一言一行代表着上海干部的形象"的要求，在保质保量完成好工作任务的前提下，本着节俭的原则，做到科学合理安排好项目的调研、跟踪检查、验收等工作，尽量不给当地添麻烦。在工作中，我每次从州里到金平和元阳两个县基本上都是搭车去、搭车回，有时自己坐公交车。工作中尽量减少陪同人员，到县里自己在招待所食堂用餐。援滇期间，我共负责了32个对口帮扶项目，资金和货物折价总数近300万元。我积极推动这些项目良好落地并运行，尽量使得有限的资金发挥出较好的作用，推动云南当地的自生发展。

一年半的时间很快就过去了，但我从未忘记云南红河的山山水水，从未忘记红河州人民对我的关怀和爱护，云南是我的第二故乡，红河人民就是我的亲人。在帮扶工作中，我真心实意地做到"真扶贫、扶真贫"。作为上海人民的友好使者，发挥了联络员应起的沟通沪滇两地之间友谊的桥梁和纽带作用。在我离开云南的时候，长宁区获得了上海市政府和云南省政府颁发的"对口帮扶先进区"的称号，我也获得了"云南省红河州荣誉州民"的称号。

十八个月的援滇经历，虽然在漫漫人生中十分短暂，但却是我一生中不可多得的财富。在红河这片土地上，我经受了考验，学到了许多在沿海地区学不到的本领，心灵受到了震撼，思想得到了升华。我努力将在红河学到的工作经验与方法运用到之后的工作中去，始终坚持在红河养成的吃苦耐劳、勤政为民的优良作风。回顾上海与云南的对口帮扶，真是难以忘怀。这也是我作为一名普通党员为国家的脱贫攻坚所尽的一份绵薄之力！

退伍不褪色　援滇新征程

——记我在红土地上的两年扶贫路

张明远，1957年11月出生，浙江海宁人。1976年3月参军，曾是济南空军通信团的一名战士。1980年退伍后，在长宁区财贸系统工作，曾任长宁区商委科长、副调研员。2001年5月—2003年5月，挂职云南省红河州外贸局副局长。回沪后，曾先后任长宁区文化局党委副书记、纪委书记、副局长。

口述：张明远

采访：王佩娟　祝　慧　袁鲁宁

整理：贾彦春

时间：2020 年 3 月 21 日

　　我曾经是一名军人，1980 年在我复员即将回上海时，部队的首长亲切地对我们说："咱们当过兵的人要做到退伍不褪色，在地方岗位上为党和人民的事业做出新的贡献。"部队首长的谆谆教诲在我心中留下了深刻的烙印，激励我在人生道路上不断前行。

　　2001 年 4 月，当组织上动员报名参加援滇扶贫工作时，我当时在长宁区商委工作。作为一名机关干部和退伍老兵，我积极响应党中央的号召和组织的动员，报名参加援滇对口帮扶工作，经受组织的挑选和考验。根据组织上的决定和安排，2001 年 5 月 10 日，我非常荣幸成为上海市第三批援滇干部。我牢记上海市、长宁区领导的嘱托，肩负着对口帮扶的光荣使命，带着上海人民对云南人民的真情厚意，踏上了祖国西南边陲红河州这块美丽的红土地，开始了为期两年的沪滇协作。

扎扎实实地开展扶贫工作

　　上海与云南开展对口帮扶协作，开始于 1996 年。根据党中央、国务院关于东西部地区开展对口帮扶的战略部署，赴滇协作。帮扶云南发展相对滞后地区的人口脱贫，是党中央交给上海的重要政治任务。参加援滇扶贫工作是我人生中难以忘怀的一段经历，随着岁月的流逝，许多往事在我脑海中渐渐淡忘，但亲身参加援滇扶贫工作的经历却留在我心中，仍历历在目，两年援滇路，难忘云南情。

红河州全称红河哈尼族彝族自治州，是一个多民族聚居的云南边疆少数民族自治州，面积为3.293万平方公里。援建之初，我了解到2001年的红河州有13个市、县，总人口有450多万，其中有7个国家级贫困县，贫困人口有60多万，农民人均年收入不到2000元。当时全州经济社会发展不平衡，东西部之间差距比较大，特别是贫困山区群众脱贫任务非常重，扶贫攻坚可以说是当时的一项重要任务。

抵达个旧市后，我挂职任红河州贸易局副局长，在机构改革后担任外贸局副局长，主要任务是在长宁区对口云南省红河州金平县、元阳县开展扶贫帮困工作。两年中，在两地党和政府领导的高度重视和大力支持下，我按照市区领导的要求，抓住机遇，深入实际，重调研，抓落实，动真情，真扶贫，情系边疆贫困群众，竭尽全力做好援滇扶贫工作。

长宁区对口帮扶的金平、元阳两县，是地处云南边疆山区的以哈尼族为主体的多民族聚居地。当时农村的生产生活条件还没有得到根本性的改善。有的农户家徒四壁，还有一些适龄儿童未能正常入学，有的学校设施非常简陋，校舍遇到雨季就漏雨，条件非常艰苦。特别是生活在山区里的贫困群众还缺少基本的就医治疗条件，迫切需要外援的帮扶。

亲眼见到贫困群众的生活状况，我不禁感受到作为上海援滇干部肩上沉甸甸的责任，如何有效开展对口帮扶工作成为我思考的最大问题。经过反复思考，我认为只有结合当地的实际情况寻找突破口，找准切入点，集中财力、物力、人力，发挥好集聚效应，才能使对口帮扶工作取得实效。

红河州山水秀丽，哈尼梯田闻名遐迩，为此我深有感触，并特意写了四句话："层层梯田入眼帘，此番美景逾千年，我到此地为何缘，不为观景为民来。"红河哈尼梯田具有一千年以上的历史和文化底蕴，但是我来到红河州并不是为了观赏美丽的哈尼梯田，而是为了边疆人民群众的脱贫致富。

在这种思想和理念的指导下，我为了全面了解和掌握贫困工作实情，两年中跑遍了金平、元阳两县各乡镇及许多村寨，深入群众，深入项目点，进行深入细致的调查研究。从贫困山区的实地调研中，我熟悉和掌握了金平、元阳两县的情况，与当地干部群众同吃同住同调研，共同探讨脱贫致富的发展思路。

为了确保各种扶贫项目落到实处，使贫困群众早日受益，我亲身经历了"晴天一身汗，雨天一身泥"的工作感受，常冒着山里 40 ℃的高温，在当地扶贫干部的引导下跋山涉水，不顾汗流浃背、蚊虫叮咬、脚底磨破，进村入户实地调研，倾听群众的呼声，了解和掌握实情。我提出具有针对性和可操作性的扶贫工作计划和安排，重点抓好试点和示范工作工程，以点带面，有效推动了对口帮扶工作的顺利实施。2002 年 8 月，我通过深入调研，撰写了《小额信贷在云南贫困地区大有可为——上海市长宁区帮扶金平、元阳小额信贷情况的调研报告》，被《红河州政府决策参考》全文刊登，并在《红河日报》上全文报道。

真真切切地帮扶困难群众

上海援滇干部的具体挂职岗位，是依据工作经验进行分配的。我在奔赴红河州之前，任职于长宁区商委，所以对口落户至红河州贸易局。作为挂职在红河州外经贸局的一位副局长，我参与分管州外贸局的扶贫工作，并会同外贸局的同志积极开展对接帮扶点困难群众的慰问和做好帮扶项目的落实工作，积极配合局领导做好相关工作。2002 年，红河州经贸局代表团到长宁区学习考察，进行经贸交流活动，我们主要配合做好前期沟通协调工作。同年，云南红河州外贸局与越南老街省在河口举办了一个边贸会，当时我作为红河州外贸局的副局长，配合他们做好相应的工作，而且也参与了他们与越南老街省相关贸易部门的贸易洽谈。我通过参加经贸交流活动，做一些力所能及的工作，对于进一步宣传和扩大红河州对外贸易工作起到了一定的推动作用。

我们参加援滇扶贫工作的最终目的就是让最困难群众得到实实在在的帮扶。在为期两年的对口帮扶工作中，我认真贯彻党和国家关于扶贫工作的指示精神，根据上级安排，结合实际，明确以发展和提高农村经济为中心，以巩固和实施温饱项目为基础，以脱贫奔小康为重点，以落实各项帮扶项目为抓手，扎实做好扶贫工作，把党的温暖和上海真情帮扶送到村、送到户、送到人。两年中，援滇干部先后组织实施了29个温饱村试点建设，成为扶贫到村、到户，解决温饱的有效途径，共计受益8700多人。其次，我们组织开展白玉兰脱贫奔小康试点工程，为金平、元阳两县树立了小康村的样板，取得了良好的经济和社会效益，农户的年均收入有了明显增加，农民群众的生活有了较大的改善，试点村获得了省级文明称号。

我们长宁在金平、元阳两县援建了6所希望小学，使1100多名学生告别了破、旧、危房，能在宽敞明亮的新教室里安心学习，使200多名贫困学生重返学校，解决了贫困学生上学难的问题；而且还援建了14所白玉兰卫生室，为当地贫困群众享有初级卫生保健创造了条件，受益人数达43000多人；还组织为29个温饱村安装了卫星电视地面接收站，使边疆群众看到了电视，增加了了解国家大事的途径，丰富了业余生活；除此之外，我们组织开展各种科技培训，使广大群众通过培训增强了科技意识，增强了创收能力和脱贫能力。我们还继续发挥长宁区小额信贷帮扶作用，鼓励和支持困难农户通过贷款，从事种植业、养殖业、运输业、家庭加工、小本生意等，为农村经济发展带来生机，使贫困群众逐步走上脱贫之路。同时，我们运用长宁区帮扶资金，支持金平县金水河镇新建了农贸市场，倡导农民进市场，营造生活奔小康的氛围。

上海市及长宁区的开发式扶贫模式，在云南贫困山区成效显现。真情帮扶结硕果，长宁区被评为云南省及红河州县扶贫攻坚先进集体，我被红河州县评为"扶贫工作先进个人"，并获得了"红河州终身荣誉州民"称号。

实实在在地增长工作才干

参加对口帮扶工作既是实现和体现党的宗旨的有效方式，同时对于我们参与者来说也是磨炼意志、增长才干的有效途径。在对口帮扶工作实践中，在艰苦的环境中开展工作，对于我而言，有利于改造自己的世界观、人生观和价值观，也有助于培养不怕吃苦、不怕困难的精神。在深入贫困山区乡村考察和检查督促对口帮扶项目的实施情况时，吃、住、行条件十分艰苦，口味不同，生

◀ 2001 年，张 明 远
（右二）会同元阳
县马街乡干部进
行扶贫工作调研

活卫生状况较差，有的住所连水、电都没有。特别是行车时间长，路况又差，几乎都是环绕崎岖、坎坷不平的盘山路，一面靠山，一面悬崖，有的地方路面很窄，仅能勉强通过一辆车。遇到雨天，行车的可视度只有 5 米左右，每小时只能行 10 多公里。而且雨季更容易发生山体滑坡、泥石流、路基塌方等情况，确实具有一定的危险性，这是在扶贫路上遇到的最大困难。

俗话说"山里的天，孩子的脸，一天要变十八变，说变就变"，尽管两地领导要求我们尽可能不要在雨天和夜间行车，但实际上有些客观情况是难以预测的。曾经有两件事让我印象非常深刻。一件事是红河州扶贫办领导去金平县调研，返程时遭遇山体滑坡，其中一辆三菱车被泥石流全部掩埋，结果一个乡的五位班子成员和驾驶员都遇难了。还有一件事是文山州的一位援滇干部州长助理，下乡时出了车祸。当时我们去慰问他，得知他由于车祸，伤了两根肋骨。所以说在当地行车还是有一定的危险性，特别是到金平县调研，通过蛮耗大桥后，还要再过 900 多个弯才能抵达县城。这实际上对我们来说也是一种考验，一方面需要我们在面对这种情况时提高自我保护意识，另一方面则需要我们从中磨炼一种不怕困难、不畏艰难的意志，去努力克服所面临的环境和生活中的各种困难及挑战。

在增长才干方面，我主要还是通过参加扶贫工作不断提高自己的独立工作能力，提高自己分析问题和解决实际问题的能力，配合做好上海市及长宁区对口帮扶金平、元阳两县扶贫计划的实施、督促、检查，保证对口帮扶项目的全面落实。为此，我除了学习有关文件材料外，还虚心向周围的领导和同志学习，结合实际注重调研，勤于思考，较快地进入了角色。我认为在对口帮扶工作中，主力军还是当地的各级组织、广大党员干部以及群众，我们挂职干部在工作关系上要注重摆正位置，当好配角，在帮扶工作中起好助推器的作用。

我在工作中努力做到三个依靠：一是依靠县、乡、村各级组织，尤其是当地扶贫战线上的同志，使对口帮扶工作有条不紊地开展。二是依靠项目点干部群众的力量，发挥他们参与项目实施的积极性，只有把他们的积极性充分调动起来，才能确保我们的对口帮扶项目更好地落到实处，发挥出应有的效应。三是依靠市区和州领导的大力支持，以及上海对口帮扶联络组组长的帮助指导，在实践中边学习、边总结、边提高。为了顺利实施好扶贫工作计划，援滇干部与金平、元阳两县政府签订了项目责任书，做到目标明确、责任到人、措施到位，同时加强对各类帮扶实施项目的督促检查，加大对帮扶项目的推进力度，确保帮扶项目早日发挥最大效益。

兢兢业业地发挥联络员作用

在对口云南红河州的帮扶工作中，我在实地考察上海市及长宁区对口帮扶金平、元阳两县有关项目实施情况的基础上，每年按照市、区领导的指示和要求，结合实际制订好帮扶工作计划，为区领导决策提供依据，遇到重大情况及时请示报告。如长宁区在金平县最早援建的一所希望小学，靠近金平蛮耗大桥的一座山坡，由于山体滑坡等客观因素，这所希望小学已成为危房。县领导便提出需要全部拆除，并选址重建。为了解决此问题，我与分管县长、县扶贫办、县教育局领导实地召开协调会，共同研究解决方案，经过多次反复沟通协商，并报区领导同意，最终问题得到解决，拆除了危房，并选址重建了一所新的希望小学。

为了有效推动对口帮扶工作，我在金平、元阳两县扶贫办之间组织开展了

◀ 2002 年，长宁区
党政领导代表团
参加金平县上海
长宁第五希望小
学落成庆典

相互交流学习活动。通过考察扶贫项目的进展情况，大家取长补短，开拓思路，共同提高，受到了上级有关部门的肯定。为了提高当地自主脱贫的能力，我们援滇干部在科技培训方面出资出力，利用当地的科技部门人才开展培训，帮助老百姓提升自身技能，获得一技之长。在教育方面则是秉承"扶贫先扶智"的原则，由长宁区不定期地派遣老师在红河州开展支教活动，我们也利用周末下乡的时候特地去看望支教老师和当地学生。

同时，我当好助手，认真做好接待服务工作。自长宁区与红河州开展对口帮扶以来，长宁区领导每年都亲自率团赴红河州及金平、元阳两县实地考察扶贫工作。2001 年 11 月中旬，我负责接待了由副区长陈志林率领的上海长宁扶贫考察团一行 16 人；2002 年 4 月中旬接待了由区委常委、组织部部长陈建兴等区领导率领的上海长宁区党政代表团一行 10 人，党政代表团领导参加了金平县上海长宁区第五希望小学落成典礼。为了接待好长宁区领导的来访考察工作，我事先与协作办领导共同拟定考察方案、行程安排，然后与红河州政府和金平、元阳两县领导取得联系，精心组织安排。长宁区代表团赴红河州考察过程中，受到了州委、州政府领导和金平、元阳两县县委、县政府领导的热情接待，并在州、县领导的陪同下考察了长宁区对口帮扶两县的帮扶项目。在这过程中，我积极当好领导助手，做好情况介绍和服务工作，确保整个扶贫考察取得圆满成功。

在日常生活中，我严于律己，树立上海干部的良好形象。我始终牢记市区领导的嘱托，不辱使命，认真贯彻党中央扶贫工作指示精神，践行诚心诚意为人民谋利，吃苦在前，享受在后，克己奉公，多做贡献的要求，与红河州小组成员搞好团结，互相关心，互相帮助。当时我们红河州联络小组有来自徐汇、长宁、青浦和奉贤四个区的成员，我们共同参与制定了《上海红河州小组成员工作守则》来规范自己的言行，承诺要耐得住寂寞，经得起考验，自觉遵守各项规定和纪律。虽然我是长宁区选派的援滇挂职干部，但是我的一言一行都代表了上海和长宁的形象，所以在对口帮扶工作中更是自觉增强大局意识、服务意识、责任意识，在思想作风、工作作风、生活作风上坚持要求自己勤俭节约。作为挂职干部，我还自觉接受挂职单位的领导的管理，积极做好领导交给的各项工作，在平时工作中妥善处理好对口帮扶工作与挂职单位的关系，自觉遵守各项纪律和规定，同时注重学习挂职单位的有关业务知识，不断提高自己的工作能力和工作水平。

通过参加对口帮扶工作，深入贫困山区实地考察，我对贫困山区群众的真实情况有了真正的了解，也就更加坚定了我真情帮扶、关心关爱困难群众的决心。面对贫困地区群众遇到的种种困难，我为之动容，先后捐款了1000多元，并坚持资助两名贫困学生直到初中毕业。自己所捐的钱款虽然是有限的，但是表达了我对群众的一片真情和爱心，同时也增进了我对群众的感情。

回顾两年的对口帮扶工作，我克服了在云南贫困山区从生活环境、饮食习惯到身体状况等许多意想不到的困难，认真践行党的宗旨，不辜负组织上和领导的嘱托，为援滇扶贫工作贡献绵薄之力。一轮接一轮的援滇干部，就像田径场上的接力赛跑运动员，我们既要接好棒、跑好步，更要传好棒。参加援滇扶贫工作的这段经历，使我磨炼了意志，净化了心灵，增长了新的知识和才干，让我终身受益，并增进了我对边疆人民群众的了解和感情，边疆人民群众那种善良、纯朴、热情在我心中留下了挥之不去的深刻印象。

今年不仅是全面建成小康社会之年，而且也是全国上下众志成城全力抗击新冠肺炎疫情的特殊之年。在上海的大力支持下，在云南干部群众的共同努力下，云南的扶贫攻坚不断取得新的成效，经济和社会都有了很大的发展。如今，红河州7个贫困县已全部脱贫摘帽，上海人民的真情帮扶激励着云南边疆人民迈向更加幸福的明天。在此，我真诚祝愿中华大地苍天佑，春暖花开永绽放，坚持抗疫国更强，国泰民安奔小康！

为红河发展尽献绵薄之力

　　毛国伟，1959年2月出生，江苏海门人。曾先后担任国营上海纺织器材长厂长，上海鑫达实业总公司筹建负责人，上海市新泾乡副乡长、新泾镇副镇长，长宁区虹桥功能拓展办公室副主任。2005年5月—2007年5月，挂职云南省红河哈尼族彝族自治州州长助理。回沪后，先后担任长宁区房屋土地管理局局长、党委副书记，长宁区民防办党委书记、主任，上海服装（集团）有限公司监事长，上海市慈善基金会长宁副会长。

口述：毛国伟

采访：王佩娟　祝　慧　袁鲁宁

整理：王凤兰

时间：2020 年 3 月 29 日

2005 年 5 月 25 日，我作为第五批援滇干部中的一员，一行 19 人离开上海，来到了云南这片美丽神奇的大地。当时我很激动、兴奋、好奇，还有些紧张，但更多的是怀揣了遐想。对口帮扶云南期间，我担任的是红河州州长助理及上海对口帮扶联络小组组长。我永远难忘在云南工作、生活的日日夜夜，难忘云南的山山水水、一草一木，特别是边疆干部群众艰苦创业、顽强拼搏的品格精神，使我们每一位援滇人一生受益。这段特殊的经历也终将会不断激励我们坦然面对以后人生中的种种坎坷。

云南红河——我的第二故乡

2005 年，我就职于新泾镇，后被借调到虹桥办筹建处。当我通过组织上的重重考验，准备去云南挂职前，市委组织部副部长陆凤妹找我谈话，交给了我两个任务：一是要尽快进入角色，带好队伍，完成中央交给上海对口支援帮扶的任务；二是要尽快妥善协调好少数民族干部与上海的融合关系，形成两地合作共赢的局面。从某种意义上讲，联络小组履行着上海市政府完成中央交给上海对口支援任务的职责，我们的工作成效代表着上海的工作水平，我们的工作形象代表着上海干部的形象。当踏上红河的土地，面对一个完全陌生的团队和工作生活环境时，我在憧憬之余，也感受到了责任的重大。

红河州全称叫红河哈尼族彝族自治州，是全国人口大州之一。全州有 10 个县市，其中有 7 个是国家贫困县。2005 年的人口是 400 万左右，少数民族人口占比高，60% 以上是贫困人口，贫困程度高于全国的平均水平。红河州的面积是 3.293 万平方千米，是上海市的 5 倍，长宁区的 867 倍。山区面积在 90% 以上，30% 的村不通公路，甚至还有 20% 的村不通电。全州有相当多的失学儿童，教育科技水平偏低；而且全州没有一个大型的商品交换市场，商品经济的观念在当地基本没有形成，市场发育也不足，还处于以物换物的阶段，工业基础也很薄弱；有的贫困县财政自给率只有 13%，自我发展能力很差，城镇化水平很低。红河州还是中国和越南边境云南段最长的，也是最重要的边疆地区，做好祖国边疆地区经济社会发展的对口支援是巩固边防的前提。

对口帮扶——主要解决"四基"

两年来，我们援滇干部深入对口帮扶县乡镇贫困山区，走村串户，摸清底子，在掌握第一手资料的基础上，认真分析研究，因地制宜找准工作切入点。一开始，我们对调研过程中的所见所闻只能用"不可思议、无法想象"来形容。但是随着调研的深入，我们发现红河州有丰富的开发资源和边境贸易的发展潜力，而且当地群众治穷、治愚的愿望还是很迫切的，都很想走出大山，看看外面的世界。我们对口帮扶当时主要是解决温饱问题，即解决基本生活、基本生产、基本医疗、基本教育。

有一次我在元阳县调研，正好碰上赶集，突然听到路边的一间房子里传来妇女的尖叫声，了解情况后才知道喊叫的是一位正在生产的产妇。第二天我又来到这家医院，发现这里其实只是一个狭小的卫生所，连窗帘都没有，这间小屋子竟然也就是产妇的"产房"。正好赶上长宁区政府代表团来，我马上反映情况。区委、区政府的领导都很重视，联合卫生等相关部门援助了 15 万元建造医院，并送来价值 5 万元的急需药品。

　　我们在红河州，除了要做好对口帮扶的"整村推进"，还援助建造了红河上海公共卫生监测中心、动物检疫中心、红河上海妇幼保健中心、红河州上海科技园等涉及全州域的"四个基本"项目，致力于改善红河州整体的医疗卫生公共环境的基础工作，项目涉及土地、资金、工程等方方面面。当时，我们就这几个中心项目多次与州领导作了深入交流，做好共建。主动积极协调州政府做出符合援建要求的项目规划，拿出确切的任务责任书，明确要求在规定的时间内完成。与当地的规土局、建设局等相关单位紧密合作，配合无间，都以较高的效率确定了土地规划选址，并完成审批土地、招挂牌等手续。同时，与上海方面积极沟通，保证红河州发改委的批文、规土局等相关部门的图章一样不少，一切手续均已落实并有效。上海市合作交流办等领导都对这些项目十分重视并及时审批通过。2006 年 6 月 28 日，红河上海公共卫生监测中心建成落地，上海市副市长严隽琪率代表团一行专程来到红河州参加落成仪式。

　　其间，长宁区的党政代表团，医疗、卫生专家团，各类商会，企业代表团等先后 12 批来到红河进行对口交流协作，捐赠资金物资 450.7 万元，还捐赠了 1 所乡级卫生院。

　　还有一次，我去元阳县一所贫困村寨的学校进行调研，看到学生们坐在简易教室的烂泥地上听课。我这才了解到，当地因为贫穷，买不起学生上课所必需的课桌椅。大部分小学生的书包旁都吊着一个小袋子，里面装的是他们一天的口粮。孩子们每天只能吃一顿饭，每顿饭只能就着咸菜下饭。而且好多孩子会在旅游景点围着游客唱歌跳舞，他们主要是为了换钱来买学习用品。当时大家都很心酸，看到孩子们懂事但却可怜的模样，我暗自流下泪水。这些都让我感觉到援滇责任重大，要一天当作两天用，一定要加快红河州的教育扶贫力度。

　　因此我也一直在考虑如何吸引和动员更多计划外的社会资金到红河无偿援建。当我得知我的一位企业家朋友准备去大理的鸡足山花 20 万元请一尊佛像时，我说："做慈心善举，不如捐资助学做实事。"我知道，只有切身体会过的人，才会明白当地学校的贫穷与困难，于是主动邀请这位朋友来当地的学校看看。他们一行人在看到当地学校的简陋情形，以及孩子们充满求知欲的眼

▶ 毛国伟（右五）
参加上海他其希
望小学捐赠仪式

神后，当场就拍板决定要用这 20 万捐建一所希望小学。凭借捐资，第一所希望小学拔地而起。我印象很深的还有第二所希望小学，建完以后学校的环境很好，但是想不到由于资金有限，没有配备课桌椅。正好我太太来红河州看望我。她去学校里转了转，深受感动，而且也很支持我的工作，主动提出捐献 3 万元为学校添置课桌椅。

当时，我记得还有不少年轻的同志去红河支教援医。原本在家里都是独生子女的他们，人相对来说还是比较娇气，但在红河州生活了一段时间以后，他们都会有所改变，被那边的风土人情所感动。有几个老师甚至直接选择继续留下，只为了能给当地的孩子传授知识，援助医疗，尽自己所能去改变当地人的思想观念、健康意识。

我们决定动员一切力量帮助当地建设，除了完成上海市委、长宁区委交给我们的援建工作以外，还要拓宽对口帮扶协作领域，千方百计地帮助这里的群众尽早脱贫。我们整个联络小组动用了社会各方面的资金，总共建了 12 所希望小学，其中 9 所希望小学的建设是我引进资金援建的。同时，我个人还捐助贫困学生，金额达到 3.06 万元。

到云南对口支援感觉是一种责任，更是一种不甘，是对边疆人民的一种情结，只要在云南多待一天，我们就要竭尽全力为云南人民多做一些工作。云南帮扶有"四基"，要做到有针对性，还要提高实效性，增强工作能力，能胸怀大局，身体力行，把挂职作为学习，把扶贫当作事业，心系边疆发展，心系广大贫困群众，动真情，真扶贫，脚踏实地做好工作，这样才能得到广大老百姓的肯定和欢迎。

搭建平台——加快产业扶贫

深入山区，用心用情，我们才能够吃透精神，整合资源，搭建平台，共同推进，进行精准扶贫，把过去的输血式扶贫逐步改变为造血式扶贫。

为了充分发挥沪滇两地企业与资源的优势，加快产业扶贫力度，我两地奔走，帮助以生产"张氏记"辣酱为品牌的上海洪宁食品有限公司与建水县联手合作，投资 2000 万元用于小米辣加工项目的实施，加快了建水农产品深加工，对小米辣种植产业化、规模化起到积极作用，解决了当地部分农民的就业问题，并填补了建水县小米辣深加工的空白，上海方直接找到了产地。我们还在当地投资 1200 多万元建了一个红河上海科技园，对当地的产业、大环境的改造很有推进作用。

此外，我还积极搭建平台，想要把红河当地的农副产品引入到上海农展馆进行展销。第一次进行产销时，上海市免费为红河特色农副产品进行设摊宣传，但由于观念仍未转变，当地老百姓还是不太愿意走出当地，到大城市推销产品。因为之前老百姓的农副产品主要是在当地的自由市场流通，对于包装和质量的要求不高。进入上海展销后，不仅需要有精美的包装、过硬的质量，而且有时连交流都很困难。为了解决以上问题，我组织了专门团队到现场一起站队，帮助推销。长宁区为当地老百姓搭建了一个很好的平台，红河的农副产品展销会在每年春节前都会来一次上海，而我也基本上每年都会到现场，看望他们，进行产品推介（现在每年已多次，多种形式了）。

因为招商引资，企业间要进行优势互补，人才劳务输出，也就是智力扶贫。在劳动力就业方面，我们主要做了各种劳动力培训。当初我们在昆明选了一个办事处来进行培训，先把山区劳动力派往昆明，然后再让他们从昆明到上

◀ 毛国伟（左二）
下乡走访调研

海，通过层层培训，提升劳动技能。时至今日，我会时刻关注第二故乡的扶贫消息，最近我看到长宁区在对口帮扶工作当中做得很好，比我们那时有了很大的推进和创新。特别是春秋航空定向招收空乘，还有近年来的农产品的联销、网络创业培训、产品包装销售等举措，都为沪滇两地逐渐"打通了产业链，升级了消费链"，带去"造血"之策与脱贫信心，对云南当地的作用影响还是很大的。

两年来，我们联络组完成了 111 个项目，共投入 3148.6 万元资金，包括挂职培训 18 期，涉及 336 个人，成功劳务输出与培训 1600 多人，组织各类巡回医疗、教育、培训交流 36 场次，人数近万人。

对红河州而言，当地进入了前所未有的全面合作的双赢局面，这是给上海援滇干部的高度评价。这些荣誉是在前几批援滇干部所做的工作基础上取得的，也为后面的几批援滇干部奠定了很好的基础。所以，结合实际，正确定位，真情扶贫，才能真正地与当地打成一片。两年中，我被评为云南省"十五"扶贫开发先进个人、优秀公务员，特别受到了州委、州政府的"一号嘉奖"，奖励我在当地做出了突出贡献。我还被州委、州政府嘉奖为"红河州永久州民"，我认为这份荣誉的含金量很高，对我来说是一份极大的鼓励。

如今我已经离开红河州十五年了，但我始终关注着对口支援、扶贫开发、脱贫攻坚的最新情况。特别是国家于 2013 年提出了"精准扶贫"战略，2015 年做出了"全面脱贫，打赢脱贫攻坚战"的决定，对我们这些在云南生活工作过的同志来说，看到这个决定以后都很受鼓舞。最近长宁区慈善基金会助学圆梦之活动，又使我亲自感受了一把。直到现在，我还是会千方百计动员组织各方力量参与云南的脱贫攻坚活动，如今每一批由长宁派出援建的同志也会与我保持良好的联系。在云南生活、工作以后，我们就感觉到，能更好地去为云南、为国家的扶贫工作做一些工作，这是一种责任，更是一种情结。

转变观念——保持扶贫后劲

扶贫最为关键的是人的观念的转变。长宁区通过选派援滇干部，在促进当地发展当中所发挥的作用和影响，最为重要的可能就是把先进的工作理念、发展思维，特别是精细化管理等方法和要求融入当地。我们去了以后比较注重规划引领，统筹资源，到现场进行深入调研，有针对性地帮助指导。

我们每一批援滇干部，个人的作用都是有限的，主要还是依靠组织，特别是市、区两级政府相关部门的支持。但是每一批去的同志对当地的作用和影响应该是比较深远的，特别是东部地区的规划先行、统筹融合的工作理念和思路，会给当地干部群众带来潜移默化的变化，所以云南当地每年也会派出很多干部到上海挂职。

红河州有很多少数民族，因此民族文化和民族特色节目非常丰富，所以对于如何使两地的文化交流加深，如何做好消费扶贫、旅游扶贫，让大家了解红河、关心红河和热爱红河，我都会十分关注并全力以赴地身体力行。

当时有一个旅游项目，我的印象也非常深刻，就是元阳梯田的世界文化遗产的改造规划。元阳有个核心地段叫箐口村。我们去元阳箐口梯田调研的时候，箐口村正在做拆旧建新房的改造。通过实地考察与通盘考虑，我感觉箐口村还是需要保留原生态的茅草房等老建筑。世界文化遗产一定要把原始的东西留下来，保留下最生态的风貌。通过考察，我们积极整合社会资源做宣传推广，千方百计组织了社会各界的投资、旅游等代表团来红河参观考察。经过多年的科学规划、严格保护、有序开发、依法依规，这里已成为一张靓丽的名片。最近，红河哈尼梯田世界文化遗产管理局正式揭牌成立，这对推进整个红河的经济社会长足发展都将产生积极的推进作用。

红河其实还有很多的旅游资源，特别是建水的古城、燕子洞，元阳的哈尼梯田、土司的寨子，泸西阿庐古洞、屏边大围山森林资源，蒙自的过桥米线、石榴、茶叶、红酒、红烟、碧色寨火车站，还有引人好奇的"云南十八怪"等。所以在这期间，我们要继续在红河的旅游业发展中做大量的工作，发挥出一定的影响作用，要把先进的理念和当地丰富的资源相结合，进行保护开发，同时，在规划引领和统筹资源等方面继续关心支持好。

援滇生活虽然短暂，给我感触最深的是，挂职帮扶贫困地区是培养、锻炼、提升干部素质能力的极好途径，有助于我们对国情、民族情进行更深入的了解，同时也会让我们更加详细地感受到什么是对口支援，什么是东西部扶贫协作，什么是脱贫攻坚、共同富裕等目标，特别是对社会主义初级阶段的长期性、艰巨性会有一个很深刻的影响和理解，真的是百闻不如一见。

从繁华的上海来到边疆山区云南，一开始确实很难适应，但是通过感受当地的风土人情，自己会慢慢适应挂职工作的环境，与当地群众结下深厚的友情。其间，各级政府发挥了很大的作用，除了做好政府的各项帮扶措施，还积极动员社会各方参与产业扶贫、行业扶贫、社会扶贫。从大的方面来说，这也有利于各族人民的团结，促进边防巩固，确保全国各族人民一起实现全面小康、共同富裕的目标。从自身角度而言，经历过挂职帮扶的洗礼，再置身繁华都市中，便会对权、钱等身外之物保持平和的心态。虽然自己累得视网膜脱落60%以上，但我所付出的一切都是无怨无悔的，这段经历也成为我人生旅途当中的调剂站、加油站，是很有意义的一段旅程，还能让我深刻体会到大局意识，服务融合，在工作当中把复杂的事情简单化。如今，我感觉自己更会统筹融合，做事也变得更加务实，所以从某些方面来说，也坚定了我自己为人处世的准则。

在云南的两年间，我独自在外，事事要靠着自律、自重来坚守，这对我的社会认知、工作态度、敬业精神、做人做事底线等都产生了深刻的影响，让我在之后的工作与生活中以更严格、更高的标准要求自己。这对我们每个人，特别是青年人的成长是很有意义的。所以这段经历在人生的旅途中虽然十分短暂，但确实是一笔不可多得的财富，包括对党性的锻炼、意志的磨炼、生活的考验，从某种角度来说比一百次的说教都管用。所以我感觉对口帮扶贫困地区，对上海市今后的战略发展，包括长宁的社会经济发展，特别是对长宁干部队伍整体素质的提高都将会产生深远的影响。

回望援滇真情路

——我在红河州的所感、所悟、所获

梁宏，1963年4月出生，安徽全椒人。1984年10月—2002年10月，先后在部队任学员、军医、干事、副教导员、教导员、武警总队医院政治处主任、武警指挥学院二学员二大队政委等职。2002年10月，转业到长宁后，先后任长宁区委宣传部主任科员，长宁区文明办综合调研科科长，长宁区委、区政府信访办主任助理，长宁区委宣传部副调研员（其间，挂职云南红河州发改委副主任）。回沪后，先后任长宁区环保局党组成员、副局长，长宁区委、区政府信访办常务副主任，长宁区天山路街道党工委副书记、办事处主任，长宁区政法委副书记。现任长宁区人大常务委员会委员、社会工作委员会主任委员、人事工委委员。

口述：梁　宏
采访：王佩娟　袁鲁宁　祝　慧
整理：贾彦春
时间：2020 年 3 月 13 日

　　因红河烟，神奇美丽的千年哈尼梯田，首次获得全国原生态唱法一等奖的李怀秀、李怀福兄妹而认识红河州。想不到 2007 年 6 月 12 日，我荣幸地作为上海市第六批对口援滇干部之一，踏上这块梦寐神往的红土地上挂职锻炼，做对口帮扶工作。

下基层，深度调研摸实情

　　当时上海到红河州工作的共 4 个人，分别来自徐汇、奉贤、青浦和长宁，我是其中之一，担任的职位是云南红河州发改委副主任。当时我们长宁对口的是金平、元阳两个县。这两个县都是深度贫困县，地域广阔，且人口众多。车子一到红河州，我们就受到当地领导的热情接待，当场就召开了座谈会，对大家关心的问题一一作了解答。初识红河州，给我一种错觉：红河大道宽又阔，楼房、村落整洁有序。眼前的一切，都是繁荣昌盛的景象，特别是车子进入州级行政中心时，沿途是精致美丽的绿化带、现代化的城市建筑、极具民族特色的广场、图书馆、博物馆等。当时我就在想，这个地方也需要扶贫吗？带着这个疑问，我迅速投入到援滇之旅中。

► 梁宏（前排中）
调研红河州当
地村级道路建设
情况

为了尽快熟悉情况和环境，州扶贫办安排了 20 天的时间，带领我们把红河、绿春、金平、元阳、泸西、屏边、石屏等七个上海对口帮扶的贫困县跑了个遍，在调研的同时也确定了帮扶项目。2007 年，刚到红河州，我了解到红河州总面积为 3.293 万平方公里，辖 2 市 11 县，国家扶贫开发工作重点县占了 6 个，总人口 437 万人，其中农村人口 344 万人，贫困人口 66.87 万人，农民人均年纯收入不到 2500 元，长宁区对口的金平和元阳两县更困难，人均年收入不到 1500 元。随着对州情、县情的进一步了解，我逐渐体会到身上的担子越来越沉重。红河州南北发展不平衡，南部贫困地区的贫穷落后和北部较为发达地区的日新月异形成了鲜明的对比。多年来，当地虽然得到中央、省、州以及上海市、上海长宁区等部门的鼎力支持与帮助，农民的生活水平有了明显的提高，但是由于交通条件滞后、信息相对闭塞、自然条件艰苦等原因，这里的经济、社会、教育等状况还是相对落后的。

尽管当时红河州经济总量在云南省排到第四位，但县、乡财政资金尤为短缺，想做事但没钱做事。例如，元阳县旅游资源丰富，在旅游业的带动下，当地可以很快富起来，但实际情况是，没有人愿意投资开发。

近年来，当地党委、政府对他们的帮扶力度不断加大，但由于人口素质较低、思想观念相对落后，成效不是很明显。我去过元阳县的一所小学，他们的校长在不到 8 平方米的办公室里办公，而且没有门窗，进去不开灯的话，漆黑一片；到教室一看，每个课桌后面坐着 3 个小学生，身高都不一样。他们介绍说，是 3 个年级的学生在同一个班上课。怎么不同的年级会同堂上课呢？主要还是因为师资力量不足。还有就是由于山路比较遥远，且路上有一定的危险，家长也不敢让孩子独自来上课，生源也就没有那么充足了。在河口县一所小学的学生宿舍，我看到一张高低床，上面摆放着白菜、萝卜和一些简单的做饭工具，下面睡着两个孩子。大冬天，他们身下只有一层凉席，被子、棉衣都有些破。他们做饭的地方，就是靠墙边的临时灶台，几块砖简单地搭在一起，满屋子被熏得黑乎乎的。这么小的孩子一边学习，一边还得自己做饭，看着实在是可怜。尽管如此，他们的精神面貌还是不错的，琅琅的读书声不绝于耳，可见当地的学生有着高昂的求学心态。在上海学习的孩子应该体会一下贫困地区孩子求学的艰辛和为此付出的超乎年龄的努力。

回来后，我感慨万千，深知教育文化落后，劳动者受教育程度低，是导致贫困地区落后的主要原因之一。对教育的帮扶正是我们对口帮扶的重点，为脱贫攻坚注入教育的"源头水"是"造血"的必经之路。两年来，我们先后在金平、元阳两县新建 7 所、整修 2 所希望小学。值得欣慰的是，尽管还存在简陋的校舍和艰苦的学习环境，但从孩子们接过我们送去的学习用品时感激的目光，敬的一个个庄严的队礼中，我看到了红河的希望，祖国未来的希望！

抓项目，务实为民谋福利

调查研究推进科学决策。随着扶贫帮困工作的深入，组织上要求我们一定要找准贫困原因，因时制宜、因地制宜地集中有限资金办实事。

首先是利用帮扶资金，找准发展方向。产业基础薄弱，没有发展方向，是制约项目区群众脱贫致富的重要因素。当地海拔较低，光、热条件充足，四季温差小，十分适合种植香蕉。而且香蕉生长周期短，当年种，当年就能获得收益。尽管如此，我们在组织当地群众种植香蕉上还是碰到一些问题：他们没有见过试管苗香蕉和新品种香蕉的样子，不懂从什么地方着手，也不愿意冒险尝试。为解决这一问题，我们从帮扶资金中抽出 50 万元整合当地部分扶贫资金，由县扶贫办负责建立近 300 亩的香蕉种植示范基地，从育苗、定植，到管护、采收，每一个关键环节都从每个村选出干部和有积极性的农户现场观摩、学习，让群众在全过程中学会种植香蕉的方法。在这样的基础上，又有选择地培养 20 户种植专业户，以此来促进家家户户跟进种植。这就为增强农户自我"造血"能力，达到脱贫致富，带动乡村农民共同富裕和农村经济的协同发展起到了积极的推动作用。

金平县物产丰富，地质肥沃，雨水充足，土地适合大面积种植药材。所以当时我就尝试着拿出 10 万元在一个乡搞了板蓝根种植基地。结果板蓝根长势非常好，一下子获得了丰收，老百姓也就尝到了甜头。云南的资源是不匮乏的，植被生长条件较好。在走访过程当中，我们发现当地满山遍野长的都是橡胶树，但是当地的老百姓很少去开发它，因为当地没有工厂加工。再就是扩大橡胶种植更不敢搞，主要是没有销售渠道。了解情况后，我就积极地和镇里领导进行对接，好不容易找到一家上海投资 300 多万元且愿意合作的初始橡胶厂，从根本上解决了老百姓的后顾之忧。我们就从有限的资金当中抽资创建了"扶助特定生产基金"。后来，这个村带动了干道两边 10 多个村庄共同种植橡胶树。很多人年末就能赚到 10 多万元，有的人家还翻盖了房子。总的来说，橡胶树是比较适合当地种植的，获得收益也比较明显。很快那一带就富起来了。

以帮扶莽人部落为例，2008 年 1 月，胡锦涛总书记、温家宝总理作出"尽快解决莽人、克木人生产生活问题"的重要批示。市委、市政府领导接到我们红河州扶贫工作小组的申请帮扶专题报告后，随即派市合作交流办副主任周振球同志实地察看，将带来的 600 万元资金用在牛场坪村莽人综合扶贫项目。在充分掌握第一手资料的基础上，确定要立足现实，着眼长远，统筹安排必要的社区公益设施，为莽人后续发展留有充裕的空间。当时确定易地搬迁地点在牛场坪。决定新建安居房 50 幢，每幢面积为 120 平方米左右，二层砖瓦结构；硬化村内的道路，并配套绿化工程；实施沼气、畜厩、厕所"三配套"工程；建文化活动室 1 个，配套 1 块约 600 平方米的活动场地；实现通水、通电、通路、通广播电视以及开垦耕地等目标。整个项目于 2009 年 6 月竣工、验收，年前完成了整体易地搬迁任务。这一项目的实施，彻底改变了莽人居住地的落后面貌。43 户莽人搬入新居，小孩子们背着书包，蹦蹦跳跳迈进校门。当看着他们过上美好的生活、当地居民夸"上海人真好"的时候，我由衷地感到幸福和自豪。

此外，为了方便境内外摄影爱好者观光、拍摄元阳县哈尼梯田美丽景观，同时也为了保证这些摄影爱好者的人身安全，我向区政府申请了 50 万元启动资金，与当地干部共同修建了几个观景台。观景台建成、投入使用后，吸引了远近更多的游客来哈尼梯田旅游、休闲，从而带动了餐饮服务业的发展，也促进了当地农产品的销售。

其次是创建"基层扶贫服务中心"，解决老百姓不懂、不会的问题。在调查过程中，我们发现当地老百姓不懂得如何种植经济作物和科学养殖牲畜。不懂、不会，又不敢出来打工，成为制约当地经济发展的重要因素之一。产业帮扶很重要的一点就是培训技术，没有技术，只有想法是行不通的。为从源头上改变技术欠缺的问题，我们同当地扶贫办同志商议，共同筹资 460 万元在金平县建成"基层扶贫服务中心"，这在整个云南省是首创。2008 年底，这个服务中心正式投入运行。在这个服务中心里，我们利用有限的师资力量开设免费培训班，针对大家关心的问题开展专业性的培训、学习，比如农产品怎样优种培育、养殖业怎样科学管理好、生态环境怎样保护好等。我们在倡导发展好当地经济的同时，也会尽可能保护好当地生态环境。把生态链打破了，即使发展得再好，也是暂时的。后来，经过"基层扶贫服务中心"的积极培训和运作，当地的板蓝根、橡胶种植基地随后也兴起来了，养殖大户也出现了三家，同时也培养出了很多名专业技术能手。

再次是鼓励走出去务工、创业。工作中，我积极地联系上海和其他地方的一些企业，帮助当地青壮年们走出家乡，外出到富裕地方务工。当得知长宁区中山公园一家饭店招聘员工后，我立马与长宁区合作交流办相关人员取得了联系。在他们的积极帮助下，这些务工人员很快在长宁区工作、生活。任职期间，我前后共帮助 121 人出外务工。这一"走出去"的举动，既带动了家乡经

▶ 梁宏（左一）与少数民族同胞在一起

济发展，又使更多的年轻人外出闯事业，形成了连带效应，为当地早日脱贫打开了一道出口。

突重点，打造社会主义新农村

社会主义新农村建设是涉及农村经济、文化、科技、教育、卫生、生态环境、社会保障等的系统工程，是带有全局性、长期性的重大历史任务，最终是要把农村建设成经济繁荣、设施完善、环境优美、文明和谐的社会主义新农村。

为了响应党中央加快推进社会主义新农村建设的号召，确实让当地群众得到实惠，2007年，我们按照市委、市政府的要求，在市经济合作交流办和当地扶贫系统的具体指导下，在金平县率先提出了"项目立县，农业富县，工业强县，商贸活县，科教兴县"的发展思路和"跳出金平看金平，学习外地找差距，群策群力谋发展"的战略举措，喊响了"真心为民，事实为民，让百姓得实惠、富起来"的口号。为了尽快兑现对全县31万农民的承诺，我们跟当地政府一起，在广泛深入调研的基础上，确定了把者米乡公路沿线作为"整乡规划，整村推进，连片开发"的社会主义新农村的示范带。在我们共同努力下，短短两年时间，公路沿线的 20 个自然村发生了翻天覆地的变化：种植业的规模由小变大、由弱变强，形成了以橡胶、香蕉为支柱的农业产业，土地平均收益由 1500 元 / 亩增至 5500 元 / 亩，农民人均纯收入增加 2000 元，60% 的农户盖起了新房，村容村貌发生显著变化，百姓的精神面貌也有了根本性的改变，基层党组织的向心力也明显地增强。

为了尽快把示范带做亮，以此带动全县社会主义新农村建设，我们广泛发动当地群众积极参与、出钱出力，把建设美好家园当作是每家每户分内的事情。两年来，共整合 1113.26 万元资金；实施饮水工程 21 件，全长约 61 公里，浇灌农户庭院 1530 个 1.21 万平方米，解决农户通水 12 个村 612 户 2938 人；修建通乡柏油路 33 公里、通村公路 67 公里，硬化村内道路 67 条共 82 万平方米；架设输电线路 74 公里，新增农村用电户 612 户。此外，建文化科技活动室 32 间，改造猪舍 611 间共 5630 平方米，建公共厕所 41 个共 1630 平方米，改造农户住房 238 幢共 9870 平方米，修建灌溉引水渠 4 条共 21 公里，新增灌溉面积 300 亩，改善灌溉面积 680 亩。

我们通水泥路、引泉入户、人畜分离，兴建文卫场所，社会主义新农村的面貌逐渐呈现在世人面前，我们由衷地为他们高兴。2009 年 5 月，云南省扶贫工作现场会在红河州召开，全省各市、县扶贫工作者汇聚一堂交流经验。其中，在金平县总结的《以"四先"克"四难"，快速打造整乡规划、整村推进示范带》经验材料得到上海市经济合作交流办公室领导的认可，并批示在全体援边干部中进行推广。

两年来，共实施整村推进项目村 18 个；新建希望小学 7 所（4198 平方米），其中计划外 2 所；村卫生室 8 所（790 平方米）；群众文化活动室 9 个（1237 平方米）；实施产业帮扶项目 5 个，其中香蕉、膏桐、板蓝根示范基地各 1 个（920 亩），旅游项目 1 个（元阳）、基层扶贫服务中心 1 个（金平）；修通 3.5 米宽入村水泥路 11 条共 23.3 公里，村内道路路面硬化 21077 米、39423 平方米，其中 1.2—1.5 米宽的入户道 15046 米、20203 平方米，架设饮水管道 53500 米，砌蓄水池 14 个共 688 立方米，改建农户安居房 205 间共 20361 平方米，修建 307 户农户庭院共 27640 平方米，新建村公厕 27 所共 809

平方米，修建村内排污（水）沟渠 7459 米；安装沼气 732 户；为特困农户家购买猪苗 986 头。上述项目建设，使 18 个村 1836 户 6764 人受利益。争取的项目外资金在基础设施、产业培植、赈灾上也发挥了重要作用，不仅援建了 2 所希望小学，还使 35 名大学生、100 名中学生、100 小学生如愿走进新的学堂；使受雪灾、山体滑坡等自然灾害的 34 户农户及时得到有效补偿，建设安居房 60 间共 3600 平方米；使 1320 多人受到各种农业科技的培训；使一些基层办公条件得到改善；为农户添置鸡苗 40000 只；为金平县阿得博乡党建示范基地种植板蓝根 175 亩，补助板蓝根种植示范户 66 家。当地群众深有感触地说，上海人真好，现在的政策真为老百姓好。

我们的帮扶确实给红河州带去了一些变化：当地干部、群众的思想、观念得到了提升。我们的实际行动，如计划的安排实施、思考问题的角度、解决问题的办法都在不同程度地影响着他们。他们真正明白了扶贫先扶智，摆脱贫困必须要先搞教育，从娃娃抓起，真正地让他们在学习、运用知识中了解外面的世界。要想让红河州有强大的经济支撑，从根本上说，不是一次次地"输血"就能完成的，而是要在学习先进地区、先进经验的基础上学会自己"造血"。只有靠自主"造血"，才能彻底地拔掉"穷根"。产业帮扶接下来就是要立足现状，深入研究如何落地。然而共通、突出的问题就是交通不便，这是困扰贫困县发展的普遍性问题。内地如果考虑到那边投资，先前就要去考察，如果基础交通设施不完善的话，投资商是很难过去投资的，主要还是考虑市场的问题，这个是硬件要求。

两年来，在各级政府方方面面的支持和帮助下，在亲人的理解和关心下，我较为圆满地完成了组织上交付的援滇任务。这得益于前面五批援滇干部打下的良好基础，也是我们援滇工作小组共同努力的结果。援滇两年期间，我要感谢家人的理解和支持。记得当时爱人得了急性阑尾炎，需要做手术住院。由于工作任务紧，爱人手术时我没有陪伴在身边，出院后我也没能及时看望、照顾。爱人刚出院不久，母亲又因车祸致双腿骨折，住院长达三个月，卧床半年。这期间，爱人白天上班，晚上陪夜，中午又要照顾老人，但她没有一丝怨念，也没有向组织上提出过任何困难，而是催促我尽快到边疆继续开展扶贫工作。这中间又赶上孩子高考，为了照顾老人，爱人对孩子学业上、生活上关心时间较少，学业只能靠孩子自己抓紧。到现在，我对爱人、母亲和孩子总是有些歉疚，但更多是感激，感谢爱人无怨无悔地付出，感谢母亲和孩子对我工作的完全理解。

　　这两年的收获很多，感悟也很多。我看新闻上说，长宁区对口帮扶的 4 个贫困县都已经全部摘帽了。听到这个消息，真的很高兴，也很兴奋。尽管我挂职锻炼已经结束了，但我感到这仅仅是开始，这份责任、这份情结将会在我的人生长河中一直延续。我相信，在我们一批批援滇干部和当地干部、老百姓的共同努力下，红河州的社会经济发展会越来越好，人民生活也会更加幸福！

跑基层　接地气　当不辱使命

——记我在云南红河州两年对口帮扶工作

　　王友晓，1965年7月出生，山东临沂人。曾任长宁区委组织部副调研员，长宁区江苏路街道党工委副书记、纪工委书记，长宁区总工会党组书记、副主席等职。2011年6月—2013年6月，作为上海第八批援滇干部红河州联络组组长，任云南省红河哈尼族彝族自治州州长助理。现任长宁区委组织部副部长、老干部局局长。

口述：王友晓

采访：王佩娟　袁鲁宁　祝　慧

整理：贾彦春

时间：2020 年 3 月 13 日

2011 年 6 月 16 日，上海第八批援滇干部离开上海到达云南，其中支援红河州的干部联络小组由四个区（长宁、徐汇、奉贤和青浦）各一名成员组成，我担任组长。两年的援滇工作，在上海驻昆办（联络大组）以及上海市、红河州领导和相关部门的大力支持下，对口帮扶工作顺利开展，扎实推进，较好地完成了组织交给我们的援滇帮扶任务。

用最短的时间了解熟悉情况

我们来到红河州，首先要做的是了解、熟悉当地情况。我们先是与第七批援滇干部做好交接工作。在一周的时间里，我们基本把工作关系、工作任务、经费使用等情况了解清楚。在以后的工作中遇到拿不准的问题，我们还经常用电话联系，彼此沟通。其次是带领小组同志走访相关部门和对口帮扶县、市。第一个月，我们四位援滇干部就跑遍了红河州的十三个县、市，特别是上海对口帮扶的七个地处中南部的贫困县，逐一走访调研，跑基层、摸情况，实地了解、察看重点帮扶项目。尤其是与州、各县扶贫办的同志建立了良好的工作联系。再次是注重了解和学习过去帮扶工作好的传统和做法，掌握帮扶工作的规律及相关政策要求。最后是熟悉了解州情、县情，适应当地的工作节奏和生活习惯，较快地与当地干部群众打成一片。两年的700多天中，除了必要的接待和参加州里的会议活动，其他大部分时间我们都在乡下走村串户，了解情况，检查落实帮扶项目。可以说，在较短的时间内，我们在感情、工作、生活上都已经适应了当地的情况，对我们的帮扶对象也有了一些基本的了解。

总的感觉是，这是个美丽而又贫穷的地方。说它美丽，是因为这里地处南部山区，气候适宜，加上少数民族崇尚自然，生态保持完好，所以满眼尽是蓝天白云，山清水秀，风景优美，离开城市到这个地方会感觉赏心悦目。说它贫穷，是因为这里南北差别、城乡差别相当大，南部七个县中有六个是国家级贫困县，一个是省级贫困县。2011年11月，中央决定把贫困线标准由人均年收入1196元提高到2300元后，贫困人口由60万增加到150万，占全州总人口的三分之一。如果单从州政府所在地蒙自的生活来看，这里幸福指数可能比上海都高，有房有车，蓝天白云，生活无忧。但走下去，到乡下，到山寨，到农民家中看看，他们的居住条件、生存条件之简陋、贫寒真的超出了人们的想象，我们感到震惊。很多是危棚简屋，人畜同住，吃水困难，揭不开锅。具体来说：

群众生活方面：许多村寨特别是苗族、瑶族都住在干旱地、山地上。因为喀斯特地貌特征，没有水源，长年缺水，平时都是靠接雨水储存在自家的水窖中维持生存，种庄稼也只能靠天收成。很多村寨时常为吃水犯愁。干旱的季节，县里、乡里都要组织送水到村寨。还有些深山中的村民一年中只有半年能吃上食用油，剩下的半年是没有油水的。山区里很多50岁以上的老人一辈子没出过山，没见过城镇，没喝过干净的泉水。

教育医疗方面：不少学校存在住宿条件差的情况。因为山路太远，小学、中学大部分学生都要住校。我们到学校一看，都是不到一米宽的上下铺小床。每张小床睡两个人，小学生挤挤也就罢了，中学生都是大孩子，还要挤在一张床上，看了确实让人心酸。大多数学生读完初中就不再读高中了。当地每年都有数百人因为家境贫寒，考上大学却上不起。记得当时考到上海的学生有4名，上不起学。我们援滇干部正好4个人，就每人"承包"一名，并且动员周

2011 年 11 月 23 日，王友晓（左二）在马鞍底乡石头寨村农户家中调研

边的人帮助他们完成学业。当地的卫生医疗条件也很简陋。虽然新型农村合作医疗已覆盖到大部分村寨，行政村也大都建立了诊所，但这毕竟是低层次、低水平的医疗保障。因居住分散，医疗知识不普及，技术条件和乡村医生的水平有限，很多急病、大病很难得到及时救治。

市政交通方面：山高路险，气候多变。当地通常用两句话形容："天无三日晴，地无三尺平；一山有四季，隔里不同天。"乡下的路大多是土路，坑坑洼洼，泥泞不堪，通行困难。很多村寨根本就没有通往外界的路，只能步行爬山。特别是每年七、八月份，正是当地的雨季，山体滑坡造成交通事故是常有的事，车辆常常无法通行。从蒙自市到金平县城的山路有 2600 多个弯道，130 公里的路一般要开四个多小时。这里山连着山，弯连着弯，十米一大转，五米一小转。盘山路的一边是悬崖，一边是峭壁。跑这种山路，多数人都吃不消，更不要说晕车的人来这里。尽管领导千叮咛万嘱咐：到边远山区工作，一定要安全第一。尽管省委组织部专门发文，要求来云南挂职的干部下乡要避开雨季，车辆要提前检修保养。尽管我们也很注意，但挂职干部两年中多多少少都会经历一些险情。有时出门时是晴天，但走到山里突然就会遇到狂风暴雨，也经常会碰到塌方的事，有时一等就是几个小时。有些险情，现在想起来还有些后怕。我们一般也不会跟领导和家人说，怕他们担心。

用最快的速度落实帮扶项目

我们确定的帮扶工作的主线是：民生为本、产业为重、规划为先。在充分熟悉和了解红河州的基本帮扶情况基础上，我们红河联络组把工作的着眼点和主要精力放在帮扶项目的落实上，充分发挥上海帮扶项目的示范引领作用，真抓实干，真情付出，有效改善了当地贫困群众的生产、生活状况，赢得了当地干部群众的好评。

在充分调研的基础上，我们与上海市及各区合作交流办公室以及红河州、各县的扶贫办公室密切配合，完成 2012 年、2013 年援滇项目资金计划编制工作。同时，督促 2011 年、2012 年度项目及时开工实施，资金及时拨付到位，确保工程按时保质保量地完成。与此同时，科学指导对口各县制定完成 2013 年对口帮扶项目编制工作。按照上海市合作交流办公室的通知精神，我们在项目结构、项目重点、项目布局等方面都做了较大的调整。在工作原则上，我们既尊重当地党委、政府的意见，又体现对口帮扶工作的新要求，使确定的项目更符合实际要求，更具有操作性。红河联络小组还牵头组成红河州上海帮扶项目验收小组，在每年第一季度，分别对上年度上海帮扶项目进行验收。联络组在肯定成绩的同时，还指出存在的问题，形成验收报告。

两年来，上海对口支援红河州帮扶财政资金投入 1.19 亿元，实施各类帮扶项目 217 个，其中实施整村推进项目 173 个，产业发展项目 29 个，社会事业和培训项目 9 个，新纲要示范村 6 个。另外，我们还充分挖掘资源，积极争取上海各方面援助社会资金 1900 多万元，用来帮助当地改善医疗教育条件和助困助学等社会事业。同时，帮助联系上海企业家来红河开展招商引资活动，组织上海医疗卫生和教育方面的专家来红河开展培训指导活动等。

重点帮扶工作的内容之一就是"整村推进"。顾名思义，就是通电、通水、通路，再加上住房、危房改造，一个村一个村地来做，一年又一年地推进。我们每年都要确定县的重点贫困乡镇，确实贫穷的地方要重点帮扶。打个比方，确定重点的乡镇有五个重点村，每个重点村要落实具体的项目。这些资

金主要还是用在修路、危房改造、通水通电等方面，基本上就是把整个村子的主要问题给解决掉。有的村里面没有活动场地，这些村子都要建一个。平时可以当作篮球场，等有事的时候，可以用来办理红白喜事。当然，也多了个村民聚集开会的地方。还有就是产业发展，我们会帮助当地人看适合于发展什么样的产业，比如种植业、养殖业等，根据实际情况做些资助，以增加他们的收入来源。红河州有两大产业是比较出名的。第一个是矿产业，个旧是锡都，锡产量在全世界都是有名的。第二个是烟草，云烟就是当地生产的。但是，这些产业都是在北部。北部地区开发比较早，交通比较便利，所以各方面条件就好很多。红河州的南部产业发展主要就是靠养殖业、畜牧业、种植业。根据当地的情况，我们重点把产业带动起来，把老百姓的积极性调动起来。比如种植火龙果、种植猕猴桃、养猪等。我们还扶持一些石榴种植带头人，给他们补贴资金，把周边的老百姓带动起来搞种植产业。

在落实帮扶项目的同时，我们还组织当地务工人员进行职业培训。每年我们要办几次培训。对于当地来上海的务工人员，我们就在上海办班培训；对于在当地务工的人员，我们组织上海专业老师到红河州办班培训。每年，我们要派一些医生到红河州及其各县的医院里带教传授技术，派一些比较有名气的教师到当地学校讲示范课，目的是提升当地的教育、卫生水平。我们也利用上海院校资源开办领导干部培训班，为的是进一步开拓红河州当地领导干部的工作思路。

用最好的服务做好联络沟通

促进上海与红河州两地政府和民间的友好往来与合作交流，搞好联络服务是联络组和援滇干部的职责任务之一。两年中，上海与红河州两地交流频繁，上海市到红河州考察 50 多批 600 多人次。红河州各级党委政府组织到上海学习考察 10 多批 200 多人次。

第八批援滇干部刚到红河州开展工作一个月，就接到时任上海市委书记俞正声和时任上海市人大常委会主任刘云耕率领的党政代表团来红河视察工作的通知。尽管各方面情况还不太熟悉，但我们联络小组的干部一起克服困难，全力以赴，主动参与相关筹备工作。与当地相关部门密切配合，逐一察看各个考察点位，督促指导相关部门做好各项准备工作，与上海方面搞好联络对接，较好地完成了任务。2011 年 9 月，罗志明副书记、普绍忠副州长率红河州党政代表团出访上海市合作交流办公室和四个区，州委组织部部长宋红临走访长宁、徐汇两区，我们都全面参与安排和接待工作。我们较好地完成了对口区的党政代表团和市区相关部门来滇的接待任务。2012 年春节后，长宁、奉贤、青浦、徐汇四个区的党政代表团先后到红河州学习考察并签署帮扶协议，我们都积极协调州委、州政府和相关部门做好接待、会务、考察等相关安排。另外，上海市、区许多部门都主动联系到红河州考察学习并对口帮扶。我和联络组的其他同志都尽力帮助他们与相关部门对接，做好联络安排，提供热情周到的服务。同时，为每年上海来滇的支教老师、医生、大学生团干部等志愿者提供服务和帮助。

我们能够如此顺利地完成联络沟通任务，得益于各方面的支持和帮助，但联络小组内部的自身建设也十分重要。联络小组是一个集体，我们始终重视团队建设和内部管理，坚持以学习型团队建设为目标，既严格管理又相互关心爱护，打造了"心齐气顺风正劲足"的过硬团队。我们认真学习了《上海市援边干部联络组职责（试行）》《上海援边干部守则（试行）》等有关规定，注意调动大家的积极性。根据我们每个人的情况，四名援滇同志都做了分工，有的负责后勤接待和生活服务，有的负责政治学习会议记录，有的负责信息工作和调研课题等。遇事大家商量，听取大家意见，同时认真组织开展工作交流和谈心活动，有问题、有想法讲在当面。同时，我们还要求援滇干部不要做表面文章，多做调查研究，把主要的工作平台放在帮扶项目点上。既要深入到基层群众，走村串户，又要深入到实际，现场帮他们解决对口帮扶工作中存在的问题。下乡时，我们注意轻车从简，尊重当地习俗，在生活上不提要求、不搞特殊化，不给当地州委、州政府及各县增加负担。我们能够自觉做到遵守廉政建设的相关规定，讲党性、重品行、作表率，维护上海干部的良好形象，在当地留下了良好的口碑。

用最真的情感奉献扶贫事业

虽然红河州政府所在地的条件是很好的，但我们在州里面待的时间很少，大部分时间都是在扶贫点上，都是和当地的老百姓、当地的扶贫干部在一起。可以说，帮扶工作的两年里，我们跟他们建立了深厚的感情。我们到县或者乡里去调研，有两个地方必须要去：一个是最边远的地方，另一个是最穷的地方。这两个地方开车往往是到不了的。车停在山下，然后再走一两个小时的山路。去看看，对当地人来讲，至少是一种安慰。虽然当地物质上很贫穷，但是老百姓非常纯朴，非常善良。下乡的时候，他们会拿出最好的东西招待你。虽然这些东西我们不一定吃得惯，但对他们来说，真的是非常珍贵的。当地乡村里面很少有客人来，来了客人以后他们就非常热情地款待。老百姓是发自肺腑的，他觉得政府能够帮助他解决实际问题。他做好饭你不吃，他反而觉得你看不起他，老百姓真的是这样想的。

两年时间是很快的，走的时候大家都有些依依不舍。那种非常朴素的感情，是很难用言语表达的。我们走的时候要跟州、县告别，有的偏远县到最后也来不及去了，他们就跑到州里来跟我们告别，很令人感动。我们从上海过去，语言不通，各方面情况也不熟，他要想蒙骗你也很容易，但是我们从来没有碰到过这种情况。我们布置的工作任务，他们都是非常卖力地去做，然后对我们援滇干部也是非常真诚，就是千方百计地把事情做好，这方面给我的感触很深。当地人朴实、朴素、热情、简单，这是我非常喜欢的地方。

这个地方确实穷，但是美的风景也是原生态的。金平县马鞍底乡有一个红河蝴蝶谷，紧靠越南。几千万、上亿只蝴蝶铺天盖地起飞，各类品种的蝴蝶这里都有，树上全部是蝴蝶。蝴蝶只有在最原始、最干净、最原生态的地方才能充分生存，可以说，蝴蝶对生存的要求是很高的，这也说明蝴蝶谷的生态没有遭到破坏。主要原因在于，当地人对大自然有种崇拜，当地的树基本上是不砍的。他们认为，万物皆有灵，人和自然相互依存，和谐共生。所以那个地方虽然物质条件差一些，但是从自然、风景的角度来讲，确实是很好。

少数民族的文化、风俗非常丰富。比如闻名世界的哈尼族长街宴，在绿春县是最重要的节日之一。所有的马路从头到尾全摆着桌子，各家把自己做的饭菜拿出来供大家享用，从"龙头"席沿街吃到"龙尾"。大家都带着美好的愿望，参加一年一度长街古宴盛会。品宴席上，他们互相祝福：事事顺心，家兴业旺。这在少数民族里，体现的是一种团结、一种温暖、一种集体生活。每个民族都有每个民族的特色，这种特色是你平时想象不到的。这对我来讲，也是一种教育，同时也真切地感受到国家对口帮扶是非常有必要的。习总书记提出的要打赢脱贫攻坚战，确实有非常深远的意义。我们这么大的国家，还有不少发展相对滞后的地区。做这项帮扶工作，我发自内心地感觉很荣幸，也充满了自豪感。通过这项工作，也可以充分体现出社会主义的优越性。

我很想再回去看看，但一直没有机会。我喜欢当地的风土人情。当地的干部精神状态很不错，做工作也非常努力，工作思路从其本身来讲并不闭塞，可以说很有开拓精神。2020年是脱贫攻坚之年，我一直很关注这个问题。我相信，到时红河州一定可以全面脱贫。因为当地自然条件是没办法有太大的改变，但是人的精神状态再加上干部群众的不懈努力，他们的生活会一天天改善。我相信习总书记提出的脱贫攻坚总目标肯定能实现。

回来后，我总是通过媒体，或者电话联系，关注、了解当地的发展情况，这份情感很难割舍。也许很难帮助他们解决很多的困难，但至少对他们来说是个心理安慰，至少让当地百姓知道上海人民在牵挂着他们。两年中，我们身体力行，付出时间和真情，以主人翁的姿态，不顾疲劳和危险，行程 15 万多公里，坚持跑遍每一个对口帮扶项目点，在艰苦环境中锤炼了作风，磨炼了意志，展现了上海干部的良好形象，努力有所作为，以不辜负组织和领导的期望，为红河贫困地区百姓造福。

　　两年的援滇工作结束了。回想起来，这两年的挂职经历将会影响我们联络小组每位同志的一生。今后，不管走到什么地方，在什么岗位，我们都会始终关注红河，祝福红河！

一声"阿黑哥" 一生云南情

　　叶鹏举，1972年12月出生，安徽安庆人。2016年2月，先后担任长宁区江苏路街道办事处副主任、行政党组副书记等职务。2016年6月，作为上海市第十批援滇干部，先后担任云南省红河哈尼族彝族自治州发改委副主任，州扶贫办副主任兼红河县委常委、副县长。现任长宁区发改委党组书记、主任。

口述：叶鹏举
采访：王佩娟　祝　慧　袁鲁宁
整理：祝　慧
时间：2020 年 3 月 24 日

2016 年 7 月 20 日，习总书记在东西部扶贫协作座谈会上的重要讲话，标志着东西部扶贫协作进入了一个新阶段。现行标准下西部对口地区贫困人口的精准、如期脱贫，成为东西部结对帮扶地区共同的硬任务，必须决战决胜，没有回旋余地。

国有号召，必有响应

2016 年，距离整体脱贫仅剩三年了，云南省红河州的脱贫攻坚战进入了关键期。云南方面希望上海加大干部人才方面的支持力度。当年 4 月，组织上动员援滇干部轮替报名，其中有个挂职岗位是红河州发改委副主任，需要一位擅长项目管理的专业型干部。

国有号召，必有响应。至 2016 年初，我在区发改委已工作了十三个年头。由于组织的关心，在编完"十三五"规划后，我被交流到江苏路街道办事处任副主任、行政党组副书记。组织上动员时，我想自己正好有分管全区固定资产投资项目的工作经验。出于想要到国家最需要的地方去磨炼自己的想法，再考虑到自己的年龄、性别还有经历正好符合条件，于是我积极报名援滇。

我肩负组织嘱托，于 2016 年 6 月中旬的最后一天，来到云南开始为期三年的帮扶生涯，主要负责东西部扶贫协作特别是沪滇协作相关领域工作。2016年底，上海各区援滇帮扶关系作出重大调整，长宁区除了原对口帮扶的金平县、石屏县外，又增加了红河县、绿春县这两个地处红河之南的边境少数民族聚居县。

在州发改委副主任挂职了十五个月后，2017 年 9 月中下旬，根据"扶贫干部到县"以及"增派干部以确保每个国贫县至少一名扶贫干部"的要求，我被调整为州扶贫办副主任兼红河县委常委、副县长。三十七个月的援滇生活中，我先后对口帮扶了金平和石屏两个县（2016 年底前），红河、绿春、金平和石屏四个县（2017 年 9 月底之前），以及红河县（2017 年 9 月底增派人员之后）。

长宁区是从 1996 年底开始对口支援红河州的，到我去的时候正值二十周年。红河州全称为红河哈尼族彝族自治州，位于云南省东南部，全州面积为3.293 万平方公里，相当于上海市面积的 5 倍左右。用几个字来概括就是"民、少、边、穷"。

"民"就是民族。红河州 13 个县、市，少数民族人口占比高，南部比例更高。红河州的一大特点就是南北差异特别大。北边一些县、市，如蒙自市、弥勒市、个旧市等，因历史及地理区位等因素，较为发达；而作为东西部帮扶协作重点的南部地区，也包括长宁区对口的金平县、红河县、绿春县，情况不容乐观。少数民族中，哈尼族和彝族是古羌族的后代，历史上久居深山，与社会接触较少，文化程度总体较低。且崇山峻岭的阻隔导致交通极为不便，市场辐射范围小，社会发育比较滞后。从经济角度来说，市场经济的体系还没有发育起来。

"少"是考虑到当地的经济资源少，加之区位优势也比较差。所以红河州虽有一些热门产品，但是产量规模却不充裕，连水资源也较为匮乏。云南虽说雨量充沛，但是却存在工程性缺水的问题。因为山高坡陡，水一下就流走了，南部多数山地涵养不住水源。所以好多小的扶贫工程，需要修建蓄水池、挡水坝等，或是直接帮助乡、村修建小型水库，把当地资金和帮扶资金结合起来，

◀ 叶鹏举（右三）
下乡指导整村推
进项目

确保饮用水和生产、生活用水的来源。

"边"就是边境。红河州边境线对面是越南和老挝，属于欠发达国家，对贫困县的拉动效果不太明显。

"穷"是指两个方面。第一个是老百姓穷。2018 年的红河县，人口约是 34.5 万，GDP 是 39 亿多元人民币，也就是说人均 GDP 仅一万多元人民币。大家都知道，只有创造增加值，才能拓宽财富来源。第二个是政府穷。还是以红河县为例，2018 年只有 5000 多万元的财政收入，其中一部分还要用于招商引资，实际上自身收取的可用的财政资金很少，所以 95% 左右的财政收入来源依靠各级财政转移支付。

在过去二十年中，上海的帮扶项目主要是围绕贫困人口最为紧缺的公共服务设施展开，一是修路，特别是修乡、村路；二是建中小学、卫生院；三是整村推进项目，包括公共场所建设、引水工程、人畜分离设施、村容环境提升等。上海希望通过早期的救济式帮扶，再到开发式扶贫，通过能力建设，逐步为当地提升自身发展能力打下基础。

为尽快熟悉州情县情，尽快感性了解"脱贫攻坚"的形势任务及新要求，我们抵达红河州稍作安顿后，第一时间到州内贫困县进行调研。当时正值雨季，我们尽可能避开影响路段，先北后南、雨伏晴行，入深山、进农户、看项目，花了两个多月时间完成了第一轮的贫困县和帮扶项目调研。山里日头晒，我的皮肤很快晒得更黑了，当地干部有人开玩笑地开始喊我"阿黑哥"。接地气的调研，让我们在较短的时间内了解了贫困县、乡的经济社会发展状况、民俗民情民愿、扶贫开发情况，特别是上海帮扶项目的进展及做法。与此同时，我也深刻体会到有时要站在当地的贫困县、乡、村的角度，从未脱贫老百姓的利益出发，去争取更多项目，特别是计划外项目和活动，最大化地发挥自己的桥梁纽带作用。

不惧事艰，不畏任重

在国家和沪滇两地党委、政府确定的沪滇帮扶大框架下，区委、区政府按照国家精准扶贫方略，不断加大帮扶力度，较好地推动了当地经济、社会、民生等方面的发展。现如今，我们的帮扶重点更多从硬件转向了软件方面，更加注重"造血"功能，即可持续增收能力建设。

所谓"精准"，就是要落实到村、到户、到人。当地干部，特别是一线扶贫干部，为此付出了巨大的努力。云南省从省到州、到县、到乡，大概有近百万名干部职工，下沉或挂包至基层。只有沉下去，才能真正了解每个建档立卡户的贫困状况。扶贫干部要对他们的贫困情况做到心中有数，才能具体分析致贫原因，进而制订有针对性的脱贫方案，实施精准的脱贫措施。

我们援建干部更要好好发挥自身的光和热，明确重点，精准聚焦，瞄准建档立卡贫困人口的脱贫目标精准发力。具体来说主要是做好以下几方面工作：

一是项目帮扶。作为援滇干部，我们是带着项目资金去往云南的。但这笔钱不是放进当地的财政预算作为一般预算使用，而是作为专项扶贫资金来使用。所以做好上海援建扶贫项目的排摸、探勘、申报、实施、竣工验收及资金拨付与监管，就显得尤为重要。确定项目的第一步是搜集信息，广泛发动乡镇预报、部门初审，然后现场踏勘，平衡后再跟县委、县政府汇报，之后上报到州委、州政府统筹，最后由省沪滇领导小组办公室来确定。按照上海市的要求，根据资金量的多少，每年都会对具体帮扶工作进行微调，动态体现"当地

叶鹏举主持红河县沪滇帮扶项目推进会

所需,上海所能"的原则,就是由当地层层把关提出需求,上海政府结合工作,安排相应项目。近两年,上海市要求加大产业帮扶力度,帮扶了不少养猪、养鸡、养鸭等养殖业,利用当地的气候资源等优势帮助发展种植业。

二是消费扶贫。利用好"红河的资源禀赋 + 上海的平台优势",积极推动"云品入沪、沪企入滇"。现如今,红河州对口的农产品,诸如梯田红米、梯田鸭、诺玛飞鸡等,都出现在长宁区老百姓的餐桌上,机关干部也积极解囊,帮助扶贫。但是项目初期,这些特色农产品由于物流费高,当地非规模化生产的成本也不低,导致售卖价格偏高。因此,云南的特色农产品如何在品牌多样、产品丰富的上海大市场中,做到人无我有、突出特色,是一门学问。在长宁区委、区政府的帮助下,我们从部分产品的选种开始,进行专业的认证与检测。区市场监管局派了几批专业干部,带着专业机构人员去帮当地制定产品标准,以尽快获得质量认证资质,为后续特色农产品进入现代的大流通市场打开通道。

三是产业合作。相对来说,沿海地区的企业对于商机的把握比较敏锐,擅长产业挖掘。举个例子,浙商发现红河当地有一种植物叫牛角瓜,它的花就像絮一样,将其纺成纤维可防臭,是做袜子的好材料。于是鼓励当地农民扩大种

◀ 叶鹏举在南博会
上推介红河州农
产品

植。在调研过程中，花小功夫获得大收成的产业，是我们挖掘的重点。比如我们对口的红河县，主要是围绕梯田做文章。在梯田种植红米，形成一条循环产业链。早期放小鲫鱼苗、鸭苗；中期可以吃稻花获取特殊养分，养出的鲫鱼又肥又香；后期，鸭子正好吃鱼粪和稻穗，喝的是当地富含矿物质的山泉，下的鸭蛋则又大蛋黄又红。金平是围绕种植中草药绞股蓝发展产业，绿春发展茶叶和蜜蜂产业，石屏则是进行豆制品产业深加工。各县因地制宜地遵循产业链的规律，推动产业可持续发展。

四是劳务协作。当地总结出尽快脱贫的"两业并举"，一手抓产业，一手抓就业。客观来说，不少农民在走出去方面还是有所顾虑的，因此在劳务协作方面，政府争取做到考虑周全、送岗到家，让更多人"走出去"。2016年，我通过自身关系，为当地人对接了上汽配件配套厂的工作岗位名额。工作内容不难，主要是些熟练工种，培训一周就能上手。当时各个县发动的时候，有300多个名额。等真正要出发前，不少人却打了退堂鼓，实际到沪就业的仅100多人。三个月后，我了解到情况，说是不少工人都辞职回乡了。主要有这几方面原因：一是生活作息与之前的生活习惯差异较大；二是思想观念上也有不适应之处。为了让工人尽快融入上海的工厂，我们请州扶贫办一位58岁的老同志陪同带队前往上海，并带上当地的辣味小菜和小米辣，也学习了劳动保护方面的法律知识，力争通过细致的工作，让他们更快地适应上海的生活与工作节奏，但部分人还是浅尝辄止。

五是专业帮扶。近几年来，教育、卫生、文化等专业领域交流合作，及干部人才培训、挂职等，都在不断加大力度，取得突破性进展。我们充分发挥好桥梁纽带作用，利用一切机会，积极寻求上海大后方社会各界的支持和帮助。重点聚焦人才交流、帮困救助等领域，推动交往交流、强化前后方协同，并共同做好针对性技能培训和岗位提供。如长宁区妇联等邀请绣娘及哈尼梯田文化传承学校学生，到沪展示推广民族文化；长宁区卫计委领导多次带队到红河州及红河、绿春等县深入考察县级所有医疗机构及部分乡镇卫生院，在多次深入座谈的基础上，达成了派送长期医疗队并定期轮换等共识和举措等。

六是社会发动。这里主要是指公益帮扶。在妇联和儿基会的资助下，我们关注未成年人身心健康，组织先心病患儿赴沪公益治疗；牵线几家医院帮助治疗老人白内障；关爱农村妇女健康，组织医疗帮扶，送医下乡……三年来，我们共邀请、接待70余批近500人次的各类帮扶团到红河州考察交流沪滇协作和公益帮扶。

七是携手奔小康。除了区政府层面，我们还积极发动社会和各个层级，建立长效帮扶机制。比如长宁区的9个街道与当地的乡镇结对并签订帮扶协议，长宁区的企业则与当地的村结对，洽谈企业捐赠性与产业性合作意向。在我们的发动下，区内企业、公益机构、爱心人士捐款捐物，捐资助学，捐建电脑教室、音乐教室，捐助课桌椅、学习用品、污水处理设备、医疗设备等。通过广泛结对，携手奔小康工作的成效正在逐步显现。

八是结对帮扶。主要是指个人或单位，跟某个家庭或多个家庭结对。对我个人而言，我着重资助那些尚在读书的贫困家庭孩子，帮助他们通过自身努力来改变家庭的未来，实现稳固脱贫。我之前帮扶的一个孩子，去年考上了重庆交通大学。这个孩子虽然家庭条件等不好，但始终自强不息、不卑不亢。她很自立，刚上大学，第一个寒假期间就开始勤工俭学，未来成才可期，也会彻底改变家庭的贫困面貌。

国家对深度贫困县脱贫的标准是，综合贫困发生率在东部地区为1%以下，中部地区为2%以下，西部地区为3%以下。值得欣慰的是，在沪滇两地的不懈努力下，2018年省级贫困县之一石屏县宣布脱贫。2019年底，金平县、红河县、绿春县三县的综合贫困发生率有望降至2%以下，脱贫人口错退率、贫困人口漏评率低于1%，群众认可度均高于90%，均可达到贫困县退出条件。可以说，挂职的三年，我和其他援滇干部一道尽了微薄之力，没有辜负组织的嘱托，为沪滇扶贫协作，特别是长宁区、红河州的东西部扶贫协作工作，做了应有的工作。2020年5月，云南省政府发布通知，正式批准长宁区对口帮扶的红河县、绿春县、金平县等退出贫困县。

在对口帮扶的过程中，我们也遇到一些困难和挑战。分两个方面讲，第一个就是工作方面，最大的困难就是组织文化的差异。说实话，"入乡随俗"并非易事。磨合之初，沪滇两地干部对工作的职责和分工认知不同，导致工作效率、工作协调机制、对工作结果的预期都有所差别。我刚开始担任州发改委副主任，主要分管两块工作，一是沪滇扶贫项目，二是包装、推介政府PPP项目。于是我查阅了不少过去的规划、工作方案等，发现很多工作始终没有真正落地。当地前期工作的深度方面还比较粗浅，忽略了项目的落地性和可行性。

上海帮扶工作有个原则，那就是"尽量少做锦上添花的事"，尽可能把有限的援建资金投向最为急需或最具带动的扶贫项目上，尽可能提高上海援建项目的社会效益和群众受益面。不管条件怎样艰苦，只要是省、州列入攻坚脱贫范围的，再远再偏的村寨也是上海帮扶资金的投向范围。那些经过千回百转才能进入的村寨，往往社会发育、经济发展相对滞后，人民生活相对贫困。因此，对这些村寨，我们格外用心。

在大方向上，沪滇双方的立场是一致的，都想把利民项目做好。但在具体实施阶段难免会有一些细节方面的出入。比如说上海是希望"两倾斜"，即倾斜到最贫困的村，倾斜到最贫困的农村受益人口。但部分干部的理解是倾斜到"贫困地区"，但对"地区"的理解却有范围层级的歧义。国家的考核标准是到县，省里面是考核到乡、村，而上海援建干部关注的重点更是到村乃至自然村和建档立卡贫困户。对于"地区"的理解不同，工作中有时仍需努力协调，确保项目实效。

另一个就是生活方面，也有一段适应期。云南饮食无辣不欢，基本上所有的菜都放辣，无非是辣的程度不同，对于不吃辣的我来说是一个挑战，要学会习惯。还有一点就是对家庭长期缺乏照顾，我心有内疚，特别是对老人、对妻子、对孩子，时常会有愧疚和鞭长莫及之感，这个对援外干部应该都是一个挑战。妻子、妹妹在照顾老人方面花了更多的精力；孩子也变得更加懂事，最终考上了理想的中学，让我倍感欣慰。正是家里亲人的倾力支持，让我在红河可以放心地投入到各项帮扶工作当中。

点滴硕果，沁润心间

沪滇协作的成效明显，绝不是援滇干部个人功劳，而是整个帮扶大框架下，我国制度优势的体现。长宁区始终坚持贯彻中央关于东西部扶贫协作要求，落实好对口帮扶工作，把精细化的扶贫力争覆盖到所有领域，使得好多原来大家觉得该做而做不了的事做成了。自 2017 年国家开始对东西部扶贫协作进行考核后，金平县（2017 年 9 月增派干部前由我对口帮扶，9 月底增派干部到位后，力量倍增）作为云南 4 个沪滇协作贫困县之一接受国家考核，总体成绩优良。

2018 年底，我对口帮扶的红河县，作为云南唯一的深度贫困县，接受国家东西部扶贫协作考核。根据国家考核导向及沪滇帮扶倾斜要求，我积极发挥从事多年项目管理的经验优势，积极推动帮扶项目的精准化、操作规范化。那一阵天天加班加点，白天做事，晚上开调度会。考核方式是"材料申报 + 抽查现场"，现场抽查结果是佐证整个沪滇帮扶成效的最重要依据。在各级领导关心和沪滇双方共同努力下，最终的现场考核也证明了"优秀"评价是有坚实支撑的。

在三年援滇过程中，我们援滇干部起到的作用，就是把党和政府的关怀和扶持落细落小。2018 年底考核，上海市及长宁区均获优秀等级。我本人也荣获"云南省扶贫先进工作者"称号。

三年来，我认真学习贯彻习近平新时代中国特色社会主义思想，在州县党委、政府的领导下，牢记使命、认真履职，始终以精准扶贫、精准脱贫基本方略为指导，虚心学习、深入调研，积极争取、落地求效，在扶贫协作实践中不断锤炼、提升自己的政治素质和工作本领，应该说在沪滇扶贫协作实践中较好地树立了上海援滇干部的良好形象。

与此同时，云南的好山好水好百姓给了我很多美好记忆和感动。在对口支援期间，我用脚步丈量了红河州的山山水水，我的情感亦与当地的干部群众紧密相连。直到现在，我和当地不少同事还保持密切联系。作为一名曾经的援滇干部，回首组织的嘱托，对照肩负的历史使命，我问心无愧！今后我将继续拼搏，在推动区域经济社会发展的大局中，贡献自己的智慧和力量。

扶植特色产业　助力援滇事业

　　刘于朋，1977年2月出生，江西万安人。曾任长宁区委统战部干部科副主任科员，共青团长宁区委组织部部长，长宁区委组织部组织科科长、副处级组织员等职务。2017年9月—2019年9月，挂职任中共云南省红河哈尼族彝族自治州绿春县委常委、副县长。回沪后，现任长宁区天山路街道党工委副书记、纪工委书记、监察办主任。

口述：刘于朋
采访：王佩娟　祝　慧　袁鲁宁
整理：祝　慧
时间：2020 年 3 月 29 日

　　2017 年 9 月，我积极响应脱贫攻坚大战略，报名参加援滇帮扶事业。在层层选拔后，我最终成为上海第十批援滇干部中的一员，被组织安排至红河州绿春县挂职县委常委、副县长，也就正式从一名长宁的组工干部，转变为一名援滇干部，来到云南边疆的一个深度贫困县从事援滇工作，开展东西部扶贫协作。

　　绿春县，顾名思义就是绿水青山、四季如春，据说是周恩来总理根据当地特点为其命名的。面对这样一个美好却贫困的地方，我决心要好好做出一番事业，助力绿春县早日脱贫。

调研定思路

　　绿春县位于红河州的西南部，是哈尼族的聚集区域，面积 3096 平方公里。2017 年，全县总人口为 24.53 万人，其中哈尼族便占到了总人口的 87.6%，因此至今保留着比较浓郁的哈尼民族文化氛围。绿春县地处中越边境，国境线长153 公里，全境均为山区，现代经济社会发展程度低，集边疆、山区、民族、贫困等县情于一身，是云南省 27 个深度国家级贫困县之一。

　　为确保在 2020 年全面建成小康社会，把"精准"要求贯彻落实到脱贫攻坚全过程，按照每个贫困县都要至少派驻一名处级以上援滇干部的要求，我们第十批援滇干部都是直接到县里挂职的。2017 年初，上海各区对援滇帮扶关系进行调整，原先一直由青浦区对口帮扶的绿春县，改为由长宁区对口。从这个层面上来讲，作为长宁援滇干部，我是第一个到绿春县去做援滇扶贫工作的。

　　到了绿春县之后，通过初步调研，我对如何在绿春县开展东西部扶贫协作，来贡献上海以及长宁的力量，有了大致的思路。绿春县的自然生态和人文资源都保护得很好，自然资源没有遭到破坏，传统文化、民族风俗也保留完善。但由于未开发，所以在某种程度上来说，绿春县虽然保留了原生态的一面，经济却并不发达，属于深度贫困县。仅 2017 年，整个绿春县就有 1.2 万多建档立卡户，5.6 万多贫困人口。脱贫任务还是比较艰巨的。在上海市、区和云南省、州联络组的支持下，在绿春县委和县政府的领导下，我始终立足"两不愁三保障"这一工作主线，紧紧围绕"贫困一线"，紧扣"建档立卡户"，注重提升"三种能力"：

　　"走下去"的调研能力。想要做好工作，调研必不可少。我联想到这与长宁凝聚力工程深入基层的做法是相通的，所以在之后开展工作中，我借鉴上海经验、长宁做法，决心要更加了解基层、走入基层。我调研的脚步在面上覆盖每一个乡镇，在点上覆盖有沪滇项目的每一个村民小组，挂钩联系的村力争覆盖每家建档立卡户。调研所得出的情况是做好精准扶贫的前提。只有经过深入调研，才能根据致贫原因、脱贫需求，因村因户制定脱贫计划、帮扶措施，精准配置资源。

　　"想清楚"的谋划能力。深入基层了解贫困状况后，便要着手谋划。作为一名援滇干部，我们的大后方是上海、是长宁，前方便是我们所在的贫困县。如何把上海所能和绿春所需进行有效匹配和对接，是我们开展工作时需要注意的。首先要把项目谋划清楚，通过抓项目来提升我们整个扶贫协作工作的水准。

　　"落下去"的执行能力。如何推动项目落地，如何使项目的实施达到预期效果，特别是项目如何与贫困一线和建档立卡户挂钩，这些都是考验我们的难题。我一方面积极推动沪滇双方资源对接匹配，另一方面加强制度保障，形成了每月项目进展督促机制、项目主体单位全流程负责制度和沪滇协作需求项目库积累制度等。

产业促发展

在绿春县工作的这两年，我个人感觉还是很有收获的。从大的格局来说，东西部扶贫协作首先要使用好援滇的财政资金。随着上海对脱贫攻坚的不断重视和深化推进，上海对绿春县的财政资金投入也在不断增加。2017年的财政资金为1083万元，2018年提高至3391万元，2019年则高达4500万元。如何将财政资金转变成项目真正落地，利用当地特色发展产业，既要有周期性，又要有时效性，是值得思考的问题。我始终认为，在扶贫的两年中，我要实实在在地为当地留下一些成果，必须对应绿春县的现有实际，通过对接上海、长宁这一大后方，让产业能够得到持续地发展。

绿春县森林覆盖广，气候环境适宜，特别适合于养蜂产业的发展。为推动全县绿色生态优势资源的转化，我们引进一家长宁公司，在绿春县注册为"云南绿春县环宇蜂业有限责任公司"。公司引进后，援滇资金投入350万元，当地县政府也出资出力，用于购买蜂群，并直接交给建档立卡户来养殖。2019年，该公司共养蜂1.5万箱，通过养蜂带动产业发展，提高了当地老百姓的收入。

该公司还在当地修建了一所蜂蜜加工厂，解决当地蜂蜜的收购问题。虽然由于工作的时限性，我没能看到项目完全落地，但是在我离开绿春县前，已经把前期的相关事宜都处理交接完毕。该项目现已正式启动落实。我觉得养蜂和加工蜂蜜这一产业链是符合当地实际特点的：绿春县植被覆盖率高，四季如春，意味着九个乡镇的农户都可以进行蜜蜂养殖，蜜蜂一年四季都有花采，受益面广，对生态破坏小；蜂蜜加工好后，不像生鲜食品需要冷链或者快速的物流，因此受交通限制小；而且农户掌握了养蜂技术，引进一次蜂群后，之后可自产蜂种，相当于一次投入，持续受益。因此我认为养蜂产业具有良好的发展

◀ 刘于朋（左一）
到大兴镇调研有
机茶培植

前景，所以力推该项目，增加当地老百姓的收入。

此外，茶叶也是整个云南省的重点产业之一。绿春全县有二十几万亩的茶叶种植基地，种植面积居全州第一。但是早期绿春县的茶叶更多的是作为原料供应基地，处于产业链的最底端，附加值较低。基于这样的情况，我牵头引进拼多多，与绿春县签订电商扶贫合作框架协议，并联手当地茶叶龙头企业"绿鑫茶厂"，设置扶贫车间、培训基地等。长宁区也通过市场监督管理局，带领上海市茶叶行业协会来到当地，与茶农进行合作，对种植、采摘、架构等环节牢牢把控，提高茶叶品质。茶叶产业在绿春县的覆盖面也很广，基本上每家每户都有涉及。只要提高茶叶质量，再提升一点价格，那么对于走量的茶农来说，增收也是很可观的。

"红米三部曲"是我当时牵头的一条龙产业扶贫的项目，也很有意义。云南特产的红米，含丰富的硒，对人体非常有益。当地老百姓在梯田中利用古法进行种植，但由于亩产量低，导致当地老百姓的收益偏低。如果不去扶植这项传统产业，那么不仅会导致一部分当地老百姓失去得以糊口的生计，而且也会使得梯田逐渐荒芜。更为重要的是，红河梯田作为世界非物质文化遗产项目，需要大力保护。那么作为梯田的产物，红米自然也需要被同步传承和保护起来。

"红米产业扶贫三部曲"之第一部曲是公益认领。我们与临空园区携手，开展"百亩红米稻田公益认领行动"。这次行动不是单纯地让企业或员工直接认购红米，而是利用消费扶贫新模式，组织长宁的企业来绿春县红米种植基地进行认领。这样的做法有几大好处。首先，基地的红米产量与收益牢牢挂钩，无论产量多少，长宁的企业均进行收购，有利于激发当地种植群众的内生动力。其次，我们开展订单农业，在当地百姓还没播种前就先预定下订单，确保农民利益不受损，老百姓不用担心红米的销路，解决后顾之忧。再次，我们为此项目专门成立了红米种植合作社，增强组织化管理的水平，统一红米的选种与种植标准，确保红米的质量与产量。

2018年，长宁临空园区党委发动晨讯科技、史泰博等19家企业及其员工，认领了165亩红米稻田，总产量达到62272斤。恰逢春节，临空园区创新形式，将红米以年货的形式分发给认领的企业与员工，并附赠一张红米宣传单，拓宽了红米推广渠道。另外，临空园区还举办公益跑活动，现场推广红米。请厨师用红米制作成各色红米寿司。通过现场品尝、烹饪教学与认购，形成公益循环，获得好评。

第二部曲就是打造红米伴手礼，带动当地绣娘收入。上海很多企业会结合节日分发伴手礼，而我们看准商机，认为彝绣是绿春县的民族特色，可以用刺绣包来包装红米，再由企业进行认购。当时我们对于这一模式大力推广，与上海素然服饰有限公司对接，由公司提供绣品的技术支持。我们把刺绣订单交给掌握刺绣技术的绣娘来做，让她们在不影响日常务工的基础上，利用空闲时间进行刺绣，不仅增添了一笔额外收益，而且依靠自己的能力养家糊口，提高了家庭地位，同时也减少了留守儿童的比例。

第三部曲则是让红米形成产业链，形成持续效益。2019年4月，上海东方卫视《我们在行动》经长宁区牵线，与绿春县进行对接，公益大使陈蓉携手蔡国庆、吴谨言、汪香澄等人来到绿春县，主推红米线。我们通过逐步地探索，把红米这一特色产品与上海的爱心企业和公益明星人士联系在一起。在产品发布会上，绿春县顺利收到了来自易果生鲜等企业共计966万元的红米线订单，1000 户贫困农户因此受益。我们通过把红米变成红米线，将单一产品提升附加值，形成产业链。加工厂在收购老百姓红米时，收购价略高于市场价，并且向农户、建档立卡户倾斜，以增加农户，特别是建档立卡户的收益。

目前，"红米产业扶贫三部曲"这个项目还在进行当中，事实证明是具有可持续性的，有利于将红米的效益最大化，形成循环。

社会齐动员

全面脱贫攻坚这一战略任务的推进，不光是由政府出资金，还需要动员企业、社会组织等社会力量一起参与，形成社会扶贫大格局。但是很多社会组织与爱心人士苦于没有途径去实现扶贫心愿。而我们援滇干部的作用就要在此刻体现出来，通过搭建桥梁，设计载体，把东部资源投放到西部，为当地老百姓服务，去帮助他们脱贫出列。我在援滇期间，可以非常直观深刻地感受到中国特色社会主义制度的优越性，也非常有幸能参与国家脱贫攻坚战之中。

针对绿春县医疗技术方面存在的短板，我们及时与长宁沟通对接，动员上海爱尔眼科医院，会同个旧爱尔眼科医院，和绿春县政府签约，开展"助力脱贫攻坚　建设无盲绿春"千人复明千日行活动。该项目对 9 个乡镇进行全覆盖的宣传排查，再集中送至州里治疗，为当地老百姓免费进行白内障手术，社会效益非常好。我们给符合条件的贫困患者提供救助诊疗，不仅是要让他们恢复健康，解放生产力，更是缓解他们的贫困状况，帮助改善他们的生活，防止因病致贫、因病返贫，为绿春县打赢脱贫攻坚战、实现携手奔小康提供有力的技术支撑，这是我们做这件事的初衷。这个活动就是社会力量参与扶贫的好例子，实实在在地为老百姓谋福利，同时又进行了一次很好的医学科普。

而扶贫的另一项持续性工作，就是要让老百姓增收。除了产业帮扶，还要帮助当地人改变观念，实现就业。所以当时长宁区就明确要求，通过各方面的沟通，要让帮扶更具有效果、更具有长效性。

对于早期的劳务协作，更多的是实现低层次的就业，是保基本。但近些年，就业方式开始转变。这里有一个很好的例子，就是春秋航空对口云南定向招募空乘人员。绿春县委、县政府高度重视，广泛发动，最终共录取少数民族

◀ 2018 年 11 月，
刘于朋（左四）
走访贫困农户

空乘人员 9 人（其中，建档立卡贫困户 4 人）。通过春秋航空招聘的例子，一方面探索了高层次就业新模式，实现"一人就业，全家脱贫"的短期目标；另一方面就是在当地形成良好导向，即只要接受教育与培训，每个人都可以实现高品质的就业，呼吁当地人要重视教育，重视对后代的智力扶贫，从根本上解决贫穷的问题。

因此，我格外重视智力扶贫。在领导干部层面，除去正常的干部挂职外，我们联系复旦大学，开设领导干部素质能力提升专题培训班，让绿春县的领导干部接受培训。而关于教育扶贫，也是在逐步地探索。一开始，我们对学校进行调研排摸，主要是针对小学和初中义务教育阶段的单亲、失去父母、残疾、困难的在校学生，绝大部分是建档立卡户，进行助学。后来，再考虑非义务教育阶段的高中贫困学生。在我们的牵线搭桥下，春秋航空公司与绿春县高级中学签订了教育扶贫协议，实施"春秋让爱飞翔"扶贫奖学计划。除了每年奖励排名靠前的学生，特别是贫困生外，同步对优秀的老师进行奖励，确保师资力量不流失。在此基础上，我们还发动企业与大学生进行一对一的结对帮扶。当时有个少数民族大学生，靠自己的努力考上了云南财经大学，却因家庭贫困读不起大学，曾萌生出退学养家的念头。我听说后，立刻联系了对口的北新泾街道，发动一家民营医疗机构的爱心人士与其签订一对一的助学协议，提供这名孩子大学四年的学费和伙食费，解决他四年的学习负担。

针对绿春县民族传统保留浓厚这一特征，我也想办法将其打造成为旅游品牌特色项目。每年的 11 月 30 日，绿春县都要举办长街古宴，这是哈尼族农耕文化的典型，旨在欢庆已获收成，预祝来年丰收，祈祷山寨安宁。

2018 年，是绿春县哈尼十月年长街古宴荣获上海大世界基尼斯世界纪录"世界上最长的宴席"的第十五年，更是绿春县建县六十周年。我觉得哈尼十月年长街古宴这个文化很有意义，可以形成品牌进行推广。于是在这个特殊的时间节点，我对接上海大世界基尼斯总部，经过多方努力，绿春县的又一个申报项目——"最长的哈尼族民俗画主题街——'绿春县十里长街'"入选上海大世界基尼斯纪录。举办长街宴的马路沿街都是商铺，每家商户的卷帘门上都画上一幅画。沿街绘有 1025 幅以哈尼族民风民俗、生产生活、自然风光、人文故事、祭祀庆典等为主题的民俗画，绘画面积 9577 平方米。

绿春县自然环境好，生态环境好，民族文化比较浓厚，主打第一产业和第三产业，旅游业是比较有潜力的，也必定是之后所要推广的方向。现在的绿春县，高速公路、机场等交通基础设施正在逐步修建，这为大家走进哈尼族，去感受民族文化创造了必要条件。申请上海大世界基尼斯纪录也为今后推进文旅发展奠定了基础。

这些例子虽然很小，但却让人感动，也让我逐渐认识到，援滇干部除了要把财政资金用好以外，更重要的是还要有效发挥整合资源的桥梁纽带作用，把东部的资源有效匹配到西部的所需所求里面去，即"绿春所需、长宁所能"。

回首思感悟

我参与对口援滇时，正值国家三大攻坚战之一的脱贫攻坚战收尾前夕，能在关键时期参与其中，让我觉得非常荣幸。这对我来说也是一次很好的锻炼，让我对国情、边疆情、民族情有了更为深刻的感性认识和深入了解。

2020 年必须实现全面建成小康社会，因此打赢脱贫攻坚战尤为重要。在绿春县的这两年，于我而言是一次非常难忘的体验。一边是富饶的自然生态和人文资源，一边是深度的贫困，强烈的对比虽超出了我的预设，但也激发了我要用真心实意做好扶贫协作的使命感和责任感。怎么扶贫，怎么通过项目带动扶贫，怎么发挥前后方的优势推动扶贫，等等，都是我每天在思考的问题。按照"两不愁三保障"的工作主线，我牵头推动收效快但是又要有长效的产业，致力于建档立卡户的脱贫。我很庆幸自己可以发挥桥梁作用，做一些实实在在的项目，让老百姓能够有受益。

整个绿春县的东西部扶贫协作助力脱贫攻坚的过程中，若是没有各级党组织的坚强领导，以及社会主义制度优越性的充分体现，如此庞大的东西部资源大转移，如此大的力度与高效的资源匹配和项目落实是难以想象的，包括社会大格局扶贫的作用，让我们能够集中力量干大事。如何在一个大平台上，发动各方资源与当地贫困老百姓的实际需求对接起来，落实项目形成循环效益，是我们援滇过程中被赋予完成脱贫攻坚这一国家战略的意义所在。我觉得像这次面对新冠肺炎也是同样的道理，我们必定能通过社会大格局的齐心协力，抗疫成功。有机会参与脱贫攻坚战，我觉得非常有意义，在整个人生的历程中，我想也是非常好的一种收获。

见红河新貌　了扶贫心愿

　　马骥，1975年2月出生，湖北武汉人。先后在长宁区城市规划管理局、长宁区虹桥功能拓展领导小组办公室、长宁区城市规划管理局（长宁区规划和土地管理局）、长宁区绿化和市容管理局工作。2019年7月至今，挂职云南省红河哈尼族彝族自治州人民政府副秘书长，任上海市第十一批援滇干部联络组临时党委委员、红河州联络小组组长、党支部书记。

口述：马　骥
整理：祝　慧

我报名参加援滇工作有两个方面的考虑。从家庭角度来说，我的父亲出生在农村，由于生活条件差，他在读完中学后，便无法继续大学学业，只能在村里当起会计和教师，赚钱来补贴家用。后来是党的好政策使他可以继续学业，实现自己的梦想。我的父亲一直对党心怀感激。因此，从我记事起他就一直教育我要发奋努力，报效国家，为社会多作贡献，有机会一定要为农村、为贫困地区做工作。从社会责任感来说，十几年前，我曾在红河有过一次短暂的扶贫经历，当时红河贫困的场景给我留下了深刻的印象，而我也时刻心怀那片热土，对云南有着一种特殊的感情。所以这次组织挑选支援西部地区干部时，我积极报名。经过组织的挑选，我有幸在脱贫攻坚的关键时刻来到了云南省红河州的对口帮扶地区，参加东西部扶贫协作工作。

美丽红河显新貌

当我于 2019 年 7 月来到红河的时候，我感觉这里和我记忆中的样子相比，发生了巨大的变化。上一次我来到红河，已经是十几年前的事情了，当时主要是参加贫困村庄建设设计扶贫项目。那段行程给我留下了深刻的印象。当时村与村之间的盘山路还多是土路，由于雨水的冲刷和时不时出现的山顶落石，使这些路段变得崎岖难行。从一个村到另一个村往往需要数小时的车程。记得我们下乡乘坐的是一辆老式的帆布顶北京吉普，坑洼不平的山路使我们的身子不断地在座椅上上下左右来回跳动，狭窄的山路一侧往下看去就是深深的峡谷河流，惊心动魄，我们只好双手紧紧抓住车顶的横梁，努力保持身体的平衡。我们沿路看到的村民住宅，都是比较破旧的平房。村庄中的小孩衣着单薄破旧，光着脚丫在田间奔跑。还有一对年轻的夫妻正带着几个月大的孩子在建房子，丈夫砸石头，妻子就在旁边垒石头。因此当再次踏上红河这片土地时，我感受到多年的帮扶给当地带来了巨大的变化，我感到非常激动。同时这份来自红河的前后反差也激励着我，要为这篇美丽的土地贡献上属于自己的一份力量。

红河哈尼族彝族自治州因美丽的红河穿境而过得名，是全国唯一以哈尼族、彝族为主体民族的自治州。2020 年，全州常住人口数约 477 万人，少数民族人口占比高。2019 年，州生产总值为 2211.99 亿元，在云南省排第三位。2019 年 12 月，被命名为"全国民族团结进步示范州"。

红河州集民族地区、边疆地区、山区、贫困地区于一体，全州 3.29 万平方公里，范围内山区面积占总面积的 88.5%。地势西北高、东南低，以红河为界，分北部地区和南部地区，东面属于滇东高原区，西面为横断山纵谷的哀牢山区。哀牢山沿红河南岸蜿蜒伸展到越南境内，为州内的主要山脉。南部贫困县更是山高、谷深、坡陡，土质疏松，雨水充沛，地质灾害易发。

全州农业生产大部分是处在山区、半山区，中低产田地占耕地总面积的比例高达 67.1%，有近三分之二的耕地为坡地，土地贫瘠、零散，难于精耕细作，抗灾能力弱，产出率低，改造难度大，农民增收困难。这里最高海拔为 3074 米（金平），最低为 76.4 米（河口），立体气候特征显著，农作物、果蔬、药材产品多样，但规模化、专业化不足，形成了"小而全"的生产格局，种类多、规模小、品种多、批量小，有特色、无品牌。这些都给地区脱贫攻坚带来巨大的困难。

扶贫举措稳落地

我是第十一批援滇干部联络组红河小组的组长和临时党支部书记，主要是和小组里来自长宁区和徐汇区的全体援滇干部一起帮助红河州对口的贫困县打赢打好脱贫攻坚战。我们红河州联络小组共 12 名成员，其中长宁区派出 7 名，徐汇区派出 5 名，另有徐汇区增派的 2 名干部。

来到红河后，我们一行人按临行前市、区领导的要求，认真与第十批援滇干部做好交接工作，做到四个交清，并抓紧时间熟悉工作环境和帮扶项目，认真向当地干部群众请教，学习民族政策，熟悉风俗民情，了解民族工作方法。为了提高工作效率，我对小组成员的工作进行分工，明确责任。小组需定期召开工作例会，遇到特别的事情由大家共同讨论解决。同时为了帮助大家获得更多的业务信息，小组还会组织学习调研会，相互交流经验。遇到重大的活动或是检查考核，小组成员则会共同组织起来，齐心协力做好准备工作。经过不懈努力，大家都较快地适应了红河的工作，实现了工作角色的转变，融入当地，做到工作不断不乱，聚焦考核指标，靶心不散。大家甚至放弃了休息日、节假日，深深扎根大山，努力携手推进东西部扶贫协作工作。

在当地党委、政府的领导下，我们结合当地实际，发挥各方优势，围绕"两不愁三保障"突出问题集中攻坚，帮助当地贫困群众早日脱贫，稳定脱贫。来到红河后，我根据工作需要走访了州人社局、卫健委、教体局、农业局、商务局、科技局等单位，深入调研考察相关对口帮扶和经济协作工作，并积极帮助州红十字会、残联和侨联等单位与上海方面对接工作。同时，我全面走访调研了上海对口帮扶云南红河州的 7 个县，积极调查对口地区既有条件情况、产业发展现状，探索研究适合对口地区培育发展的产业，联系引进相关投资企业到红河实地调研对接产业发展。作为挂职在红河州政府的援滇干部，努力为上海和红河州的对口联系，为更多的产业扶贫项目落地开花、更多的帮扶力量走进红河起好桥梁作用。

俗话说"要致富，先修路"。在帮扶资金的不断投入下，往日坑洼不平，一到下雨天就泥泞难行的山间土路，变成了平整的硬化路面。交通条件改善了，收购农产品的货车就可以直接开到边远山区的田间地头，解决了农产品运输难的问题，为进一步加强产业合作打开了通往大城市的运输通道。

随着对农村设施的投入，乡村面貌也发生了巨大的改变，生活更加方便，

▲ 2019年10月28日，马骥（首排左六）参加拼多多"新农人"电商扶贫培训班开班仪式

民族特色得以发扬，返乡的农民都表示如今的乡村变得和城市一样便利。村民的思想观念也开始逐渐转变，考虑的不再只是能够拿到多少的救济补贴，而是更多地开始筹划自己的产业如何才能更好地发展。当地老百姓纷纷表示感谢党的精准扶贫政策，感谢长宁的对口帮扶。

在产业帮扶方面，我们援滇干部想办法让当地产业发展更加适应市场需求。如今，当地的农业种植不再如过去那样简单地种植玉米、红米、香蕉、甘蔗、八角、草果和橡胶等传统产品，火龙果、百香果、樱桃、荔枝、芒果、杨梅等各种高档水果的种植，稻鱼鸭综合养殖、猪牛的规模养殖都带来了很好的经济效益，一些长年在外打工的村民也开始想要回家发展产业致富了。此外，我对接拼多多引进"新农人"培训计划到红河州举办免费的技能培训，帮助引导当地致富带头人、合作社，通过电商平台将本地生产的农特产品销往全国市场，带动贫困地区人口脱贫致富。还承办国家扶贫办、上海市和云南省各相关单位组织的检查、考核、调研等工作20余次，并陪同前往各相关县、乡、村寨，保证工作的顺利完成。牵头红河州积极参与组织云品入沪展销推介活动，促进沪滇两地产销对接，帮助对口帮扶地区农特产品进入上海市场。2019年，通过对农村电商的培育，许多新鲜农产品得以快速进入城市市场，加快了贫困

2020年3月26日，马骥代表长宁向州红十字会捐额温枪、口罩

户脱贫致富。

今年暴发新冠肺炎疫情后，长宁援滇干部时刻关心驻地疫情防控工作，积极了解红河州疫情防控存在的困难，并及时向后方汇报。在长宁区委、区政府的大力支持下，我们共联系援助医用口罩20000多个，全面支持红河州及红河、绿春和金平三县的疫情防控工作。

我们定期组织召开组织生活会，要求小组成员必须深刻领会习近平总书记针对疫情防控和经济社会发展工作讲话的深刻内涵，努力把学习成果转化为坚定的理想信念和自觉行动，全身心服务当地发展战略，以“咬定青山不放松”的韧劲、“不破楼兰终不还”的拼劲，自觉担当起上海援滇干部在全州疫情防控和经济社会发展大局中的使命，既要协助当地做好疫情防控工作，又要抓紧推进今年对口帮扶项目，做到早启动早完成。并且，我们还积极协调县教育局、卫健委等单位，为援滇教师和医疗队返回驻地参加抗疫工作做好服务保障。各援滇干部返回驻地后，主动向所在党组织缴纳特殊党费，为疫情防控贡献力量。

待疫情稳定后，我们积极谋划复工复产。一方面积极与长宁人社局做好沟通协调，为当地老百姓提供上海携福电器有限公司等企业的就业机会，并为赴

沪就业人员争取包机、包车等点对点返程复工途径；协助当地人社部门，广泛发布招工信息，鼓励外出务工人员及时复工复产，持续稳定地推进劳务协作扶贫工作。另一方面则抢抓时间，积极做好当年东西部协作项目的前期准备工作，待时机成熟即刻启动项目。继续落实好各方面举措，坚决打赢疫情防控攻坚战。

目前，红河州脱贫攻坚已经取得了决定性成效。2019 年底，我们红河小组对口帮扶的屏边县，被抽中东西部扶贫协作成效考核，需要接受国家扶贫办组织的考核检查。这次检查不仅仅是对一个县东西部扶贫协作工作的考核，同时也是代表上海和云南东西部扶贫协作工作接受国家的考核。我们小组的所有成员在接到考核任务后，都集中到了屏边县，大家不分你我，认真梳理准备，确保了考核最终圆满通过。

从 2015 年到 2019 年底，全州贫困人口从 58.97 万人减少到 22197 人，实现 784 个贫困村出列，贫困发生率由 16.22% 降至 0.64%。且就在 2019 年底，剩余的元阳县、红河县、绿春县、金平苗族瑶族傣族自治县、屏边苗族自治县综合贫困发生率均低于 3%，五县均达到贫困县退出条件，红河实现全州整体性脱贫。

援滇决心不动摇

刚到红河，由于自己的胃一直不好，无法适应当地较辣的饮食习惯。加上我下乡调研时，仅从州里到县里，车程就需要花费两三个小时，再到项目所在的乡镇往往又需要几个小时，在车上的时间很不好过。由于路况较差，行车颠簸，往往弄得自己比较疲惫，甚至有时候也会出现晕车的情况。但要了解当地贫困人口的生活状况、产业发展状况，只有深入一线，到最边远的地方去实地考察调研，才能掌握第一手的资料，为精准施策精准扶贫打好基础。因此，我不断告诫自己要坚持，难受了就停车下来休息一会儿，多晕几次就好了，慢慢地让自己适应。

我来到红河进行扶贫工作不过大半年，但是扶贫过程中遇到的点点滴滴的感动，让我觉得自己现在所遭遇到的小难题根本不算什么，我还有很长的路需要修炼，仍需不断前行。在接下来的援滇工作中，我要继续强化产业合作，通过帮扶有效提升贫困地区和贫困人口的"造血功能"，不断做大做强当地的特色产业，提升产品品质，通过"百县百品"等项目，打造地方特色品牌；继续强化劳务协作，不断提高当地劳动力劳动技能，提升自我发展的能力；另外进一步引进教育、医疗、农业技术人才支援，为云南打造一支"带不走"的技术带头人队伍；同时进一步加大消费扶贫的力度，使更多的农产品进入大城市消费市场，使更多农民群众从中受益，使大家走上可持续的脱贫致富路。

2019年10月，一位在红河县三村乡驻村的干部，在主持召开脱贫攻坚动态管理公开评议会时，突发重病，经多方全力抢救，但最终被诊断为重度颅脑损伤，临床脑死亡。根据生前意愿，他的家属将他的器官捐献，使三名器官衰竭者重获新生，让两位患者重见光明。这位同志2018年3月驻村扶贫期间，克服驻村条件差，工作难度大等困难，不辞辛劳奔波在扶贫一线。他连续三次都抽不出时间去体检，大半年没能回一趟家。这种不畏艰辛、忘我工作的精神，让我十分感动，也使我更加坚定了全身心投入，为红河高质量打赢脱贫攻坚战而奋斗的决心。

"一人就业，全家脱贫"的就业新模式，是我们在不断尝试的劳务协作新方向。我在和春秋航空开展帮扶工作的过程中了解到，春秋航空2018年在红河州贫困地区招聘35名乘务学员，其中有8名建档立卡户和9名少数民族特困户，经过培训已于2019年全部上岗，月工资达8000—10000元，实现全家高质量脱贫。其中乘务员李文英激动地说："爸爸妈妈一辈子务农，靠种茶、养猪供我和弟弟上了大学。我把自己第一个月的收入寄给了父母，这是以前我们全家几乎一年的收入，爸爸妈妈可高兴了。"她的真情讲述，使我更加鼓足了持续做好帮扶工作的干劲。

还有一次在金平县调研时，我了解到当地经过多年的帮扶，乡村条件大幅改善。当问起这里的群众还缺什么、还需要捐赠些什么的时候，他们认真地表示，现在接受的帮扶已经很多了，当地也发展起了村集体和农户的产业。经过"造血"式帮扶，大家条件都改善了，现在啥也不缺，最缺的就是继续壮大发展产业的信息和技术，他们需要更多的市场信息和科学技术来发展，实现致富目标。

事例虽小，真情却大。我在脱贫攻坚的关键时刻来到云南，来到扶贫一线经受锻炼和考验，就必然要通过履职不断补齐自己的短板弱项，希望收获到全方位的教育和提升。在以后的工作中，我会更加注重换位思考，设身处地、推己及人，站在群众以及服务对象的角度考虑问题，使工作决策、举措更切合实际、更具针对性，效果也会更好；也会更加注重深入思考，通过深思熟虑来明辨是非、守正创新、破解难题，真正在工作中践行初心和使命。

在接下来的两年多时间里，我将继续按照出发前市委领导的要求，努力当好脱贫攻坚的"突击队"，搭建好密切党同人民群众联系的"连心桥"，跑好持续对口支援帮扶的"接力赛"，走好人生宝贵的"历练路"，坚决响应总书记"只争朝夕，不负韶华"的时代号召，坚决完成区委、区政府的重托。并将继续坚持精准扶贫要求，聚焦贫困人群的实际需求，聚焦短板弱项，对接好两地的"所需所能"，为助力红河州高质量打赢脱贫攻坚战、推进乡村振兴贡献自己的力量，书写好对口帮扶新篇章。

"上海张爸"的援疆教育情怀

张斯恒，1962 年 5 月出生，上海人。曾任上海金山张堰中学政教主任，位育中学高三班主任，虹桥机场学校党支部委员、教导主任，兼虹飞业余学校校长。2002 年 7 月—2005 年 7 月，被市委组织部选派为上海市第四批援疆干部，任新疆维吾尔自治区阿克苏市第三中学副校长、党支部书记。回沪后，先后任新古北中学副校长、娄山中学副校长、建青实验学校副校长、兴塔中学校长。2008 年 8 月—2009 年 6 月，被市教委选派为上海首批赴都江堰地震灾区支教教师，任都江堰市崇义中学副校长。现任上海市廊下中学校长。

口述：张斯恒
采访：王佩娟　袁鲁宁　祝　慧
整理：吴　红
时间：2020 年 3 月 13 日

　　2002 年 7 月 26 日，上海市第四批援助新疆干部欢送仪式在上海展览中心举行。54 位胸戴大红花的援疆干部们在前排就座。时任上海市委副书记的刘云耕在讲话中说："选派干部到新疆工作，是维护和发展各民族团结的需要，是实施西部大开发战略的需要，是培养年轻干部的需要。我们一定要从讲政治、讲大局的高度，不折不扣地完成中央赋予上海的援疆任务。"刘云耕副书记的讲话给了我与每一位援疆干部极大的鼓舞，更加坚定了我们听党话、跟党走的信念。

　　其实，当决定要参加援疆工作时，我还是有过担忧的，妻子的身体十分虚弱，家中又在筹划着改善住房条件，我的儿子也正值毕业升学考的关键一年，我深知此去新疆，将远离亲人三年，不能尽到一个丈夫、父亲的责任，还得克服因环境差异带来的不适。我把这种复杂矛盾的心情，写进了《赋赠赴疆友于五一》一词中："铁骨柔肠兮思切切，挈妇将雏兮情累累。辞吾沪渎兮涤浦江，别余伯仲兮俛依偎。匹夫东离兮有徘徊，壮士西去兮无反悔。念九州之幽遥兮无所惧，筹华夏之广远兮有所为。"但家庭的事再大也没有党和国家的事业大。

　　作为一名党员，我没有向组织提出任何要求，毅然投身到援疆工作当中，因为我相信，只要能跟学生在一起，就不会寂寞；只要能给当地的孩子送去好课和关爱，就不虚此行。积极投入到援疆工作，还有一个考虑，那就是实现我的人生理想：教会学生感知幸福！因为我的童年是不幸的，在我4岁的时候，我的母亲便离开了人世；但我又是幸运的，从老师那里我获得了家的温暖，从老师那里我又学到了做人的道理，并有了一颗积极看待人生的心。我认为知道幸福的人，才是幸福的，幸福不在于享受了多少，而在于感受了多少。作为教师，一个更为关键的问题是教学生学会做人，懂得去爱。我庆幸能如愿以偿成为第四批援疆干部赴新疆支援阿克苏教育事业的建设，这是组织上对我的信任和鼓励。

发挥专长，融入新的环境

新疆位于祖国的西北边陲，阿克苏则是在新疆的西南部，塔里木盆地的西北边缘，天山南麓，位于塔里木河上游，因水得名，维吾尔语意为"清澈奔腾之水"，是古丝绸之路上的重要驿站，同时也是龟兹文化的发源地。一直以来，阿克苏都有"塞外江南"的美誉。阿克苏地处欧亚大陆深处，降水稀少，气候干燥，日照强烈。当地的经济以农业为主，出产的长绒棉、苹果等在国内外都很有名气，是国家重要的商品粮和商品棉的生产基地。

2002年7月26日，我跟随大部队来到新疆阿克苏市三中参加援疆工作。面对新环境和新挑战，我没有选择退缩，而是迎难而上，尽快熟悉当地的生活习惯和工作内容。2002年9月，我被中共阿克苏市委任命为阿克苏市三中副校长，在这里我工作了三年，同孩子们相处了三年。最后一年，阿克苏市委组织部对我进行了考察，任命我为阿克苏市三中党支部书记。我也成为当时为数不多提了职级的援疆干部，这是组织上对我的信任和褒奖。援疆工作行将结束时，我被评为"新疆维吾尔自治区优秀援疆干部"。在这里，我感谢长宁区委、区政府和上海市第四批援疆干部联络组领导对我的关心和支持，没有他们，我不会有这样的成绩。

当地日照比较强烈，再加上长期的工作劳累，我患上了严重的日光型皮炎和视网膜疾病。但疾病并没有让我选择退缩，我也没有向组织上提出过任何要求，而是依然全身心投入我热爱的教育工作，这也获得了当地教育部门的高度认可，评选我为"新疆维吾尔自治区优秀支教教师"。三年的时光中，我常常会有对亲人的思念之情，但我想的更多的是，只有在新疆这块土地上努力地做好自己的工作，才是对上海亲人最好的慰藉。我把对亲人的思念之情，化作工作上的动力，一门心思地要把孩子们教育好、培养好。要使这三年无怨无悔，我就必须刻苦钻研、兢兢业业，让三尺讲台成为塑造灵魂的圣殿，也让每一个45分钟成为学生生命中最有价值的时刻。只有这样，才不会让自己的生命虚度，才能造就一代又一代既有传统美德，又具有现代理念的堂堂正正的人。也正是因为有这样的思想指导着我的言行，无论是在工作单位还是在联络组中，我都能始终注意提高自身的修养，冷静处理各种突发情况，为人热情大方，面对取得的成绩不沾沾自喜，不好大喜功，学会思考，学会总结。我能够自觉认真地学习党的理论知识，在学校中心组学习时踊跃发言，能引经据典，言之有理，组织全体师生学习有关文件。无论是接待家长还是与教工谈话，我能始终坚持原则而又表现出工作的灵活性与艺术性，受到了师生员工和家长们的好评。无论是教工大会上的主题报告还是一般的讲话，总是能注重提出解决问题的方法和实际可操作的步骤，在受援单位赢得了良好的声誉。让上海人民放心，让新疆人民满意，成为我努力的目标；甘于清贫、献身边疆的高尚情操成为我的追求。作为一名普通的援疆干部，作为一名教育战线的高级知识分子，我在从事着一项千秋万代的伟业。以自己的言传身教，去影响几十位几百位学生甚至一代人，去塑造一个灵魂甚至是一代人的灵魂，打造民族未来的脊梁，塑造未来社会的灵魂！

培养人才，做好教师工作

我的专业就是教学，把学生教好是我的本职工作。"假如，这个世界没有了爱的滋润，那么人类的心灵就会枯萎；假如，教育失去了具有人格的教师，那么孩子的心灵就会苍白。"这是我从教近三十年来的人生体会。到了阿克苏市三中后，我主动找校领导了解和咨询学校的相关情况，做到心中"有本账"；平时我坚持和当地的老师在一起备课、听课，修正教学中的不足之处。

◀ 2005 年 5 月，张斯恒与托普鲁克乡民族学校的孩子们在一起

在这个过程中，我们的教学水平都得到了明显的提升。我始终觉得，与其说是来新疆支援教育，倒不如说我和当地的老师同吃、同教学，相互取长补短，共同为培养学生而努力工作。在当地，我天天跟将近 2000 名学生在一起，时间久了，孩子们都亲切地叫我"上海张爸"。在生活和工作中，我以校为家，把老师的慈爱之心奉献给了我的每一个学生，得到了他们的认可，这是值得我骄傲一辈子的事情。除了给孩子们上好课之外，我每周还给新疆生产建设兵团第一师的孩子们上课。

作为一位在教育岗位上工作的援疆干部，如何以先进的理念向学生有效地传输科学知识，成为这三年我研究的课题。由于阿克苏发展相对滞后，在教育上也存在着比较陈旧的理念。我不断地探究、尝试更多的教学方法，让学生们学得快、学得好。于是，我不断地与老师们进行探讨，不断地以先进的教育理念指导自己的教学实践，注重理论与实际的结合。不照搬，不主观，而是潜心研究当地学生的实际情况和学习能力，总结摸索出了一套"以动促学，以习带学，以潜入学"的教学模式，让学生学得高兴、学得实在、学得扎实。我不仅承担了高三整个年级的作文教学任务，还欣然接受了教师们要我给初中和高中的每个年级上一堂示范课的要求。根据不同年级学生的特点，我精心设计、精心备课、精心上课，受到了学生们的喜爱。当时，无论是三中的初一学生，还是高三学生，无论是三中的学生，还是农一师中学或地区二中的学生，都比较喜欢听我的课了。在教学实绩上，我从高一就带起的 2005 届高中生，他们的写作水平和语言理解能力已经有了很大的提高。我临离开时，他们正将接受一年一度高考的检阅。

在教学上，我主张让学生自由地发展，没有任何的拘束，重要的是教师与学生间的那种平等交流，那种给学生带来轻松的微笑和富有感染力的语言会让每一位学生感受到这样一位老师才是他们的至爱。有一次，面对着前来听课的数十位教师，我硬是以自己的微笑化解了一次让人难以控制的冷场。2002 年 11 月，我面向全区开设了一节公开课，课程进行过程中，我请一位平时十分内向的女学生回答问题，面对着几十位听课的教师，她显得十分紧张，竟然不知道回答问题了。看到这种情况，我面带微笑，十分和蔼地对她说："老师相信你，你肯定可以回答的。"过了一会儿她还是十分沉默，我仍然微笑着对她说："没关系，你只要将刚才任何一位同学在回答时说的话重复一下就行，好不好？"也许是她被吓呆了，连那个"好"字也说不出口了。哎，这下该怎么办呀？我还是以自己特有的微笑说道："没关系。现在我只要你说一个字或者两个字，那就是'好'或'不好'。你看整个教室有五十多双深情的眼睛期待着你。"但她就是不说，那可咋办？我仍然微笑道："同学们，沉默啊，沉默啊，不在沉默中爆发，就在沉默中灭亡。我们大家一起将她积郁在心中的话道出好吗？"这样一个本来会令许多人尴尬的场面，又会令许多教师束手无策的境地，却在全班学生十分欢快的一片叫"好"声中烟消云散。课后，那位学生怯怯地对我说："我怕说错，给老师您丢面子。""哎，你这么不相信老师吗？张老师有哪一次会因为你们回答不出而给你们脸色的啊？如果我会生气，也不会因为你回答不出而生气，而是会因为你对自己没有信心，还有对张老师也失去信心啊！"此时，那位学生的脸上泛出了如红柳叶般的红晕："老师，我听您的。"

"我们爱您，父亲！"发出这样话语的是阿克苏市三中高二（1）班的 60 位学生，时间是 2004 年 5 月 23 日，见证者是全地区 200 多名听课教师，被他们唤作父亲的便是我。我知道，也许凭借援疆干部的身份可以比较容易地赢得学生的尊敬，但要让学生从心底里爱戴你，那可是一件很难的事，而让高中生能从心里唤你为父亲，那更是难上加难。在离开了自己的亲生儿子近两年的时间里，阿克苏市三中的 60 位学生便成了我最宝贝的孩子。一位叫田新的学生病了，我背上他向四楼的急诊室跑去；一位叫肖春的学生交不起学费，我为他交上了。2004 年 12 月 5 日子夜时分，学生敲开了我的寝室，说快去派出所。我二话没说，从温暖的被窝里钻出来，冒着风雪，走了 20 多分钟，来到了派出所，写下了保证书，将犯错误的学生保回，并让他暂时住在我的寝室里。2003 年 9 月，当上海新闻单位来阿克苏采访时，一位叫涛的学生面对着上海新闻媒体表达了他的心声："张老师是我的干爹，是我们全体同学的干爹，他爱我们，我们也爱他……"

奉献财智，助力当地教育

除了在当地做好教师的本职工作外，我还通过各种途径为阿克苏市三中争取更好的教育资源。每次回沪休假，我都会向选派单位的领导汇报援疆的工作，不谈自己的困难，这赢得了选派单位的大力支持和鼎力协助。

三年间，经过我的牵线搭桥和各级领导的支持，长宁区政府捐赠 30 万元，用于阿克苏市三中电子阅览室的建设；长宁区教育局和上海市山阳中学共捐赠近 13 万元，用于培养阿克苏三中的骨干教师；长宁区教育局等单位捐赠了价值 15 万元的教学仪器；长宁区文化局捐赠 5 万元的图书资料，上海市虹桥机场学校捐赠 0.62 万元，作为阿克苏市三中贫困学生帮困基金。同时，我还与上海办学先进的学校取得联系，使得阿克苏市三中与上海市延安中学、上海市山阳中学等上海的办学单位建立了友好合作关系。

作为人民教师，我自身经济并不富裕。援疆期间，上海的家中连遭两次失窃，但我仍然捐资近万元帮助当地困难学生，三年来，我已经通过各种途径为阿克苏市三中争取到教学设备、教师培训等项目费用合计约 65 万元，为阿克苏市三中专项培训教师 6 人，请上海专家赴阿克苏培训阿克苏市三中及阿克苏城区教师 120 多名，为阿克苏市三中开设公共教学 50 多次，到地区二中、农

▶ 在阿克苏市三
中，张斯恒（左
三）与当地干部
探讨教育话题

一师中学开设七堂示范课，面向全地区开设了两次观摩课。通过这些公开课、示范课、观摩课和随堂听课，受训的教师已经达到 1200 多人次。

作为一名专业技术人员，我凭借过硬的教学基本功和较突出的业务能力赢得了在校师生和当地群众的欢迎，心里感到很充实，也很有成就感。在阿克苏市三中，由于校级领导包括我只有两位，但我还是把主要精力放在孩子们身上，把教书育人作为头等大事来抓。我把每一堂生动活泼的课带给学生们，让他们的灵魂在知识的海洋中游弋。

磨炼意志，不负援疆初心

三年的援疆历程是一个不断学习的过程，是一个灵魂不断净化的过程。这三年给了我很多精神的食粮，让我在阿克苏这块土地上能够不断地磨炼自我。凡有作之人必是无为之人，有作是指事业的有所作为，无为是指不去计较自己的工作条件、生活环境乃至名誉地位。要经受住这三年的考验，就必须有一个共产主义者、一个无产阶级先锋队队员应有的胸怀。共产党员应该将祖国利益、人民利益和各民族共同利益当作自己的根本利益。三年的西北历程，既是漫长的，也是短暂的。我常常要求自己用一颗无为之心、一颗宁静之心、一颗淡泊之心去对待荣辱毁誉和生活与工作中的磨难。只有这样，才不会使自己的生命虚度，才会让自己的思想乃至生命在学子们的身上得以延续，造就一代又一代既具有传统道德，又具有现代理念的堂堂正正的人。三年来，我能始终以援疆干部联络组的纪律规定约束自己，树立良好的形象，不给上海市第四批援疆干部抹黑，成为这个特别能战斗、特别能吃苦的战斗集体中合格甚至优秀的一员，成为上海百万干部中优秀的一员。

三年来，我积极认真地贯彻和执行中央关于党政领导干部廉洁从政的行为规范，不以权谋私，不接受任何的送礼请客，不以个人的感情处理人事关系。政治学习会上和行政会上，我能做到每次发言讲话都能言之有理、言之有据，不说空话、假话、套话，坚持先学习再议事，先领会上级党组织的精神，再落实具体的贯彻措施，始终做到方向明、思想通、措施力。三年中，我能积极认真地以饱满的政治热情和敏锐的政治头脑做好学校行政主管的配角，从而赢得了三中全体教职工的肯定。当学校评选各类先进时，我总是说："不要占我们三中的名额，三中的老师很辛苦，评他们吧。"在处理诸如上下级关系、援疆干部间的关系、援疆干部与受援单位同事间的关系等方面，我都能以党性原则处理好，既以诚相待，热忱面对，又不卑不亢，处事得理。身为三中副校长，我始终做到了到位不越位，也从不因为自己是一名援疆干部而推脱责任，而是积极参与到团结协作中，创造良好的人际环境。在阿克苏市三中的三年时间里，我始终坚持做好超负荷的工作，为学校的发展出谋献策。在学校教职员工的共同努力下，学校工作井然有序。作为学校副校长，我关心青年教师的工作学习与生活，尊重老教师，给予他们更多的生活上的照顾。作为三中援疆干部中唯一一位任行政职务的人员，我能准确定位，注意协调好在三中工作的上海援疆干部间的关系，并为他们树立榜样，赢得了他们的信任，使三中的上海援疆干部成为一支特别能战斗的队伍。在教学管理方面，我协助学校主管制定了诸如人事改革方案、教学考核细则等几十项教学管理规范。对于一些敏感问题，从不逃避，而是想尽办法稳妥地解决。同时，在援疆干部联络组的各项活动中，我积极发挥自身特长，为上海第四批援疆干部的对外宣传工作和资料的积累作出了贡献。作为一名援疆干部和校级领导，我以党的组织原则来规范自己的言行，以援疆干部联络组有关的纪律规定要求自己，不说不利于团结的话，不做有损于援疆干部形象的事，严格遵守援疆干部联络组的"三不"规定。对教职工做思想工作时，我也可以做到以理服人、以情动人，体贴关心全体教工，对青年教师更是能够做他们的好朋友与知心人。

"雄关漫道真如铁，而今漫步从头越！"三年的援疆工作已经结束。这段人生经历给了我很大的启发和感想。回沪后，我一直在加强自我修养，学好刘少奇同志关于《论共产党员的修养》的论断，学习以周恩来为代表的共产党员的楷模。加强阅读理论书籍，增强理论内涵，向学术型与管理型的双型人才发展。集众家之长，矻自家之短，追求更加完美的教学新境界。

敢创新　办实事　树形象

——回顾我援疆的三年工作生活

　　史永亮，1974 年 10 月出生，湖南永兴人。曾在上海浦东新区建设局停缓建协调办、长宁区建交委等任职。2005 年 7 月—2008 年 7 月，挂职新疆维吾尔自治区阿克苏地区阿克苏市建设局副局长。回沪后，先后任长宁区虹桥办副主任、长宁区绿化市容局副局长、长宁区新华路街道办事处副主任、长宁区规划和土地管理局副局长等职。现任上海虹桥商务区管委会公职律师、开发建设处副处长。

口述：史永亮
采访：王佩娟　袁鲁宁　祝　慧
整理：贾彦春
时间：2020 年 3 月 25 日

2005 年 7 月 25 日，作为长宁区选派的上海市第五批援疆干部之一，我积极响应党的号召，服从组织上的安排，告别朋友和亲人，从东海之滨的上海奔赴祖国西部边陲的新疆阿克苏。在这方美丽而又神奇的土地上开始了为期三年，却足以让我铭记一生的援疆生活。

阿克苏　小上海

小时候经常听到歌曲《我们新疆好地方》，感觉新疆就是一个令人神往的地方。对于上海人来讲，新疆阿克苏市并不陌生。当初上海十万知青到新疆支边，其中有一半就在阿克苏，所以阿克苏又被称为"小上海"。阿克苏市城区平均海拔约 1100 米，降雨量很少，但日照非常充沛。"阿克苏"是维吾尔语，翻译过来意思是"清澈奔腾之水"，流经阿克苏的阿克苏河和叶尔羌河在托木尔乡中间汇集成塔里木河。阿克苏市处在天山的南麓和东麓的拐角处。2005 年，我到这里的时候，当地的人口大概有 57 万人，有四个乡、一个镇。阿克苏的产业布局主要是一黑一白，黑的是煤炭，白的是棉花。近些年，阿克苏苹果种植业逐渐发展起来，从产业角度来讲，经济贡献度还没有达到很高的程度，但是它的知名度很高。讲到这里，一定要说一下阿克苏"柯柯牙精神"。所谓"柯柯牙精神"就是一以贯之的努力奋斗精神！新疆人民就是在"柯柯牙精神"的引领下，把一个荒凉的戈壁滩变成联合国人居环境奖的获得者，把原来风一吹就是风沙的地方改造成瓜果飘香、碧绿万顷的"塞外江南"。当初毛主席的一句话，"敢教日月换新天"，我们现在听起来好像很遥远，但是到了新疆，到了阿克苏，你会觉得确实比较近，特别真实，特别地震撼。除此之外，"西气东输"中的天然气也是阿克苏人民对祖国的重大贡献。阿克苏的红枣品种非常多，产量也非常高。当地的红枣之所以甜，是因为日照的能量足，糖分就很多，再加上昼夜温差比较大，到了晚上糖就缩成一团了。阿克苏是国家卫生城市和国家园林城市，也是优秀的旅游城市。

到了阿克苏市后，我担任的是阿克苏市建设局党委委员、副局长，先后分管了城乡规划、建筑市场管理、建设工程质量安全监督、城建档案、行业劳保统筹等业务。这期间，阿克苏市正掀起新型工业化的高潮，作为政府重要的职能部门，市建设局承担着市政建设维护、建筑市场管理等艰巨繁重的任务。这里的规划建设工作起步较晚，规范管理意识较弱，工作难度也较大。进入阿克苏市建设局之后，为了尽快地熟悉阿克苏市城市建设的现状，掌握工作的主动权，我利用每个周末的时间，骑车了解了城区几乎所有的大街小巷。心里有了阿克苏市城市建设"一本账"后，我决定发挥专业技术上的优势，从提升建设管理水平，倾尽全力打造城市建设精品找到工作的突破口。半年内，我主持了阿克苏市城市总体规划修编等三项规划编制合同的拟定，组织了两次城市建设汇报和一次城市总规修编座谈，负责了"建筑亮化·穿衣戴帽"工程的督办，布置了自治区建筑工地安全大检查和环境保护责任制落实情况的迎检工作，接待了建设厅科技处组织的节能保温检查组，参与了阿克苏市"十一五"规划编制讨论。在主要领导的支持和分管部门的配合下，我的援疆工作有了比较好的开局。在工作中，我把上海干部的开放意识、市场意识、竞争意识、创新意识和科学管理意识，与阿克苏市干部群众扎根边疆、艰苦奋斗、拼搏创业的精神进行了融合。为消除建筑行业质量"通病"，我和市质监站人员一起，积极寻找对策、措施，从平时的检查和预防入手，加大对建筑工地的明察暗访的力度，不定期开展质量安全大检查活动，全面对城市建筑工地进行突击性、摸排式的检查，做到发现一起，查处一起，整顿落实一起。在此基础上，我们采取了树立正、反典型的做法，组织开展了建筑业现场观摩会，邀请了全市建筑业的代表分别到一个最好和一个最差的建筑单位进行参观，让同行业人士当评委进行点评，使得建筑行业重质量、求信誉、争优秀的氛围日渐浓厚。三年来，我组织完成 190 多万平方米建筑工程的政府监督管理，建安投资近 20 亿元，为打造阿克苏市"凌鹏大厦""东大街地下商场""香格里拉小区""多浪民俗广场"等一批城市建设精品保驾护航。

传帮带　敢创新

"一枝独秀不是春"。援疆期间，我特别注意做好示范带头工作，带动当地专业技术人员业务水平的提高。干部是事业成功的关键因素。一般来说，干部的政治业务水平有多高，工作的成效就会有多大。城市建设管理是一项系统、复杂的工作，业务性比较强，涉及面也比较广，没有较高的素质和较高的业务水平，就很难胜任岗位的具体要求。我在制定工作计划、明确工作岗位、分配工作任务的同时，比较注重加强队伍的内部管理和干部的作风建设，严格遵照各项规章制度，狠抓工作纪律。在建管科、质监站、档案馆、统筹站等部门，我力推服务承诺制、政务公开制、首问负责制、限时办结制等四项基本工作制度，用来增强依法行政的透明度。在工作中，我也比较注重通过学习、岗位锻炼、集体攻坚来提高干部职工的综合素质，这也在实践中逐渐磨炼出一支团结一致、朝气蓬勃、纪律严明、业务过硬、作风扎实的工作队伍。2006 年 3 月，我带领相关工作人员投入到建材检测中心资质申报评审准备工作中，用了两个月时间完成了一年的工作量，使五年评审未通过的建材检测中心在 2006 年 6 月顺利通过自治区的评审认证。在迎接两年一度的自治区"城市建设天山杯"竞赛时，我与分管部门的同志们一起努力，认真准备，周密筹划，取得了城建档案工作全自治区第一、建设质量安全工作南疆第二的好成绩。在我们共同攻克工作难点的过程中，一支高素质、有活力、能战斗的城市建设管理专业技术队伍正在逐步形成。

◀2007 年 11 月，史永亮（左一）陪同中国科学院刘进博士一行考察快速城市化背景下的阿克苏生态脆弱区土地利用变化

　　"拙劲加巧劲，无往而不胜"。随着整个城市建设步伐的加快，阿克苏市建筑工程量也在急剧地增加，我们的管理工作量倍数放大。在工作人员人数不变的情况下，只有创新工作思路、提高管理水平，才能适应新形势的需要。经过深入地调查和分析，根据分管部门干部队伍的现状和工程项目的特点，我着手组织成立了市招投标代理中心。这在某种程度上消除了管理上的盲区，完善了从工程招投标抓起，贯穿建设工程全过程的勘察、设计、施工、监理、竣工验收备案管理运行机制，对建筑单位进行全过程、全方位的行为控制，在阿克苏全地区率先推行了建筑市场主体不良行为记录措施，从源头上治理和整顿建筑市场，取得了比较好的效果。同时，针对工程项目点多面广量大而工程监督人员较少的实际情况，我改革了工程监督的模式，成立了质量安全监督小组，把个人的点式全程监督变为小组形式的关键节点流水式的监督，使相同数量的工作人员完成了数倍于往年的工作量，保证了挂职期间建设工程没有重大的质量安全事故。同时，也建立了一整套建筑质量安全管理长效机制。我在担任英巴扎社区拆迁安置房建设领导小组组长期间，面临着建设资金极为短缺、建设工期极为短促的困难。在这种情况下，我大胆拓宽工作思路，果断地制定了"工程融资"方案，调动了各方面的力量，按时完成了总建筑面积为 23850 平方

米的350套住房建设。在牵头负责市属37个农村"两委"办公场所的建设管理工作中，我一方面使"拙劲"，年内下乡40多次，行程数千公里；另一方面又使"巧劲"，针对项目点过于分散、距离比较远的特点，我委托这些项目所在乡镇政府对施工单位进行分项考核打分，分数跟单位的诚信记录挂钩，这也就保证了项目质量和进度。在上级的关心支持和各部门的密切配合下，我开拓了工作思路，走到工作一线，分管的建筑业管理工作数次获得上级的表彰。其中，建筑节能工作在国家建设部科技司组织的检查评比中获得高度评价，"水韵明珠"居住区地源热泵建筑节能技术在整个新疆获得推广，城建档案、建筑行业劳保统筹等工作每年都会获得自治区考核优秀的奖励。

抓项目 树形象

作为上海援疆项目管理组成员和阿克苏市援疆项目小组的主要成员，我承担了上海援建项目选址调研、开工建设、资金拨付、竣工验收等大量工作。刚到新疆的时候，根据联络组确定的"集中集聚，重心下移，注重造血"的项目遴选原则，我就与项目组其他5名成员一道，对地区、二县一市的30多个备选项目展开了历时三个月的详细调研，反复征求各个方面的意见，九次改稿，最后列出了总投资为1.2亿元的项目建设计划。同时，我们讨论制定了《上海市援疆项目管理规范》，为上海市第五批援疆项目的顺利实施奠定了坚实的基础。实施援疆项目是援疆工作的重中之重，项目建设的质量关系到人民群众的生命和财产安全，关系到援疆工作总体上的成效。因此，按照援疆项目建设"规范管理、有序推进、确保质量"的总体要求，在联络小组的领导下，我竭尽全力抓住项目工作不放松，积极把精力放在阿克苏市每一个援疆项目的实施上，从工程开工到竣工验收都进行全过程的跟踪管理，尽到了一个援疆干部应尽的责任。与上海不同的是，阿克苏冬夏温差较大，施工期较短，因此，要在短时间内完成全部援疆项目，其难度可想而知。我饱含热情、积极地参与了项目设计方案的讨论、施工计划的确定和工程招投标等前期工作，不知道有多少次都是深入到项目实施过程中，进行协调、质量管理和监督工作，确保了上海援建的阿克苏市拜什吐格曼乡幼儿园、托普鲁克乡幼儿园、良种场学校、阿

▲ 史永亮（左一）到工地查看工程情况

克苏市白玉兰学校等援疆项目工程按期完成，没有一个项目出现质量和安全问题。在负责依干其乡布隆克瑞克村、喀拉塔勒镇图格曼巴什村、库木巴什乡尤卡克喀日纳斯村三个"上海白玉兰新农村"建设项目的实施过程中，为了保证援疆资金的每一分钱都用在刀刃上，真正地造福于民，我坚持每周至少一次深入到各村、进入到每户检查项目进度和质量。由于各村地处偏远，在项目实施的近两年的时间里，我的行程超过1.5万公里。经过各方的不懈努力，阿克苏市"上海白玉兰新农村"建设项目成绩斐然，受到了当地干部群众的广泛好评。2007年10月，时任自治区主席司马义·铁力瓦尔地实地考察了上海援建的依干其乡布隆克瑞克村新农村建设项目，对该项目建设取得的成绩给予了高度的评价，这个项目也被列为"自治区新农村建设的示范点"。2008年，在这个村召开了自治区社会主义新农村建设现场会。其他两个"白玉兰新农村"项目也被地区列为建设示范点。当时新农村建设的资金是1800万元，主要是建抗震安居房、卫生设施、道路和产业等，涉及9个村，每村占200万元左右。

三年来，我先后参与实施援疆项目8个，涉及援疆资金2300多万元。如今，一个个援疆项目正在为改善各族群众的生产生活条件发挥着它们的作用。

援疆干部是一个特殊的群体，在特定的时间和特殊的环境中执行着特殊任务。三年援疆，我从未因为这种身份上的特殊性而要求特权，进而放松对自己各方面的要求。三年来，我始终坚持把自己当作一名普通党员干部，自觉把自己置身于当地党组织的领导和干部群众的监督之下。同时，坚持把廉洁自律作为自身品德修养和党性锻炼的重要内容，"不拿群众一针一线"。作为上海援疆干部的一员，我深深地知道，我的一言一行代表着上海援疆干部的形象。理论水平的高低、工作能力的强弱和人格品质的优劣也是上海援疆干部形象的重要体现。为此，我一方面向当地优秀干部和工作出色的援疆干部学习，一方面严格按照上海市援疆干部联络组和阿克苏市小组的要求去做。日常工作生活中，我守得住清贫，耐得住寂寞，抵得住诱惑。建设行业是"廉政事故"的高发区，在业务审批领导岗位上我慎之又慎。无论分管哪一方面的业务，我都能心诚身正，做到清正廉洁、正人正己。援疆期间，我从未接受过办事单位的吃请、礼金礼券或实物馈赠，从未利用职务之便为自己及朋友谋求利益，也从未向办事单位提过非分的要求。身为业务部门的分管领导，我自觉接受社会力量的监督，始终以良好的形象面对广大群众，始终以正确的态度处理每项事务，始终以务实的作风对待每个单位。在疆期间，我从不占用单位的工作经费，处处维护上海市援疆干部"甘于吃苦、乐于奉献"的良好形象，赢得了当地广大干部群众的尊敬和赞誉。

献真情　增团结

促进民族团结、保持社会稳定也是援疆工作的重要内容。民族团结、社会稳定是各族人民的福祉。相反，民族分裂、社会动乱是各族人民之祸。让民族团结之树常青，这不仅是新疆经济社会发展的客观需要，也是全区各族群众共同的心声。三年来，我始终坚持"虚心学习，刻苦工作，融洽关系"的原则，自觉融入阿克苏市各族群众当中，以自己的实际行动为群众办好事、办实事，与当地各族干部群众结下了深厚的友谊，得到了他们的尊重、理解和信任。

千百年来，各民族共同生活在新疆这片土地上，休戚与共，亲如一家人，展现出了一幅多民族、多文化相互融合，你中有我、我中有你的绚丽画卷。三年来，我主动学习新疆的历史文化和民族宗教法规，特别注重尊重当地的民族风俗习惯，自觉做到不利于团结的话不说，不利于团结的事不做。同时，我真心实意地与当地领导班子、部门单位中的同志交朋友。在相互学习和工作中，我们结下了深厚的友谊。援疆期间，我还参加了联络组组织的"扶贫助学活动"和当地政府组织的"送温暖""民族团结月"活动，共为地区贫困学生及"全国民族团结模范"吐尼莎汗等群众捐款捐物4000多元。在工作之余，我还慰问了本系统贫困职工家庭。同时，我坚持定期到地区社会福利院看望曾经为新疆发展作出贡献的年迈老人，与他们交谈，倾听他们述说当年在阿克苏的工作经历。可以说，这既消除了他们的寂寞，又可以学习他们为新疆奋斗终生的精神实质。在疆三年，我一直把阿克苏市看作是我的又一故乡，把阿克苏市各族人民看作是我的父老乡亲。阿克苏市的发展和当地人民生产生活条件的改善，一直以来都是我工作的出发点和落脚点。除了自己努力地工作外，我还倾尽全力让我身边的人和我所在的组织了解并关心阿克苏的发展。经过我们牵线搭桥，我所在的长宁区政府选址于阿克苏市依干其乡建设的"上海长宁路"乡村道路项目已投入使用，极大地改善了当地各族群众的出行条件。

援疆生活清苦、寂寞、单调。可是，我一想到临行前领导的谆谆嘱托，一看到挂职单位干部职工的殷切目光，一听到长期奉献在祖国西部的众多建设者们的事迹，我就由衷地感动着，继而也为自己能成为援疆队伍中的一员而自豪。可以说，投身于祖国西部建设的洪流是我一生莫大的荣耀。而且，在新疆的1000多个日日夜夜，丰富了我的人生阅历，提高了我的工作能力，增强了我继续投身于上海工作的动力。通过援疆，我对国情有了更加感性的理解，对祖国有了更加深厚的感情，对建设事业有了更加浓烈的赤诚。

"却顾所来径，苍苍横翠薇。"三年援疆，成为我人生旅程中浓墨重彩的一笔，正如我在2005年7月出发前的誓师会上所说："我将用奉献、创新、坚韧，战胜艰苦、寂寞、险情，让援疆三年像我的名字一样，永远光辉灿烂，照亮我的未来征程。"三年间，两地领导的关心爱护和两地同事、朋友的帮助让我在各方面取得了一些成绩。但是，成绩已然成为过去，未来我将继续响应党和人民的号召，将自己有限的生命融入无限的工作中去，用自己的满腔热情再次谱写光辉的人生篇章。

挥挥手，满载深厚的感情和不灭的印象，依依惜别将会让我魂牵梦绕一生的新疆。面对已披上新装、满目苍翠的新疆钻天杨，我许下愿望，愿我的又一故乡飞速发展，愿我与情深意厚的朋友、同事们之间及沪阿两地的友谊之桥永远不断。

凝心聚力　扎实做好援疆工作

俞浩，1966 年 8 月出生，浙江鄞县人。曾任长宁区规划和土地管理局党组书记，长宁区住房保障和房屋管理局党委书记、局长。2008年 7 月—2010 年 12 月，任上海市第六批援疆干部联络组成员、阿克苏市组组长、新疆维吾尔自治区阿克苏地区阿克苏市委副书记。现任长宁区总工会党组书记、副主席。

口述：俞　浩
整理：吴　红

　　2008年7月26日，我受上海市委组织部选派，作为第六批援疆干部中的一员，离开家乡，告别亲人，踏上了新疆这片广袤的土地。在自治区和地委经过了短暂的学习后，我急切地奔赴新的工作岗位——阿克苏市委副书记，开始了我难忘的援疆工作历程。

　　阿克苏市位于新疆天山南麓，塔里木盆地西北边缘，是一个新兴的环保型生态城市，素有"塞外江南""歌舞之乡""瓜果之乡"的美誉。阿克苏市气候宜人，水土光热资源得天独厚，是国家重要的商品粮、商品棉生产基地。红枣、核桃、苹果、香梨等特色果品在区内外享有盛誉，是新疆名副其实的"粮仓""棉海"和"果园"。阿克苏市辖4乡2镇1场、5个街道办事处，2008年总人口约46.5万人，其中农村人口13.2万人，总耕地面积85.6万亩，城区面积28.1平方公里。2008年，全年国内生产总值58.99亿元，全年财政收入6.85亿元，全年全部工业增加值9.44亿元。总体来看，经济竞争力不强、产业结构不合理等制约着当地经济社会发展。

牵线搭桥，抓好援建项目

　　"巍巍昆仑，大美新疆"。援疆是我多年的心愿。新疆是我国的战略屏障，是重要的战略能源、资源基地，战略地位十分重要。到了这里，我受到了边疆各族人民艰苦创业、无私奉献精神的生动教育和启迪，在边疆艰苦、复杂的环境中经受了摔打，磨炼了意志，增长了才干，积累了经验，让我更加理解了使命和责任，也更加珍重这段援疆情。

作为阿克苏市委副书记，整个援疆工作的首要任务就是要确定、实施、完成上海在阿克苏当地的援建项目。2008年11月，我们这批正式开始实施援疆项目的建设。由于阿克苏受寒流影响比较明显，冬季寒冷且持续时间较长，项目建设受室外气温条件影响比较大，因此，土建工程的建设期一般是在每年的3月—11月之间。其他时间，我们一般是抓紧办理建设项目的有关手续，做好施工前的准备工作，也是为了3月下旬工程能够及时开工。2009年1月，经过我在市委常委会上提议，市委决定在阿克苏市上海第六批援疆项目管理领导小组下面设办公室，各小组成员明确分工，各司其职。这时我就会更多地发挥援建联络组组长的作用了。作为阿克苏市援疆联络小组的组长，我主要是以援疆小组为纽带，打造一支"特别能吃苦、特别能战斗、特别能奉献"的坚实力量，在具体的工作中抓好援疆干部队伍的建设。例如，我带领8名援疆干部按照"立足当前、项目可行"的原则和由"输血型建设"向"造血型建设"转变的目标，结合当地群众最急需的惠及民生的工程项目，召集了相关职能部门，深入到各乡（镇）场、街道（社区），对新农村建设、教育事业、文化事业、卫生事业、基层阵地建设等方面进行了全方位的考察。两年多来，我跑遍了阿克苏市4乡2镇1场和5个街道办事处，走访了30多家企业，下基层调研30多次。通过广泛地深入调研和听取各个方面的意见，我们确定了教育、卫生、社区、农村建设等四大类9个援疆建设项目，投入援疆专项资金累计3000多万元。在项目的建设中，我严格地把控好建设关、资金使用关和工程质量关，经常带领组员们联系各建设单位，做好项目前期准备工作，也多次召集发改、土地、规划、建设等相关部门召开协调会，解决项目建设中存在的困难和问题。同时，也将建设项目分配到市组成员每个人身上，发挥他们个人的聪明才智。可以说是群策群力完成了各个援疆建设项目。

以援建阿克苏市第五中学为例。2010年3月开工时，这个项目突然出现

◀ 俞浩（右）在当
地农村进行调研
慰问

了问题。施工方认为，学校的选址地势相对周边来说比较低洼，需要大量的
土方填平才可以继续，同时还提出学校土地上方的架空线要挪走的问题。这
也就相当于追加了工程量，资金上就很吃力。我们在援建项目经费上，采取的
是"总量锁定，分步到位"的方针。因为资金到位时间有先后，计划内资金本
来就很紧张，我就让专人盯紧地区财政局，资金一到位就划到工程账户上。但
要解决这额外的资金，可能性几乎是没有的。我找了阿克苏市财政局局长周新
平、市建设局局长曹敬军、市教育局局长李治、地区供电公司及施工方帮忙协
调解决。周局长帮忙解决了部分配套资金，曹局长从其他施工工地免费调来了
土方填平低洼处，供电公司则主动降低了费用，帮忙迁移了架空线，解决了施
工电力的问题……可以说，这为 2010 年 9 月底全面完成阿克苏市上海第六批
援疆项目下了一场"及时雨"。

　　在做好援建项目的同时，我还带领阿克苏市组的援疆干部通过牵线搭桥，
促进了沪阿两地的相互交流与合作。两年多来，阿克苏市先后有 28 批次 253
人到上海考察、培训，上海方面也派出 26 批次 249 人到阿克苏市考察、观摩、
慰问。援疆期间，我们在阿克苏市共举办了 22 期讲座，累计有 2816 人参加了
培训，内容涉及教育、卫生、城市建设管理、公共财政、招商引资等各个方

面。在此期间，我们成功实现了长宁区党政代表团对阿克苏的两次访问。通过与对口单位的合作交流，我们共促成了 12 个合作交流项目，上海市政府、对口单位累计帮扶资金达到 305 万元。与此同时，我们还开展了扶贫帮困、助学献爱心的活动，每年我都为阿克苏市三中、四中贫困学生捐助资金、学习用品等。在阿克苏市遭受沙尘暴自然灾害后，我也是积极地响应组织上的号召，带头捐款，慰问和帮助受难的群众。

深入调研，搞好民生工作

在阿克苏工作的时间里，按照市委的分工，我除了主抓援疆项目外，还分管了当地的民生工程，主要是推进天然气入户工程建设、抓好生态城市创建工作、着力提升旅游产业影响力、重点抓好招商引资工作等。

新疆塔里木盆地蕴藏着丰富的地下资源，石油、天然气储量丰富。离阿克苏市 240 公里的新和县境内的英买力气田就是西气东输的气源地。但长期以来，由于当地的基础设施比较薄弱，只能靠罐装车辆运送天然气，这对经济社会发展和人民群众日常生活都是很大的限制，也存在着严重的安全隐患。为了让当地群众早日使用上方便、清洁的天然气，2009 年元旦前夕，阿克苏市委书记牛学兴找到我，让我带队协调阿克苏市长途天然气管线输送工程。阿克苏市委曾向全市 50 万人民承诺，在 2009 年 11 月之前，保证天然气管道全线开通。到了 500 公里外的库尔勒市，油田指挥部的艾力处长接待了我。他是维吾尔族同志，性格热情直爽。当我把自己的来意说明后，艾力处长有些为难地说，油田方面是非常希望阿克苏市人民尽快用到家门口的天然气，但是，2009 年生产计划里并没有把阿克苏市长途天然气管线输送工程列入进去。2009 年上半年，阿克苏市能否完成管道沿线的踏勘、设计、搬迁、管线铺设等，能否完成与阿瓦提县、新和县、温宿县、兵团城市阿拉尔的协调都还是计划解决的问题。听到这里，我略显激动地说，作为一个上海援疆干部，远在几千公里之外的上海都用到了这里的天然气，而阿克苏人民却没有用上家门口管道天然气，我们如何面对 50 万阿克苏人民……艾力处长被感动到了，且用不容商量的口吻说："这样吧，我负责协调生产计划。"

从库尔勒回来后，根据阿克苏市委主要领导的安排，我与油田方面，地委、行署有关领导进行了沟通、对接，筹划阿克苏市天然气长输管道铺设等工作，成立了工程协调领导小组，由我兼任工程协调小组办公室主任。2009年元旦，塔里木油田派来了工程技术人员，并想方设法从生产厂家仓库调来了设备。为了使管道铺设工程早日开工，我们跟新和县、温宿县、阿瓦提县和农一师团场等进行了沟通，促成召开了"阿克苏市天然气长输管道建设工程协调领导小组第一次会议"，解决了长输管线建设中有关线路、征地、拆迁、补偿等问题。同时，也多次带领天然气施工单位负责人前往油区实地勘察，研究制定了由英买里至阿克苏市的天然气长输管线铺设方案。2009年10月，全长150公里天然气长输管道全线铺通，11月正式通气，结束了阿克苏市天然气依靠罐车运输的历史，还满足了周边县（市）的用气需求。为进一步做好城市居民生活环境质量提升工作，我还多次到现场调研，多次召集市法院、建设、财政等有关部门召开协调会议，依法妥善解决了城市生活垃圾无害化处理工程建设项目遗留问题。

2008年，阿克苏市取得了"国家森林城市"的荣誉称号，成为获得这项殊荣的全国第二个县级市和西北唯一的城市。为进一步提升城市竞争力和提高市民幸福指数，2009年市委提出了争创"国家生态城市"的目标，并交给我来主抓。在工作中，我带领环保部门，对照和分析了创建指标，创造性地提出了在创建"自治区模范城市"的同时，同步进行创建"国家生态城市"的前期工作，指导相关部门制定了实施方案，邀请了国家专家组来我市对创建工作进行专业性的指导。之后，我们编制完成了《阿克苏市创建国家生态市规划》和辖区内5个乡镇的《创建国家环境优美乡镇规划》。同时，我们还根据污染减排的目标，指导环保部门在污染减排工作上下大力气，全面提高污染防治的水平。

分管旅游工作期间，我接待了来阿克苏参观旅游的各类考察团，与有意来阿克苏投资旅游项目的企业进行洽谈合作，实地考察了多项旅游项目。为了充分发挥"国家森林城市"和"中国优秀旅游城市"的品牌效应，大力实施市委提出的"1358"旅游精品工程，展示阿克苏市丰富多彩的自然景观、人文资

源以及厚重的历史文化、民族民俗风情，我们成功举办了"2009 新疆国际旅游文化美食节暨阿克苏市首届旅游文化美食节"、"十佳景区（点）"评选、南疆三地州成就建设巡展等一系列活动，不断扩大阿克苏市在区内外的知名度和影响力。同时，每次回到上海，我都会积极地向上海的亲朋好友推介阿克苏，鼓励他们来阿克苏旅游。几年来，我成功邀请了上百位企业家到阿克苏走访、考察。

落实县级领导干部联系社区、村、企业工作制度。几年来，我先后十多次深入到新城街道团结社区、建设社区、库木巴什乡阿亚巴格村、祥云机电有限公司等对口联系点，与领导们座谈，同工作人员、企业职工、农民群众进行了广泛深入的交流，帮助他们解决存在的各类实际困难。同时，我也积极深入到市工商局、喀拉塔勒镇、八校等活动联系点，指导学习实践科学发展观活动深入开展。认真做好县级领导大接访，积极协调解决上访群众的热点难点问题，按照市委的统一安排部署，认真做好各项维稳工作。

在充分认识到招商引资工作对阿克苏城市经济和社会发展重要性的基础上，我积极向上海派出单位、行业部门和内地其他城市宣传、推介阿克苏市的特色资源、优势产业和优惠政策，取得了一定的成绩。2008 年 8 月底，我作为负责人率领阿克苏市委、市政府相关领导及有关单位人员组成招商团，到乌鲁木齐参加了第 17 届乌鲁木齐对外经济贸易洽谈会（简称"乌洽会"）。参会期间，我们和近百家企业进行了广泛的交流洽谈，与各地企业商会和政府招商部门、经济协作部门、工商联以及当地电视、报刊等主流媒体广泛接触，借助高端平台，宣传了"轻纺、农副产品加工基地""重化工基地""中国棉都、中国枣园"的主题。在乌洽会上，我们与各地企业签订了 32 个招商引资项目，涉及石油化工、农产品加工、矿产品开发、商贸服务等多个行业，签约金额达 43.26 亿元，创历史新高。2009 年，自治区确定在阿克苏规划建设总规模 600 万锭的"新疆棉纺织工业城"，根据市委的安排，我们会同招商局一班人，到外地考察、学习他们的先进管理经验的同时，还积极同纺织企业协商来阿克苏投资创业的可能性。

无怨无悔，践行援疆使命

援疆一待就是两年多，我深知语言不通、气候干燥、饮食习惯不同，可以说是人生地不熟，我更知新疆的条件艰苦，任务艰巨，但我仍然义无反顾地下定决心，不管是家里的困难还是工作上的困难，我都有信心克服。上海的各级组织及政府相关部门，为援疆工作提供了强而有力的资金、项目等方面的保障，为推进两地合作交流创造了良好的氛围。新疆当地各级组织和领导为援疆干部也创造了良好的环境，工作上放手支持、政治上充分信任、生活上关心照顾，各部门关心援疆、支持项目，使我们援疆干部倍感温暖。上海单位的领导、同事，每年都来阿克苏看望、慰问我们，不仅带来了家乡人民的祝福、祝愿，还带来了组织的关心和牵挂；家属、朋友每年都来阿克苏看望我们，嘘寒问暖，遇到节日时，总能收到上海的礼物，可以说，一人援疆、亲人支持、全家奉献，家人是我援建工作的坚强后盾和强大支撑。当地的干部也给我们送上节日的祝福，邀请我们做客。总之，各级组织、领导的关心举不胜举，这一切都已升华为我们做好工作的强大精神动力，坚定了我不辱使命、恪尽职守、一心一意做好援疆工作的信心。

讲到这里，不得不提我们的援疆联络小组。我们一起倡导过好"感情关、生活关、工作关"，关心好身边的同志，定期、不定期地开展谈心活动。休假期间，我拜访了各援疆干部所在地的组织部和派出单位的领导，通报援疆干部的情况和需要组织关心解决的困难；带头执行重大事项汇报制度、周末学习交流制度、外出请销假报平安制度、定期谈心制度等，使组内成员加强了交流沟通与团结协作；倡导小组集体学习与个人自学相结合，加强政治理论、业务知识、经济、人文科学知识等方面的学习。每周五下午我会组织小组成员集体学习，做到了学习有计划、有目标、有笔记、有思考、有见解。鼓励小组成员根据自己兴趣爱好、业务特点及个人需求，自主选择确定学习专题和学习方向，利用业余时间加强自学等。正是因为我们在新疆共同的努力和奉献，使我从心里感受到这段工作经历和兄弟之情的弥足珍贵。在阿克苏的几年时间，我真切地感受到，援疆不仅仅是参与建设的过程，更是一次心灵净化的过程，经过工作实践，我在理想信念、思想作风和工作能力等方面都得到了锻炼，增进了新疆情结，加深了对各族人民群众的感情。

两年多来的工作实践，使我进一步加深了对党中央援疆工作重要性的理解。选派援疆干部，开展干部援疆工作，是党中央、国务院为促进新疆发展、维护新疆稳定做出的一项重要决策部署。做好援疆工作对巩固国防、维护民族团结、维护祖国统一具有重要的意义。援疆工作不是一项普通的任务，而是一项既艰巨又重要的政治任务。完成这一光荣而又艰巨的任务，必须要在政治上树立高度的政治责任感和使命感；思想上要始终坚持"三个代表"的重要思想，努力提高政治鉴别力，在复杂的环境中经受各种考验；工作上要有真才实学的业务能力、深入实际严谨的工作作风和较强适应新疆工作环境的能力；生活上要经受艰苦场合的考验提高生活自制力。只有以"求真务实"的态度、扎实严谨的作风和开拓创新的精神，把落实科学发展观和构建和谐社会真正落到实处，才能做好援疆工作。

援疆的时间是短暂的，但在我的人生旅途上已留下了深深的印记。援疆工作，给我提供了宽阔舞台，丰富了我的阅历，磨砺了我的意志，强壮了我的筋骨，开阔了我的胸襟，升华了我的灵魂，特别是阿克苏人民的勤劳、淳朴的气质，阿克苏干部的自信、坚强、忘我、拼搏的状态，对我来说，都是一份弥足珍贵的幸福和殊荣，都是一笔不可估量的宝贵财富。这些不仅会成为我今后人生道路中一段美好的回忆、幸福的经历、难忘的岁月，还必将激励着我在今后的人生历程中不断发扬阿克苏市精神，即"天山雪松、戈壁红柳、绿洲白杨、沙漠胡杨的'坚定信念、执着追求、坚忍不拔、甘于奉献'"，这一切的一切都值得我永远珍惜、回忆。

坚守初心：做好沪克教育搭桥人

鱼东彪，1969 年 5 月出生，江苏兴化人。曾任上海市现代职业技术学校教师、教导助理、校长助理、副校长，长宁区劳动技术教育中心主任兼书记，长宁区青少年科技指导站站长等职。2015 年 8 月—2018 年 8 月，任新疆维吾尔自治区克拉玛依市教育党工委委员、教育局党组成员、副局长，上海援疆克拉玛依分指挥部党支部副书记、长宁组组长，兼任长宁区青少年科技指导站站长、长宁区劳动技术教育中心主任等职务。现任长宁区教育局副局长。

口述：鱼东彪
采访：王佩娟　袁鲁宁　祝　慧
整理：王凤兰
时间：2020 年 3 月 18 日

2014 年 5 月，中央召开第二次新疆工作座谈会，决定加大对口援疆的工作力度。2015 年，北京市、上海市分别开展干部人才对口支援乌鲁木齐市、克拉玛依市。智力援疆、人才援疆增强"造血"功能，是提升新疆发展软实力的重要举措。当时我在长宁少科站工作。经过组织上的层层选拔，我终于如愿到达新疆克拉玛依市，开始为期三年的援疆之旅。在上海市教委，尤其是长宁区教育局的大力支持下，沪克两地教育取得一系列交流、合作的成果，同时，为克拉玛依市创办一流教育提供坚实的人才和智力支撑。

教育转型，师资培养是关键

克拉玛依是新疆维吾尔自治区地级市，位于准格尔盆地西部，是国家重要的石油石化基地和新疆重点建设的新型工业化城市。2015 年 8 月 27 日，我和14 位援克兄弟离开上海到达克拉玛依，开始我们的援克征程。随着对这座城市的深入了解，我感觉身上的担子越来越重。但当地党委、政府对我们的关怀和关心，人民群众对我们的关注和期盼，都化作动力推动着我们前进。在学习黄超群同志事迹后，我对"进疆为什么、在疆干什么、离疆留什么"这三个问题进行了深入思考。后来，我总结为：进疆为什么？不忘初心。在疆干什么？真抓实干。离疆留什么？优质资源。

援疆期间，我担任的是克拉玛依市教育局党工委委员、局党组成员、副局长，分管教师继续教育中心、职业与成人教育科、网络管理中心、青少年科技活动中心，主管各级各类学历教育、社区教育和社会化力量办学、高等教育、职业教育、校外教育工作、教师培训、青少年科技教育、网络和信息化建设工作，还有一些与上海对接的工作。同时，还担任上海援疆克拉玛依分指挥部党支部副书记和长宁组组长。

我们到新疆的时候，当地教育正面临着转型关键期。原以为西部的教育比较落后，但是通过了解我们才知道，克拉玛依是一座不一样的城市，虽然地处祖国的西北边陲，但教育理念还是很先进的。克拉玛依的教育很早就把"为了每一个孩子的终身，为了每一个孩子的成功"作为教学活动的理念。2013 年，克拉玛依就开始学习北京十一学校的办学模式和实践经验，实行选课走班制，学生根据自己的兴趣、爱好来选课，进行专业的调整。当时的上海还没有改革到这一步。原来我认为，人才援疆就是把课上好，或者把领导交办的事做好就可以了。但是了解到上述情况后，我觉得上海的教学模式跟当地还是有所不同。人才援疆肯定不能如我之前想的那样，应该是通过这三年的援疆，两地相互学习、合作交流、取长补短、共同提高，这跟其他地方的扶贫有所不同。

在这样的教育转型改革形势下，我积极投身到克拉玛依的教育转型工作中。面对教育转型，当时老百姓也不明白，很迷茫，也不是太支持。曾经有人问我，你对现在的教育转型工作有什么看法？我说转型改革有些是自下而上的，有些是由上而下的。我们这次改革是双方面推动的，一方面是老百姓对于优质教育的需求，另一方面是政府对优质教育均衡的发展。这两方面形成合力，不再是唯分数论，而是以发展学生综合素质为目的。改革是有阵痛期的，只要坚持，我相信会成功的！同时，教育转型改革不是有了理念、有了经验做法就会成功，一定要脚踏实地进行调查研究。我不可能把上海或者长宁的经验原本原样地复制过去，这不现实，也不明智，还是要根据当地的实际情况，找到改革突破的重点、难点、痛点。

尽管克拉玛依城市条件不错，但是对教师的集中培训，不像上海有一套专门的体制机制和队伍来实施。他们一年的教师培训量大概不到3000人次。2016年，我们做了一个少数民族教师的培养计划，正好赶上上海市第二批人才援疆。于是，我们就"订购"了数学和物理两个学科的上海教师到少数民族学校进行带教，以提高少数民族教师整体的教学水平和能力，因为我们感觉这些教师并不是不想提高，而可能是苦于各种资源的局限。之前，我们也请了延安初中、泸定中学、天山中学以及青浦的六位数学和物理教师，分别带教两三名少数民族的教师。上海教师去听课，课后跟少数民族教师一同备课、探讨、批改作业。当时我们有这方面的简报，这些少数民族的教师觉得这种模式很不错。

这之后，上海市教委和上海市特级教师联谊会连续三年选派优秀教师到克拉玛依讲学。从幼儿园、小学、初中到高中，所有的学科都请了上海市优秀教师进行大批量的培训，效果是比较好的。例如，第一次公益讲学活动，上海市教委、复旦附中、市教研室等一行11人组成了"上海市特级教师联谊会"讲师团到克拉玛依开展公益讲学活动。公益讲学活动开展了三天，讲师团总共举办了15场专题讲座。其中，有教学基本环节的改进、教师的专业发展与卓越教师的成才之路、信息技术环境下的课堂教学3场通识培训，还有面向初中语文、英语、数学、物理、化学、学前教育等学科教师的12场专业培训，受训教师达1700多人次。讲学活动内容可以说是丰富多彩，贴合了教育综合改革的趋势、核心，主题也是围绕课程、评价、教师专业发展等改革热点、难点，拓宽了教师的教育教学理念，丰富了教师的专业知识能力，对进一步提升克拉玛依市教师队伍教育教学能力和水平发挥了积极作用。

在引进上海优秀教师的同时，我们还把大量的优秀管理人员和教师送出去，用"引进来，走出去"的方式，对沪克教育进一步融合。最早我们设计了一个"影子计划"。顾名思义，就是新疆的校（园）长来到上海，像影子一样跟着上海的校长，上海校长则对他们进行全过程、全透明地帮教。相对来说，当时新疆的教育教学管理还是比较粗放型的，他们没有过多地考虑这些细节问题。按照对接的计划，他们会定期选派当地优秀的校（园）长到长宁区相关学校、幼儿园进行挂职培训。例如，第一批"影子计划"中的克拉玛依第五中学钱卫军校长、雅典娜小学李欣桐校长、艺术幼儿园王蓉园长分别到上海市长宁区华政附中、天山一小、基金会幼儿园进行两个月的挂职学习，近距离学习上海的先进教育理念、创新的课程体系、鲜明的办学特色，明白教育的本质就是文化与精神的传承，学校发展是历史发展与愿景的和谐统一，对所从事的教育事业有了新的定位和认识。就这样，我们每年搞两期校长和管理者的"影子计划"，上半年一批，下半年一批，每批次人数大概四五个。当时克拉玛依来上海挂职的校（园）长主要是长宁区的校长、教师来带教。"影子计划"我们做了八期，现在还在进行中。

除此之外，上海市加大对人才培养的资金支持力度。2017年，时任上海市委副书记尹弘特批每年500万元经费，作为人才培训的支出。有了经费，我们又做了一个沪克访问学者计划，邀请克拉玛依市的教师（教研员）等到上海进行为期三个月的浸润式访学，就是这些教师（教研员）全部在学校里面，比如长宁区教育学院、延安中学、市三女中、愚园小学、天山小学等，最好的教师到最好的学校进行体验融合性的学习和交流。

我们还在克拉玛依市成立了由上海援疆教师主持、市骨干教师参与的"上海援疆名师工作室"。全市各中学推荐的一线骨干、优秀教师组成工作室核心团队。核心成员来自各校的推荐，并且带领一两名重点培养教师，共同进入名师工作室内学习、研讨。援疆教师带领团队共同确定研究的课题。其间，我们充分发挥上海援疆名师的引领、示范和辐射作用，通过课题研究提高全体成员的科研能力和水平，最终形成科研性的成果。工作室核心成员将通过名师送课、集体会课、示范课、研讨课、专题讲座、名师博客、论坛等渠道，以增强课堂教学的开放性，促进沪克两地研究成果共享，推动克拉玛依市教育转型跨越。

当然我们还有一些其他的培训。从师资培养这方面来说，我觉得成就还是比较大的。2015年，我们只能培训3000多人次，2018年就可以达到15000人次。总的来说，当地教师在此过程中有获得感，我同样也有幸福感和成就感。

结对互助，合作交流共成长

交流合作是援疆工作永恒的主题。目前，长宁区有七八所学校和克拉玛依市的学校进行两地结对交流活动。除了市、区级层面以外，基础学校也有共建，比如天山中学与克拉玛依实验中学、天山一小和克拉玛依雅典娜小学等都是结对学校。2016 年 9 月，长宁区教育局与克拉玛依市教育局共同签订了《关于开展基础教育互助成长计划的合作协议》。按照这一协议，未来三年内，长宁区教育局将整合辖区内各类优势教育资源，为克拉玛依市基础教育工作提供更多的智力支持和项目支撑。

网络教育方面。克拉玛依市网络管理中心和上海市电化教育馆积极对接，就"上海市专题教育网"在克拉玛依市落地的方案达成了一致的意见。这个很重要，实际上，广大的当地师生就可以直接接触到上海地区的先进信息化资源，为开展线上、线下的学习提供便利，也为克拉玛依市搭建高质量、便捷的信息化教育平台提供支持。为了丰富优质、高效、便捷的教育信息资源，克拉玛依市教育局还积极引入"上海市高中名校慕课平台"，就是初高中学生利用假期可以浏览课程信息，选择自己感兴趣的课程。当时这个平台，上海也是刚

◀ 鱼东彪（右一）与
当地学生在一起

建设不久。

基础教育方面。2015 年 10 月，克拉玛依市基础教育质量监测中心派出三位成员到上海市教委教研室，进行中小学教育质量综合评价方面的学习和指导。在这个基础上，形成了《克拉玛依市中小学教育质量综合评价指标（试行）》。同时，继续推进沪克两地"1 + 11"基础教育互助成长计划，开展"智障学生综合训练教育""中小学教育质量综合评价改革实验的实践研究"和"区域推进小学作业效能监测工作的实践研究"三个合作项目的实施交流活动，项目合作上也是逐渐细化深入，在相互探讨的基础上寻找聚焦点。

职业教育方面。2017 年 8 月，克拉玛依市教育局与上海电子信息职业技术学院签订了《共建新疆克拉玛依市职业教育战略合作协议》《上海电子信息职业教育技术学院 克拉玛依职业技术学院 2017 年职业教育合作工作计划》，明确了在人才引进、师资培养、专业设置等领域两地职业技术学院开展交流与合作，帮扶克拉玛依市职业技术学院提升办学质量、办学水平。同年 10 月中旬，上海电子信息职业技术学院专家团队一行 8 人前往克拉玛依职业技术学院开展学科建设指导工作，考察团队分别从专业、职能及学生管理等方面与克拉玛依职业技术学院相关职能管理部门和专业系、部对接交流，分享双方的教育教学管理经验及专业建设经验，精准对接克拉玛依市职业技术学院发展需求。此外，考察团队结合实地调研克拉玛依华为云服务数据中心、中国移动（新疆）数据中心的情况，讨论确定了 2017 年对口帮扶克拉玛依职业技术学院的工作方案，从指导专业建设、师资队伍建设、管理能力提升、信息化建设等四个方面开展帮扶，为双方今后职教合作的顺利推进奠定了良好基础。结合克拉玛依市委、市政府建设"匠心之城"的要求，依托上海援疆政策支持，克拉玛依在上海援克指挥部协助下，充分利用上海优质教育资源，如上海开放大学与克拉玛依广播电视大学签订战略合作协议。2017 年 11 月 15 日，克拉玛依"沪克工匠学院"正式揭牌成立，面向产业工人、在岗人员和创客人群开展学历提升、非学历培训。学院邀请到著名的全国劳模、"五一劳动奖章"获得者、华东师范大学国际航运物流研究院院长、教授包起帆分别为克拉玛依市政府部门、新疆油田公司、克拉玛依劳模、技术能手、职业技术学院师生等群体作铸造工匠精神的专题报告。同月下旬，沪克工匠学院按照前期制定的实施方案，组织克拉玛依 15 名市级劳模、技术能手赴上海工匠进修学院，参加工匠能力提升系列研修培训。按照计划，2018 年初，工匠学院将正式启动培训以及学历教育工作。当时举办了首批克拉玛依工匠能力提升系列研修班，发挥上海开放大学平台和自主设置专业的优势，为克拉玛依量身定制开设两或三个本科专业，科学系统地培养精益求精的"工匠型"专业技术人才，为当地培养具备工匠精神的高素质劳动者。

项目合作方面。2017 年 5 月，克拉玛依市项目组一行 26 人到上海市长宁区就三个合作项目开展交流学习，举办了第一期指导交流和培训跟岗活动。项目组成员通过观摩课堂、阅读基础资料、学习专题报告、交流技术层面问题，逐渐掌握了项目的框架构建与实施载体，通过返校后的不断实践探索，"作业效能"项目组的老师们结合原有项目，申请了多个自治区以校为本的小课题研究项目，为进一步推进作业效能实践奠定了理论基础；"三个指数"项目组通过吸收上海地区的评价理念，借鉴了先进的评价体系，自主研发了符合他们实际的测评工具，并且跟上海专家们进行了多方探讨、求教，形成了与先进地区同等水平、克拉玛依市独立的教育质量监测方法；"智障训练"项目组明确了特殊教育教学育人的方向，为特殊学生群体开展生活技能课程打下良好的基础。同年 10 月，长宁区教育局项目专家组到达克拉玛依，积极开展指导、交流活动。三个项目的负责人及上海友好学校的领导代表扎根项目实验校（园）、区，走访交流、答疑解惑，为项目的整体推动提供合理化建议和指导，受到当地师生的热烈欢迎。在此基础上，他们结合克拉玛依教育的实际，组织师资骨干力量开发慕课资源，积极构建克拉玛依教育慕课平台，让更多师生享受更加优质的教育信息资源平台。为了丰富克拉玛依终身教育资源，通过上海援疆克拉玛依分指挥部的牵线，上海市教育局联合市图书馆、克拉玛依区社区学校，建立了"沪喀市民大学堂"克拉玛依合作基地，上海市教委袁雯副主任专程来克拉玛依揭牌，并向克拉玛依社区学校、市图书馆、教育局赠送了 1000 册上海终身教育系列学习读本，向克拉玛依市赠送了网上学习资源。

传递大爱，与克市人民同进步

　　全体"援克"干部在做好本职工作之外，还积极开展各类关爱行动，让援疆之爱播撒克拉玛依。关爱困难同学，与迪娜拉、依孜法尔等三位家境困难的小朋友结对，与他们一同欢度六一儿童节，共享美好童年时光；赠送学习用品和书籍；在古尔邦节前，我们为他们送去了节日礼物。

　　关爱困难病患。2016 年 5 月 19 日，正在驾车送乘客的河南籍务工人员关保仁突然发病。千钧一发之际，被恰巧乘车路过此地的孙韬、贺天临、许诺等援疆专家发现，几位专家的及时施救，使关保仁脱离了危险。事后，我们"援克"指挥部了解到，关保仁一直是靠跑出租车为生，一同来克的妻子和女儿也在克市打工。因为没有医保，各项医药费用很快超出了关保仁一家的承受能力。了解到关保仁的困难后，我们请示了姜冬冬副市长。在党支部的组织下，15 位援疆干部为关保仁捐赠了 3000 元钱。后来，援疆干部力救心脏病突发的出租车司机及全体援克干部开展爱心募捐的事迹在克拉玛依乃至全国引起广泛关注，传递着上海援疆工作的正能量。

　　援疆干部和基层干部群众相互尊重、相互欣赏、相互帮助，主动投入"民

◀ 鱼东彪（左三）与结对家庭交流

族团结一家亲"三进两联一交友"等活动。我们和克拉玛依第十四小学的哈萨克族小朋友迪娜拉、第三中学 403 宿舍的 6 名来自和田的维吾尔族同学结对，定期看望他们并开展谈心活动。这里我讲讲迪娜拉。迪娜拉的家庭十分困难，结对的时候，她才刚上小学一年级，爸爸妈妈都是到克拉玛依打工的外地人。当时我们有规定，要跟少数民族同志打成一片，一个月要有五天同吃同住，每天交伙食费。现在我还跟他们保持联系，时常寄东西过去，我想帮她到考上大学。

回顾这三年的援克经历，收获颇丰，感慨万千。"援克不做客，援疆做干将"的誓言铭刻在我心中。三年的援疆生活是我生命中最重要的一段经历，虽然有许多困难和不适应，但都一一克服了，收获了成长，收获了友谊，留下了两地教育交流合作的平台。在这里，我要感谢两地各级领导、同事、朋友们对我的无私帮助和信任。最要感谢的是我的家庭，正是他们的默默支持和付出，使我没有后顾之忧，我才能全身心地投入援疆工作中。

"智力援疆"新模式　脚踏实地促发展

　　邓大伟，1977年3月出生，山东定陶人。曾任杨浦区房屋土地管理局副科长，上海市规划和土地管理局主任科员，长宁区规划和土地管理局副局长。2017年2月至2020年2月，担任新疆维吾尔自治区克拉玛依市克拉玛依区委常委、副区长。回沪后，担任长宁区住房保障和房屋管理局党委书记、局长。

口述：邓大伟

整理：祝　慧

　　根据组织安排，我于 2017 年 2 月 22 日抵达新疆维吾尔自治区克拉玛依市，开始了为期三年的援疆工作。三年来，我担任中共克拉玛依市克拉玛依区委常委、副区长，分管生态环境保护、规划土地、工业与信息化建设、科技、卫生计划生育，协助城市建设管理、经济发展，联系对外交流工作，同时担任"援克"长宁组组长。在上海大后方的关心和支持下，在上海"援克"前方指挥部的正确领导下，在当地党委、政府的直接领导下，我任实职、担实责，认真学习，积极工作，取得了很大收获和一定工作经验。

坚定树理念，勤俭固作风

　　在援疆三年中，我始终把学习贯彻习近平新时代中国特色社会主义思想作为首要的政治任务，按照"守初心、担使命、找差距、抓落实"的总要求，认真参与"不忘初心、牢记使命"主题教育，增强"四个意识"，坚定"四个自信"，做到"两个维护"。把思想和行动统一到中央重大决策部署上来，始终与党中央保持高度一致。

　　我始终以身作则，坚决贯彻中央八项规定精神、自治区十项规定和克拉玛依市委、区委若干规定要求，自觉抵制"四风"，在思想上筑牢廉洁自律和拒腐防变的防线，做到大是大非不糊涂，坚持原则不动摇。我也认真学习《中国共产党员纪律处分条例》，带头遵守《中国共产党党员领导干部廉洁从政若干准则》，自觉用制度约束自己的行为，做到廉洁奉公、勤政为民，自觉与各种腐败现象作斗争。在日常生活中，我则坚持简单、节俭的生活，不仅严于修身、严于律己，还严格要求分管部门的领导和工作人员，以实际行动树立廉洁自律的良好形象。

援克不作客，踏实促发展

在实际工作中，我按照援疆工作职责的要求，自觉转变、勇于担当，创新思维方式和工作方式，积极主动向领导和同志们学习请教，紧密联系工作实际，扎实推进各项工作有序开展。

一是牢固把握工作重心，在落实"总目标"上积极作为。按照自治区党委"一年稳住、两年巩固、三年基本常态、五年全面稳定"的总体工作规划，我始终把聚焦"新时代党的治疆方略，特别是社会稳定和长治久安总目标"作为最重要的任务，全面贯彻自治区党委反恐维稳"组合拳"。三年间，我每月两次进行 24 小时维稳带班值班，以高度的责任心全面掌握克拉玛依区"维稳"情况，确保把不稳定的隐患消灭在萌芽状态；同时，我也坚持每周两天到所联系的社区开展工作，全面掌握社区"维稳"、党建、群众工作等各项工作情况，检查各项要求落实情况，牵头协调解决重点、难点问题，着力夯实基层基础。我不提条件、不打折扣、不搞特殊，与当地干部以同一标准接受自治区党委巡视组、"维稳"暗访组、"访民情、惠民生、聚民心"驻村工作督查组的各项工作检查。

我还坚决执行区委要求，与维吾尔族、哈萨克族、回族三位民族"亲戚"结对，每两个月入住五天，平时定期家访，做到"五同"（同吃、同住、同学习、同劳动、同娱乐）。我们在一起聊工作情况，话日常生活，更谈民族大义。在结对期间，我以真情换真心，用自身的实际行动维护和促进民族团结。这段经历也让我进一步加深了对"以人民为中心"发展理念的理解，对如何增进群众的获得感、幸福感和安全感也有了更深刻的体会。

二是攻坚克难，推动城市规划建设管理上新台阶。在规划土地管理方面，

▲邓大伟（左二）和当地群众话家常

我充分利用在上海市及长宁区规划土地部门的工作经验，牵头相关部门制定完善了克拉玛依区土地领导小组会议制度，制定了《克拉玛依区紫砂矿产资源保护制度》和《克拉玛依区土地储备工作方案》等相关制度，为规范规划土地管理打下了基础。

在城市建设方面，我引入上海规划团队，积极参与项目规划，努力提升克拉玛依区规划建设水平。我牵头对全区拟推进的项目规划及建设方案进行把关；协助推进区数字经济产业园规划、建设及运营工作，组织编制产业园区规划，明确产业导向，优化空间布局；协助推进大农业马拉松赛道、区小微产业园等项目前期规划工作。

在城市管理方面，整个克拉玛依区共划分为六个片区，我担任银河街道片区长，负责银河街道范围内城市管理工作。我坚持每周两次到街道办公，共处理历史遗留难题45件，协调解决突发事件6件，协助推动日常城市管理问题的解决。我还牵头制定《银河街道城市管理联动方案》《银河街道执法队伍下沉社区办法》等制度，有效提升了片区城市管理水平。

我记得2018年发生了几起大事件。10月11日，银河街道通讯社区数十户居民因供暖问题至区政府集体上访，得到消息后，我立即赶往现场，安抚居民情绪，并召集区住建、市政、供暖公司、开发企业、物业公司等单位召开现场会，当日解决问题，保证了群众供暖。11 月 25 日、12 月 5 日这两天，克拉玛依遭遇六十年一遇的两场大风灾害天气，风力最高达 13 级。接到预警后，我立即动员组织力量，全片区无死角排查风险隐患，广泛告知各社区群众，做好防范工作。大风到来时，我和街道工作人员在街道办事处坚守，救灾应急，彻夜未眠。次日上午风力减弱后，我立即动员力量进行灾后恢复工作，重点进行户外广告牌、墙体保温层、屋顶热水器等设施检查，避免发生伤亡事故。两次大风灾害的应对，均得到市委、市政府的高度肯定。

三是贯彻"以人民为中心"发展理念，提升民生保障水平。克拉玛依作为一座在戈壁滩上兴起的石油城，群众买菜难、买菜贵是一道民生难题。我按照克拉玛依区委要求，牵头区发改委、商信委、住建局、规划局等部门，赴乌鲁木齐、奎屯等地考察学习，结合上海"菜篮子"工程的做法，认真研究直销店选址布局、建设管理、菜品配置、价格控制、物流渠道等问题，形成推进方案并抓紧实施，于 2017 年底前在全区建成 31 家便民蔬菜直销店，有效保障了元旦、春节期间平价蔬菜的供应，受到群众好评，市委主要领导也数次予以肯定。

克拉玛依长期油、地不分，导致物业管理市场化进程步履维艰。2017 年油、地分家后，物业管理矛盾开始显现，至 2018 年全面爆发，缺少油田补贴的物业公司难以运营，反映房屋质量、物业管理等问题的群众上访加剧。面对这种情况，我协助克拉玛依区委、区政府主要领导，充分调研，深入研判，出台《克拉玛依区物业改革方案》，提出三年分三步走策略，先治标后治本，从解决群众现实问题入手，力争用三年时间完成物业市场化进程。改革方案实施后，效果已经显现，物业管理方面群众信访量也呈下降趋势。

与此同时，我还牵头克拉玛依区卫健委，积极借鉴上海长宁区工作经验，在全市率先组织编制完成了《克拉玛依区全民健康行动计划》，积极推进培育健康人群、营造健康环境、构建健康社会、优化健康服务、发展健康产业等五类、二十项专项行动。2018 年初，为推进区域医疗联合体建设，克拉玛依市委、市政府决定将区属 5 家社区卫生服务中心整体划转至市属医院，过程可谓困难重重：得知划转决定的 122 名基层医卫工作人员，因担心待遇问题，人心浮动，如处理不当，易引发群体矛盾；同时，市级医院考虑经费、工作量等问题，不愿接手，协调难度大。区委决定由我牵头推进此项工作。我首先会同相关部门确定"划转不降待遇"原则，积极与基层医卫人员沟通，确保划转期间工作不断、不乱。同时，联合市相关部门，多次召开协调会，解决市级医院经费问题。在区委主要领导关心下，最终划转工作按时间节点平稳有序完成，为推进克拉玛依医改打下了基础。三年来，我共促成长宁区卫健委来克拉玛依区考察 6 次，促成长宁区卫健委选派三批次共计 12 名医疗卫生专家到克拉玛依区卫健委挂职，实地指导克拉玛依区医联体建设、分级诊疗、家庭医生签约等医改重点工作。通过充分借鉴长宁区的成功经验，推动克拉玛依医疗卫生工作再上新台阶。

四是充分发挥桥梁作用，努力提升两地合作交流水平。结合沪克两地需求，我积极对接上海虹桥商务区和东方国际集团，于 2019 年 7 月 24 日在克拉玛依区成功举办以"服务国家一带一路倡议，促进沪克两地融合发展"为主题的"进博会商品走进克拉玛依"活动，集中展示了 120 个品牌，共计 7000 件进博会商品。此次活动积极服务于国家"一带一路"倡议，将"海上丝绸之路"的龙头城市上海与"丝绸之路经济带"的重要节点城市克拉玛依有机结合，呈现了进博会"6 + 365 天"的辐射、溢出和带动效应，进一步提升了克拉玛依的招商能力和营商环境，为将克拉玛依打造成为进博会辐射中亚的平台打下了基础。

旅游业是新疆的重要战略性支柱产业之一，而携程集团、春秋集团均为注册在长宁的国际知名旅游品牌企业，拥有丰富的旅游大数据资源和较强的旅游策划运营能力。2019 年 7 月 26 日，在长宁区政府的大力支持下，携程集团与克拉玛依市旅游局签订战略合作框架协议，约定在克拉玛依旅游市场定位、品牌打造、民宿项目及市场影响力推进等方面进行合作；2019 年 9 月以来，春秋集团多次与克拉玛依市政府对接，探讨航线及旅游等合作内容，全方位助力克拉玛依航空及旅游业发展。

在长宁区援疆工作中，克拉玛依区经济基础较好，但劳务缺口大。在长宁区援滇工作中，绿春县贫困户多，脱贫攻坚任务重。2019 年 4 月，我牵头组织克拉玛依区相关部门至云南绿春县，在长宁区政府见证下，签订两地长期劳务合作合约。绿春县贫困人口赴克拉玛依工作，既能有效解决务工人员脱贫问题，又可解决克拉玛依用工难问题，是对口支援合作交流工作的一次有益尝试。

长宁区高度重视援疆工作，三年间，长宁区委、区人大、区政协主要领导分别带队考察克拉玛依，看望援疆干部。以此为契机，两地在教育、商务、科技、安全、卫生健康、城区规划建设管理以及市场监督管理等领域建立了合作交流关系。克拉玛依市共选派 3 批次 10 名党政干部至长宁区挂职锻炼，共选派 7 批次 115 名医生、教师及政府工作人员赴长宁考察学习，两地有关部门、单位共签订合作协议 13 份，建立了全方位的合作交流关系，为有效促进克拉玛依稳定发展各方面工作打下了坚实基础。

五是做好团队建设，凝聚团队合力。作为援克长宁组组长，我积极服务、主动关心每一位组员的工作和生活，大家团结一致，形成合力，共同承担起援疆重任。在工作上，我们注重发挥各自优势，定期交流、互通有无、互相激发、共同促进、形成合力。在生活上，我们互相关心、亲如一家，营造温馨和谐的大家庭氛围。同时，我们严格按照要求进行工作经费的管理和使用，确保每一分钱都用在与援疆工作相关的事项上。

打赢污染防治攻坚战，提升生态环保硬实力

中央环保督察组于 2017 年 8 月进驻新疆，为期一个月。为保质保量完成中央环保督察组交办的信访案件，我作为生态环保工作分管区领导，充分借鉴上海"五违四必"整治经验，高位推进，综合执法，打破部门之间的壁垒，打通法律法规之间的障碍，形成合力，强化问责，最终做到交办案件全部在规定时限内妥善处理完毕，圆满完成迎检任务。同时，将这一过程中的做法形成制度，长期坚持并不断完善，从而促进当地生态环保水平上一个新台阶。

中央环保督察进驻期间，克拉玛依区共接到 16 批 29 件信访件，占全市信访件的 57%。我牵头组织城管执法、市场监管、卫生防疫、住建、环保、消

防、公安等多个部门，组成联合执法小组。在中央环保督察组入驻的一个月时间内，共计联合执法 12 次，对有关违法违规企业责令整改 27 家、立案处罚 7 家、罚款金额 19.48 万元，共问责 14 人，约谈 18 人。对督察组交办的信访案件，我们做到及时回应群众，不遮不掩，加强宣传报道，及时发布和更新信访案件查办情况，共发布宣传稿件 16 篇，有效营造了全社会支持、参与、监督环保工作的良好氛围。

以中央环保督察为契机，我从生态环保体制机制着手，构建了由克拉玛依区委书记、区长亲自挂帅，政府为主导、企业为主体、社会组织和群众共同参与的生态环境治理体系，为全力打好克拉玛依区污染防治攻坚战提供了有力的组织和制度保障。一是加强顶层设计，推动区委、区政府专门成立了由区委书记任主任、区长任第一副主任的克拉玛依区环境保护委员会，高位推进落实生态环境保护"党政同责""一岗双责"主体责任。二是理顺工作机制，先后制发了《克拉玛依区污染防治攻坚战实施方案》《克拉玛依区建成区及周边"散乱污"专项整治工作实施方案》《克拉玛依区餐饮业油烟、噪声污染监管方案》《克拉玛依区贯彻落实自治区生态环保大会精神坚决打好碧水保卫战的实施方案》《克拉玛依区贯彻落实自治区生态环保大会精神坚决打好净土保卫战的实施方案》等系列文件，进一步厘清工作、明确任务。三是压实目标责任，按照"党政同责、一岗双责、失职追责"和"管发展必须管环保、管生产必须管环保"的原则，层层分解责任，通过签订《环境保护目标责任书》，严格落实《国家生态文明建设示范县指标》和《克拉玛依市环保目标责任书》各项任务，并纳入绩效进行定期考核。同时，加强协作配合、凝聚多方合力，确保各项环保工作任务稳步向前推进。

三年间，克拉玛依区生态文明建设规划通过自治区评审，启动并完成了"十三五"环境保护规划编制工作，推动克拉玛依区积极创建全国生态文明城区。克拉玛依区共完成了 37 个 10 蒸吨以下燃煤小锅炉淘汰改造工作，分别完成二氧化硫、氮氧化物主要污染物重点工程减排量 3400 吨、1700 吨，高效完成了减排任务。2018 年，克拉玛依区空气优良率为 94.3%，2019 年 1 月—10 月，空气优良率为 97.5%。且克拉玛依区重点监测湖库各项监测指标均达到国家地

◀ 邓大伟（左一）
带队拆违执法

表水Ⅲ类水质标准，全区集中式饮用水水源水质均达到或优于Ⅲ类，实现全区建成区无黑臭水体。三年来，克拉玛依区空气、水、土壤质量持续好转，污染防治攻坚战成效明显。2017 年、2018 年，克拉玛依区生态环境保护工作在市政府绩效考核中均位列全市第一。

思考新模式，感悟新体会

不带资金，不带项目的"智力援疆"是一种新援疆模式，通过这三年的探索，我感到"智力援疆"模式的核心在于"扎根本地，有机嫁接，积极作为，留下制度"。我通过在受援地任实职、担实责，了解实际需求，发现实际问题，在解决问题的过程中，有机嫁接上海的优势资源和做法，积极作为，并将行之有效的做法固化为制度，使"智力援疆"的成果能够长期发挥作用。

援疆之前，尽管也经历了市、区多个工作岗位，但均是在上海这样一个相对单一的大环境下工作。三年的援疆经历，让我深刻感受到了祖国之大、国情之复杂。新疆与上海在发展阶段、人口构成、地域文化等方面的不同，决定着工作目标和工作方法上的差异，这些差异化的对比，加深了我对国情的了解，从而对党和国家制定的大政方针、发展战略以及具体政策有了更深入的认识。

　　三年援疆，是我毕生难忘的经历，也是我一生中最宝贵的财富。我见证了在以习近平同志为核心的党中央的坚强领导下，新疆各族干部群众团结一致，共谋发展的波澜壮阔的历史进程；见证了新疆旅游业井喷、消费增长、经济持续向好的历史变化。

　　在这三年间，我历经党的十九大召开、改革开放四十周年、中华人民共和国成立七十周年等关键节点。结合学习习总书记关于新疆工作的历次讲话，我深切地体会到，自己必须承担起克拉玛依区委、区政府交派的工作任务，在全区层面酝酿、开展、推动分管领域工作，并强化落实，一抓到底；通过担任克拉玛依区委常委、副区长职务，我全面了解区县工作情况，从全区层面系统思考工作、处理问题，从而提高工作站位，增强综合分析、处理问题的能力。通过处理中央环保督察案件、突发事件以及群众集访等重点、难点问题，增强了我在面对困难问题时的底气，在面对复杂局面时的胆气。三年的工作历练，既有经验积累也有角色转换，既有埋头苦干也有思考探索，感到收获很大。我为生在改革开放伟大时代而庆幸，为能加入民族复兴征程而自豪，为参与到对口支援这一国家战略而倍感荣光。

　　在今后的工作中，我将在习近平新时代中国特色社会主义思想的指引下，勇于担当，恪尽职守，为实现中华民族伟大复兴的中国梦而做出自己应有的贡献！

点科技合作之灯　走科技创新之路

江平，1968年7月出生，江苏镇江人。曾在海军东海舰队训练基地、海军上海基地等单位服役。2009年部队转业，先后任上海市长宁区北新泾街道副调研员、长宁区人口和计划生育委员会副调研员、长宁区卫生和计划生育委员会副调研员、长宁区卫生和计划生育委员会副主任、长宁区卫生健康委员会调研员。2017年2月—2020年1月，作为上海第九批援疆干部任新疆维吾尔自治区克拉玛依市科学技术局副局长。现任长宁区新泾镇党委副书记。

口述：江　平
采访：王佩娟　袁鲁宁　祝　慧
整理：贾彦春
时间：2020 年 3 月 19 日

克拉玛依市是新中国诞生的第一座油城，它成立于 1958 年，被喻为共和国石油"长子"。克拉玛依坐落于新疆准噶尔盆地西北缘，下辖克拉玛依、独山子、白碱滩、乌尔禾四个行政区，总面积 7733 平方公里，现有人口约 46万。"克拉玛依"系维吾尔语"黑油"的意思，是世界上唯一以石油命名的城市。乌尔禾区的"魔鬼城"是克拉玛依市重要的旅游景点。2019 年克拉玛依 GDP是 972.9 亿，人均 GDP 达到 20 多万元。克拉玛依经过六十多年的发展，居民收入、就业创业、社会保险、群众幸福感、城市治理等领域都非常好，城市干净、有序、安全，获得全国文明城市、旅游城市、卫生城市、安全城市等荣誉。

2014 年，全国第二次新疆工作会议明确对口支援新疆要全覆盖到所有地州市。在此之前，唯独乌鲁木齐和克拉玛依没有对口支援的省市。对乌鲁木齐和克拉玛依的支援，称作"人才援疆"。人才援疆，是因为乌鲁木齐市、克拉玛依市的社会经济发展比较好，不存在脱贫攻坚问题。乌鲁木齐作为省会城市，资源相对聚集；克拉玛依是座石油城，人均 GDP 排全国前列。人才援疆就是如何把当地社会经济发展得更好、更全面。2015 年 8 月，上海作为克拉玛依对口支援省市，第一批援建克拉玛依干部人才共 15 名，主要由医生和教师组成。第一批人才援克时间是一年半。在援建过程中，为了更好地帮助克拉玛依城市转型发展，第二批上海对口支援克拉玛依干部人才中增加了 7 个三年期的副处级岗位。2017 年 2 月，第九批上海对口支援新疆，也是第二批上海对口支援克拉玛依的 23 名干部人才奔赴克拉玛依，我成为他们中的一员，任职克拉玛依市科学技术局副局长，首次开启了沪克科技合作的新征程。

刚到克拉玛依时，我由于缺乏科技工作岗位的经历、缺乏科技系统的人脉及资源、缺乏科技知识的认知、缺乏科技合作的项目等，自身压力非常大，常常感到迷茫、忐忑。怎么解决这个问题？没有科技资源可以寻找资源，没有项目可以创造项目，没有经费可以争取经费。我就给自己定个了三年目标：第一年找资源、建关系，第二年搭桥梁、建平台，第三年全方位、建机制。既然有了目标和方向，我就朝着这些方面努力地工作。

三年来，我牢固树立"援克不做客，援疆做干将"思想，积极借助上海科技＋长宁卫生资源优势，着眼上海援克"1＋6＋X"的工作机制，通过"人才＋项目＋资金"模式，搭建桥梁纽带，较好推动了沪克两地在科技平台建设、科技合作交流、招商引智、人才培养、成果转移转化和基层社区党建、医疗卫生事业等领域的合作交流工作，为克拉玛依城市转型发展提供了强劲动力。

搭建科技协同创新平台
让沪克科技合作成为"一带一路"的新支点

上海在打造国际科创中心的过程中，已经成为"一带一路"建设中的"桥头堡"；克拉玛依在打造北疆区域中心城市的同时，也成为新疆天山北坡经济带上的重要"支点"城市。如何打造沪克科技协同创新平台，也就摆上了议事日程。通过协调准备，2018 年 8 月，克拉玛依市先进科技联合研究院与上海科学技术交流中心共同组建了沪克科技协同创新促进中心，并在 2018 年沪克科技成果对接会上揭牌。这个中心主要围绕沪克两地科技合作与交流开展信息咨询、转移转化、人才培训、金融服务等工作，努力把它打造成面向长三角地区与中北亚地区的融合发展中心，面向"一带一路"中北亚地区的科创交汇中心。几年来，借助沪克科技协同创新平台，2018、2019 年连续两年成功举办了"科技援疆交流活动暨沪克科技成果对接会",并先后促成国家技术转移东部中心克拉玛依分中心、上海理工大学克拉玛依技术转移中心、上海工程技术大学激光制造技术协同创新中心克拉玛依分中心落地克拉玛依。通过三年的沪克科技合作交流,我们在沪克科技合作中找到了克拉玛依这个新支点。上海开展"一带一路"建设,以前可能更多的是面向欧洲、东南亚,中亚这一块还是比较少的,资源无法对接,所以需要一个"桥头堡",一个支点城市。刚好有上海对口支援克拉玛依项目,在未来的科技合作中如何用好这个"桥头堡""支点",面向中亚、面向俄罗斯开展"一带一路"倡议和建设落实工作就非常重要。2019 年 10 月,我们首次在克拉玛依召开了上海—中北亚科技创新研讨会,参会的有俄罗斯、日本、法国、哈萨克斯坦等多国专家学者,研讨交流比较成功。克拉玛依市将以此为契机,依托上海科技资源的力量,将会进一步加强与中北亚地区的多层次科技合作,实现新的领域、项目、技术的合作,为共同发展打开一扇门。

建立多层面协作关系
让沪克科技合作成为东西部协作的新亮点

之所以说是东西部科技协作,是因为克拉玛依人均 GDP 很高,城市发展得比较好,城市治理水平也比较高。克拉玛依面临的不是贫困收入低、发展滞后的问题,而是产业如何实现多层次发展,产业如何转型,由单一产业转为多项产业。对克拉玛依的对口支援不是帮扶,是协作,沪克科技合作是协作关系。克拉玛依有中国石油大学克拉玛依校区、克拉玛依职业技术学院、克拉玛依医学院等好几所院校,加上新疆油田、独山子石化、克拉玛依石化等大型企业,克拉玛依的科研应用技术力量非常强。同时,上海院校多、科研院所多、专家学者多,如何发挥好上海的科技资源,衔接好与克拉玛依之间的协作,将是科技合作的一个新亮点。前几年,沪克两地主要开展了激光和能源开发方面的合作,下一步可在信息技术、化工产业、人工智能等方面合作上多下功夫。年前,克拉玛依已经跟华东理工大学、东华大学有了初步接洽和合作意向。2017 年以来,克拉玛依市委、市政府领导多次带队,前往上海市科委、上海

2019 年 10 月 15 日，在 2019 年中国（克拉玛依）国际石油天然气及石化技术装备展览会期间与参展的上海航天能源公司代表交流

科技交流中心、上海工程技术大学、上海大学、华东理工大学、上海理工大学等单位走访交流。通过广泛深入的交流沟通，双方多层次签订了一系列沪克科技合作协议。克拉玛依市科技局与长宁区科委、克拉玛依先进科技联合研究院与上海科技交流中心签订了 10 多个合作协议。2019 年 8 月 7 日，以"创新驱动·协作共赢"为主题的 2019 科技援疆交流活动暨沪克科技成果对接会在克拉玛依成功举行。会上，上海市科委与克拉玛依市政府签订了战略合作协议，标志着沪克双方在科技领域的合作迈上了一个新台阶。上海市科委优选的节能环保、智能制造、智慧农业等领域 25 个项目也在会上进行交流、洽谈，上海新能源科技成果转化与产业促进中心，上海张江高校协同创新研究院、上海海洋大学、上海理工大学、上海大学、上海航天能源股份有限公司、上海交通大学能源研究院分别与克拉玛依市科技局、克拉玛依先进科技联合研究院、克拉玛依市独山子区人民政府、克拉玛依市科力节能环保技术有限公司、新疆海纳同创智能科技有限公司、洲际海峡能源科技有限公司、新疆汇翔激光科技有限公司、新疆宇澄热力股份有限公司和克拉玛依市昆典科技服务有限公司举行了 8 个科技合作项目的签约仪式。这些活动为加强沪克科技合作交流、提升克拉玛依科技创新能力奠定了良好的基础。

注重科技创新人才培养
让沪克科技合作成为引才引智的新途径

几年来，我们采取"走出去""请进来"的方式，多途径为当地培养各种科技人才。同时，依托上海高层次专家人才平台，强化人才服务机制，共同为沪克两地科研人才创造优良的工作交流平台，为两地优秀科技人才在克拉玛依市创新创业创造条件。

聘请高端人才。2019年11月，在上海举办的克拉玛依城市推介会上，克拉玛依市政府聘请了包起帆等上海10名知名学者为克拉玛依科技顾问。每一位专家、每一位院士背后的科技含量、科技资源、科技的产业都是无法想象的，用好科技顾问这个资源，是沪克科技合作交流中引才引智的新途径。

到上海办班。2018年6月，我们在上海交通大学举办了一期科技管理人才培训班。2019年6月，我们在上海科技管理干部学院举办了一期企业高级管理人员研修班。

在克拉玛依办班。2018年8月，请上海科技专家在独山子区举办了一期科技创新人才培训班。2019年7月，为了解决中小微科技型企业融资难的问题，独山子区、白碱滩区（高新区）专门邀请上海市科技创业中心等单位科技金融方面的专家到克拉玛依开班讲课。几年来，我们先后举办了各类科技管理人才、创新人才等培训班5批次200多人次。另外，先后安排市科技局、乌尔禾区科技局2名干部到上海市长宁区科委进行为期三个月的挂职锻炼。

三年来，落实医疗专项、教育专项、中国石油大学（北京）克拉玛依校区专项科研经费共计300万元。围绕科技创新人才培养，向自治区推荐了"2017年度青年科技创新创业人才"35人、"自治区创新环境（人才、基地）建设"专项13项、"天山创新团队计划"2项。

加强科技成果推介
让沪克科技合作成为转移转化的新向标

2017年底，上海市科委发布《2018年度"科技创新行动计划"国内科技合作领域项目指南的通知》，主要是围绕地区实际需要和当地科技部门的项目等开

► 2019 年 8 月 29
日，在第十届中
国科学院——新
疆科技合作洽谈
会期间与新疆禾
伯农业科技有限
责任公司科技人
员交流

展科技方面的合作。2018 年初，克拉玛依市首次被上海市纳入"科技创新行动
计划"国内科技合作领域项目指南合作地区，先后共推荐了 20 多项沪克合作项
目。2019 年，克拉玛依市科力节能环保技术有限公司与上海海洋大学合作的"新
疆油田注水管网余压发电技术研究与示范应用"被上海市科委纳入年度科技支持
项目。我们围绕激光新产业，开展了《上海工程技术大学与克拉玛依先进科技联
合研究院产学研战略联盟 2018 年行动计划》，这也成为第一个落户克拉玛依的战
略产业联盟。上海工程技术大学与汇翔激光公司合作的"激光智能焊接及表面改
性关键技术在石油装备领域的应用研究与示范"获得了克拉玛依市科技重大专项
的支持。2019 年 4 月，我们组织上海航天能源股份有限公司到克拉玛依开展新
疆油气田分布式综合利用技术推介会，与相关企业达成合作意向。2019 年 10 月，
我们围绕智能网联汽车测试基础建设的预想，积极协调上海科学院、松泓智能汽
车科技有限公司等机构和企业来克拉玛依现场进行调研和洽谈。

引进科技创新平台
让沪克科技合作成为提升科创能力的新引擎

克拉玛依为进一步提升创新服务能力，鼓励共同组建相关的国家、自治区重点实验室和工程技术研究中心、院士工作站、创新中心等科技平台。制定相关政策，引导上海各高校科研院所及其他相关单位在克拉玛依进行项目中试验，实现沪克大型科学仪器设备共享共用。创造条件，引导上海科技服务机构作为沪克科技合作的重要组成部分向克拉玛依延伸。开展国际科技合作与交流，共同致力于与相关国家和地区开展石油等能源领域的科技合作交流，提升国际合作成效与能级。结合克拉玛依建设绿色金融改革试验区建设实际，强化双方科技金融合作与交流，打造了良好的科技金融发展环境。例如，先后联手上海科技交流中心和上海科技管理干部学院，开展了《新疆克拉玛依市科技政策评估及体系建设研究》和《新疆克拉玛依科技金融现状及发展对策研究》等。学习借鉴上海"绿色技术银行"的成功经验，结合克拉玛依实际推广运用，引导上海相关产业引导基金、投资机构、社会资本落地克拉玛依。推动两地在科普场馆运营、科学知识传播、数字科普成果等方面的资源共享。促进两地在科普资源挖掘、科技活动周、科技下乡等方面优势互补，协助克拉玛依建设网上科技馆，探索科普教育新途径。合作举办并互相参与科技创新论坛、研讨会等创新活动。组织参加浦江创新论坛、中国（上海）国际技术进出口交易会、中国创新挑战赛等国内外知名活动，组织政府、学界、企业界高层知名人士到克拉玛依参访和举办专场活动等。

援疆总有限，爱疆永无限。作为科技援克的参与者与推动者，我深深地体会到，沪克在科技领域合作取得的喜人成绩和越来越打动人心的变化，那就是双方合作的意愿更加强烈，双方合作的领域和项目更加精准。克拉玛依这座石油工业城市及开放包容的人们对科技援克的重视、对科研帮扶的渴望以及对科技的热爱和对科研工作者的崇敬，都非常让人感动，而克拉玛依独特资源衍生的科研项目也不断吸引着上海方面的各大高校和科研企业、科研人员来到这片土地上。

既然来援助克拉玛依了，不管是科技工作还是其他工作，只要在我能力范围内可以做到的，我都会去促成它，牵线搭台，不断践行"援克不做客"的诺言。

由于自己曾经在长宁区卫生健康委工作的经历，我在做好科技援克的同时，也努力协调好长宁卫生与克拉玛依卫生的合作。在上海市对口支援克拉玛依市前方指挥部的积极协调下，长宁区卫健委与克拉玛依市卫生医疗机构建立了长期良好的合作援建关系，先后与克拉玛依区卫健委签订了"手拉手"三年行动计划，安排了新华等 4 个社区卫生中心与克拉玛依区 4 个社区卫生中心结成对子。每年安排 4 名社区卫生专家到克拉玛依区卫健委或社区卫生中心挂职，重点就社区家庭医生工作、医联体建设等工作进行了指导交流。帮助促成了上海交通大学附属同仁医院与独山子人民医院签订了对口支援合作关系，开通了远程医疗，在独山子人民医院成立了泌尿诊治中心，安排 8 人次医疗专家到独山子人民医院开展相关学术交流活动。协调安排了 40 多人次克拉玛依市各医院医护人员、社区家庭医生赴长宁区各医院、社区卫生中心挂职学习等。2019 年还协调同仁医院与克拉玛依市公安局共同签订了医疗服务援建协议，为克拉玛依市公安局有医疗需求的公安干警及家属在上海提供快捷方便的医疗服务"绿色通道"。另外，我帮助克拉玛依市科技局联点的白碱滩区沁苑社区争取到上海市长宁区援助克拉玛依资金 40 万元，并将社区打造成上海援克指挥部的第一个上海援克社区党建示范点。

援克三年，上海对我们的关心和支持是我印象最深刻的，也是我最需要表达感谢的。上海的关心和支持既有市层面的，也有区层面的。这三年，长宁区主要领导及长宁区卫健委领导每年都会到克拉玛依考察、指导工作，给我们以关心、鼓舞和支持。上海市科委、上海科技交流中心等单位领导和上海理工大学、上海工程技术大学等院校领导，也对克拉玛依的科技发展提供了非常多的支持和帮助。正是有了各方面的关心和支持，才有了今天沪克科技合作的广阔天地。

有一种情怀，是背起行囊，远赴边疆；有一种奋斗，是负重前行，绽放生命。三年来，我把支援新疆工作作为人生经历和党性磨砺来追求，把克拉玛依当作自己的第二故乡来热爱，把搭好科技援建桥梁作为工作目标来打造。别了，克拉玛依！戈壁滩上的璀璨明珠！愿您的明天开出更加绚丽的科技之花！

为了克拉玛依教育的腾飞

吴凯，1971年10月出生，江苏武进人。曾任上海市省吾中学团委书记，仙霞高级中学教师、年级组长、教导处副主任、科室主任、校长助理、副校长。2006年9月—2008年6月，挂职长宁区北新泾街道精神文明建设办公室副主任；2011年8月—2012年7月，赴云南省红河哈尼族彝族自治州金平县八一中学支教，挂职八一中学副校长；2012年10月—2014年4月，挂职长宁区教育局终身教育科；2017年2月—2018年7月，对口支援新疆维吾尔自治区克拉玛依市，任克拉玛依区教育局党组成员、副局长。现任上海市现代职业技术学校副校长。

口述：吴　凯

采访：王佩娟　袁鲁宁　祝　慧

整理：王凤兰

时间：2020 年 4 月 3 日

2017 年 2 月底，我作为中共中央组织部委派援疆干部中的一员，来到了克拉玛依市，担任克拉玛依区教育局副局长。当飞机降落在冰雪覆盖下的克拉玛依时，我终于确认自己来到了平生第一次踏足的土地——新疆。说句实话，没来新疆之前，心里总有些惴惴的，亲友们送别时也是不停地嘱咐："千万注意安全。"记得来克拉玛依前的那段时间，我在网上搜罗研究了大量关于当地的资料。尽管各方面讯息都颇显乐观，不过在心里还是保守地给这个"第二故乡"打下了诸如"荒凉、苍茫、贫瘠"之类的标签。但当我真实地在此地生活时，却深切地认识到这些想象的片面性。

克拉玛依——我的第二故乡

克拉玛依是一座非常文明的城市，人们的精神状态等方面都很不错。当时这里汉族人口占总人口的 70%，其余 30% 的少数民族，主要以维吾尔族、哈萨克族等为主。先说一下我对这座城市的印象。克拉玛依是我国人均 GDP 比较高的城市之一。去了之后我才发现，当时经济状况其实并不是非常好，因为石油价格大幅下降，地方政府的收入减了不少，这些都给我们的工作带来了一定的压力：有一些项目，因为经费的问题就没有办法操作。我们做的项目多数是上海的资金援助，当地确实没有这方面的财政经费。在克拉玛依，少数民族兄弟姐妹讲话虽然我们听不懂，但随着交流的深入，我逐渐就适应了。我们和当地的少数民族干部、同志也逐步做到了"五同"，即"同吃、同住、同学习、同娱乐、同劳动"。

援疆期间，我担任的是中共克拉玛依区教育党工委委员、党组成员、副局长，分管基教办和教研室工作。克拉玛依区是克拉玛依市的中心城区，范围广、人口多、学校多，人口占整个克拉玛依市的80%，GDP占比也是最多的。克拉玛依区共有4所中学、17所小学、18所公办幼儿园和12所民办幼儿园。当时，整个克拉玛依市教育改革正处在深化发展的阶段。原来区教育局只是负责幼儿园和小学的教育教学管理，从2016年底开始，一些市属的中学也逐渐地划归区教育局管理，区教育局的压力比较大。克拉玛依区教育局人员原来的管理模式基本是以幼儿园、小学为主，对于中学的教育教学管理有一定欠缺。我在这种背景下，被安排到区教育局副局长这个位置，负责基教办、教研室、后勤、人事等工作。

援疆不只是在专业上对口的支援，更是维持国土完整、维持国家稳定、促进民族团结、加深民族了解、反对三股势力的有效措施。在这片土地上，世代居住着多民族的人民，大家共同维持着这片土地的繁荣和稳定。出于历史原因，新疆仍然存在着许多亟待解决的问题，个别地方经济存在差距、教育资源不够丰富、医疗服务急需提升。为提高广大新疆人民的经济发展教育生活和医疗水平，国家组织了大量援疆干部奔赴新疆，参与当地建设。作为一名教育工作者能够参与这样一项伟大的工程，是个难得的机会，也是无上的荣誉。思想上的提高与升华，使自己能够更加积极主动地参与到援疆工作中去。

立章建制——促进教育发展

来援疆，当不辱使命，干出样子。临行前，领导们多次嘱咐我，要铭记三句话：为什么来新疆？在新疆做什么？离开新疆留下什么？作为一名援疆的教育人，本着"到熔炉学习历练"的奋斗精神，我时刻要求自己俯下身子，撸起袖子，干出样子。教育人要敢于啃"硬骨头"，要担当时代的见证者，作为一名教育专业技术人才，在克拉玛依区教育局工作期间，我积极参与当地的教育教学活动，尽自己所能，提升克拉玛依区教育质量。

我一到区教育局就积极投入工作，学习自治区、克拉玛依市相关文件，深入了解八所学校统一编班情况，为统一编班出谋划策。2017年之前，新疆是"民汉分校"的，就是这所学校招收民族学生，那所学校招收汉族学生。当然招收汉族学生的学校里面可能有一少部分少数民族学生，但是不多。2017年开始，"民汉合校"和"民汉合班"成为趋势，就是少数民族的学生和汉族学生合在一个学校或班级中，让孩子们逐渐融入"五同"。"民汉合校"与"民汉合班"之后，我们遇到一个比较现实的问题：少数民族学生与汉族学生高考要求、难易程度不一样。因为考试的内容与要求不同，把这些不同要求的学生混编在一个学校或一个班级，个体差距上比较大，给教学带来困扰。在做完调研之后，我就和区教育局长做了交流，交流的主要内容是舍弃"标杆校"。克拉玛依区的教育有个"标杆校"，就是用统一的模式进行教学。"标杆校"模式确实好，但是拿这套模式去套其他学校的教育教学就有问题，这样的教学忽略了不同学校之间的差异。经过反复沟通，后来克拉玛依区基本放弃了"标杆校"的做法。各学校依据校情、学情、教情，自主选择教育教学模式与方法，来解决"民汉合校""民汉合班"等带来的差异性难。其间，我按要求做到"三进两联一交友"。"三进"就是要进学校、进课堂、进宿舍，"两联"就是要联系学生、联系家长，"交友"就是和学生交朋友，每一个教育局的干部都要有几个学生作为自己的帮扶对象，和他们交朋友。我感觉这在形式上、内容上增加了汉族和少数民族之间的感情，也为解决合校、合班问题提供了比较好的思路。

除此之外，根据分管工作，我每学期开学初都会组织基教办和教研室对部分中小学开展教学调研工作，同时还配合市教育局对南湖中学、第三中学、第七中学、实验中学、康城小学、第二小学、第十一小学等学校进行春秋季学期开学工作调研。我从开学工作情况、新学年工作重点、规范办学、教育教学、德育及家庭教育、教师培训、智慧校园、双语教育等八个方面对学校工作进行

"三进两联一交友"——吴凯（后排左四）与少数民族学生同娱乐交朋友

了深入了解。对每所学校我都要求当天检查、当天反馈，即充分肯定成绩与经验的同时，也明确指出他们存在的问题和不足，督促学校落实、整改。

到克拉玛依市克拉玛依区教育局一个月以后，我就受区教育局委派，在市教育局党组副书记、纪工委书记陈玉渊的带领下，陪同克拉玛依市教育局、市财政局、市编办等相关领导考察了上海市长宁区、青浦区以及山东省济南市、潍坊市等地校长职级制的实施情况，并对克拉玛依可能出现的问题进行了较为深入的探讨。这次考察工作使我深受启发，为克拉玛依市施行校长职级制改革取得了比较多的宝贵经验。根据区教育党工委的要求，经过前期调研和充分酝酿，我指导区教育局人事部门制定出了《克拉玛依区中小学校长职级制实施方案》。短短半年多时间，通过调研、走访和查阅资料，我发现区教育局在民办非企业教育培训机构设立审批以及日常行政管理方面存在一些漏洞。鉴于此，我及时同相关领导和负责同志进行了沟通，跟区教育局幼教办相关人员共同学习了《民办教育促进法》，讨论制定出《克拉玛依区教育局行政约谈通知书》《克拉玛依区民办幼儿园管理办法》《克拉玛依区民办幼儿园设置标准》《克拉玛依区民办幼儿园办学水平评估指标》等文件，并且以这些文件规范克拉玛依区"民非"教育培训机构的办学行为，使区教育局在民办教育方面实现了制度管人、制度管事的良好局面。2017 年 11 月，局领导让我负责筹划新建的城南幼儿园办园模式探索，做出可供领导选择的办园方案。我趁回上海出差的机会，向长宁区相关单位学习、探讨。回到克拉玛依后，我撰写出了城南幼儿园办园模式的三种方案，供领导们参考选择。

牵线搭桥——增进合作交流

作为克拉玛依市克拉玛依区教育局副局长，我上任后的第一个大的任务就是对克拉玛依市第三中学"内初班"开展调研。由于区教育局没有相关的教研人员，为了使工作能够顺利开展，我充分调动区内其他中学的骨干力量，一起参与到调研当中。通过走访调研，我发现第三中学在提高教学质量方面积累了不少好的经验，但同时也存在着一些不足，比如说课堂教学效率有待提高，部分教师课前准备不充分，对教材拓展不够、补充不足、挖掘不深，师生互动少、联系学生实际少，对学生的自主学习与合作学习能力的培养重视不够，总体上还是较为传统的授课模式。针对这些问题，我主动找区教育局和三中的领导交流看法，提出问题并给出了建议。2017 年，我利用 7 月下旬到上海出差的机会，我跟延安初级中学的许军校长取得了联系，建议延安初级中学发挥名校的辐射作用，可以与第三中学开展教育交流合作。经过我们的共同努力，克拉玛依市第三中学和上海市延安初级中学于同年 9 月 6 日签约，结成友好学校。在今后的办学过程中，两所学校积极搭建有效、长久的交流平台，在骨干教师培训、教科研及学校管理等方面加强交流与合作。同时，第三中学建立了稳定的选派优秀骨干教师到上海市延安初级中学的学习机制，借鉴、学习延安初中的先进管理理念和经验，实现学校之间的优质资源共享，共同提高办学水平。2018 年 5 月，克拉玛依市第三中学的 4 位老师来到延安初级中学，成功开展了第一次为期两周的学习交流活动。老师们普遍认为这次学习收获很多，要把学到的经验运用到今后的工作中去。

2017 年 5 月，为贯彻和落实上海对口援克精神，在克拉玛依驻上海办事处的协调下，上海大学悉尼工商学院拟在克拉玛依市举行教育部批准自主招生项目专场考试。区教育局领导安排我负责对接该项工作。接到任务之后，我马上同悉尼工商学院招生办取得了联系。了解该项目的具体情况后，我着手撰写了招生方案，并在"克拉玛依零距离"微信公众号和广播电台发布，得到市民的广泛响应。同时，我配合悉尼工商学院做好项目咨询、报名和考试工作，最终招生取得了圆满的成功，得到了悉尼工商学院领导的高度认可。

为进一步优化教师队伍结构，提高教育教学质量，促进克拉玛依区教育事业的均衡发展，克拉玛依市每年9月份选拔访问学者，10月份派到上海，由上海市师资培训中心组织在上海跟岗学习三个月，主要就是在长宁区各个学校进行跟岗锻炼。比如"影子校长"项目，每年大概10个人左右，主要是克拉玛依市中学、小学、幼儿园的校（园）长到长宁区进行交流培训。2017年11月和2018年3月，我带领区教育局相关人员到华东师范大学、东北师范大学、西南大学，四川师范大学、陕西师范大学、西北师范大学、河西学院等高校开展教师招聘工作。工作中我不畏艰苦，有时一天要奔走1000公里的路程，上午还在一座城市面试，下午就要到另一个城市宣讲。由于很多外省市毕业生对克拉玛依市不了解，我们就用大量的时间向他们介绍克拉玛依市、区教育的基本情况，尽量吸引优秀毕业生来克拉玛依任教。我们休息有时全靠在路上的几个小时。经过近一个月的不懈努力，我们团队较好地完成了上级交办的招聘任务。

服从安排——认真履行职责

三年来，我服从组织安排，主动承担了"维稳"工作，充分认识到敏感时期做好"维稳"防范工作的重大意义，也在思想上牢固树立了稳定压倒一切。每月参加单位的"维稳"值班，十九大和"两会"期间我主动放弃休息时间，深入到社区开展夜间巡逻和流动人口、出租房屋等重要部位的排查、清查工作，开展好、维护好民族团结维护社会稳定教育，及时研判情报信息，结合当前"维稳"工作形势提出合理化的意见、建议。

为贯彻落实自治区《关于印发自治区区内协作扶贫工作方案的通知》要求，克拉玛依区教育局高度重视与喀什市及阿克陶县的协作扶贫工作，2017年5月，我带领局教研室语文、数学两位教研员，胜利、西月潭两所幼儿园的

◀ 民族团结一家
亲——吴凯（左）
与叶尔甫拉提结
对交友同学习

园长和语文、数学各一位老师，到阿克陶县和喀什市开展送教活动。其间，我们一共开了6节展示课、8次讲座，参与听课的老师和学生充分肯定了送教老师扎实的教学功底、娴熟的教学艺术。课后经阿克陶县教育局的盛情邀请，临走前又针对阿克陶县的青年教师增开了2节示范课。短短一周的送教，对老师们而言，是一段美好而难忘的经历。带上对教育的热忱，带去对教学的思考，我们尽自己的力量做到最好，也成就了更好的自己。

2017年初，在单位开展的"民族团结一家亲"活动中，我和叶尔甫拉提结成了亲戚。一年多来，我们有事常商量，没事多走动，成为无话不谈的好兄弟。我们经常在一起谈心，沟通交流，相互都感受到了对方的真情实意。在2018年回沪休假期间，我还主动为叶老师的儿女们带回学习用品，进一步增进了我们之间的友谊。2017年11月开始，我自觉履行自治区党委的决定，认真落实"民族团结一家亲结对认亲"活动和"两个全覆盖"工作，坚决按照自治区党委和克拉玛依市委要求，每两个月开展一轮入住，每轮入住叶尔甫拉提家5天，开展"五同""五讲""四就（救）"活动，真正做到了学习在一起、生活在一起、劳动在一起、活动在一起、成长在一起。这些实践让我深刻地认识到，作为党员干部一定要时刻牢记党的宗旨，自觉增强党性观念，要身体力行做好民族团结各项工作。

　　三年的援疆工作，也让我更加深刻地认识到了援疆工作的重要性和我们援疆干部的责任重大。中国特色社会主义阔步迈进了新时代，这意味着近代以来久经磨难的中华民族迎来了从站起来、富起来到强起来的伟大飞跃，迎来了实现中华民族伟大复兴的光明前景；意味着科学社会主义在 21 世纪的中国焕发出强大生机活力，在世界上高高举起了中国特色社会主义伟大旗帜；意味着中国特色社会主义道路、理论、制度、文化不断发展，拓展了发展中国家走向现代化的途径，给世界上那些既希望加快发展又希望保持自身独立性的国家和民族提供了全新选择，为解决人类问题贡献了中国智慧和中国方案。援疆期间，我结合克拉玛依区的实际和岗位职责，进一步增强了"四个意识"，扎实推进了各项援疆任务，为克拉玛依社会稳定和长治久安做出积极贡献，为实现中华民族伟大复兴的中国梦贡献一份力量。

　　援疆是我人生中最为宝贵的一段经历。在新疆的 500 多个日日夜夜，是短暂的，更是永久的；是艰辛的，更是幸福的；是平凡的，更是美丽的；是付出的，更是收获的。我将永远铭记自治区、克拉玛依市、克拉玛依区委以及克拉玛依区教育局领导对我的关怀和培养，永远铭记边疆各族人民的深情厚谊。今后我会更加努力地工作，时刻心系边疆，希望能为新疆的发展稳定、民族团结和教育事业做出更多、更大的贡献。

我的甘德援青之路

　　祝华，1966年5月出生，上海人。曾任上海新泾机械厂职工、厂办主任，上海县新泾乡团委书记，新泾乡对外协作办副主任，长宁区新泾镇工业资产经营公司经理，长宁区新泾镇经济科副科长，长宁区新泾镇人民政府办公室主任，长宁区新泾镇镇长助理，长宁区北新泾街道办事处副主任。2010年7月—2013年7月，挂职任青海省果洛藏族自治州甘德县委常委、副县长。回沪后，任长宁区仙霞新村社区（街道）党工委副书记、仙霞新村街道办事处主任，长宁区仙霞新村街道党工委副书记、仙霞新村街道办事处主任。现任上海万宏工业投资（集团）有限公司党委书记、董事长。

口述：祝　华

采访：王佩娟　袁鲁宁　祝　慧

整理：王凤兰

时间：2020 年 3 月 16 日

　　按照中央第五次西藏工作座谈会精神，为加大对青海省工作支持力度，推动青海省实现"四个发展"（即跨越发展、绿色发展、和谐发展和统筹发展），2010 年 7 月，我作为上海选派的第一批援青干部中的一员，来到青海省果洛藏族州甘德县担任县委常委、副县长。

　　来果洛州之前，我甚至都没有听说过这个地方。这里是三江源的源头，但它跟三江源距离又很远。青海省是中国省境面积中最大的省份，果洛州正好处在四川、青海、甘肃交界的地方。刚去的时候确实跟我们想象的差异比较大，果洛州的甘德县平均海拔 4200 米，气候恶劣，年平均温度为零下 4 摄氏度，全年无绝对无霜期。2010 年，我了解到甘德县与果洛州的其他县一样，地广人稀，总面积 7000 多平方公里，全县共有六乡一镇，34000 多人口中 98% 是藏族。甘德县地处偏远，基础设施薄弱，还有几个乡镇电网、道路没有得到覆盖。当时甘德县产业单一，以畜牧业为主，经济发展比较滞后，年财政预算收入不足 600 万元。

适应环境、熟悉情况，完成规划编制

　　为了尽快熟悉当地情况，尽快进入工作状态，一到甘德县我就主动与县党政主要领导进行了一次情况沟通，积极争取地方组织和领导的支持和指导。首先，我拟定了一份前期调研提纲。为使前期调研工作能实现上下联动、体现真实性、加快工作进度，在县委组织部领导和县政府办公室领导的参与下，我们向全县乡镇和相关职能部门下发了开展调研工作的通知。到高原后虽然自身的高原反应非常大，还发起了高烧，但依靠大剂量的退烧药，我每天坚持奔波数百公里到各乡镇了解和熟悉情况，走访和看望牧民家庭。晚上回来后，我再挂点滴、吸氧气。同时，我坚持翻阅甘德县近年来的文件资料，梳理每天走访的情况，汇总各基层单位提供的材料。经过十多天的调研和阅读资料，我基本掌握了甘德县的大体状况，完成了初步调研材料的收集。

我负责做上海对口果洛州的规划编制，把各县经济社会的状况，包括对民生、教育、卫生、道路、交通、生态保护等的展望详细规划清楚。三江源虽然自然资源比较丰富，但是不能开发，一旦开发，就有可能破坏当地水源环境，因此果洛州没有一揽子的产业规划。现在对口支援主要是突出以民生为主，当地老百姓需要什么，政府提倡做什么，上海能够做什么。通过这个规划的编制，我感受到当地干部、群众有强烈的发展愿望，也有很多好的想法。这也让我从侧面了解到当地干部的敬业精神、奉献精神，条件艰苦却很有韧性。

按照青海省和上海市对口支援工作提出的总体要求，果洛州委、州政府与上海市相关部门和各区县达成的共识，结合我们每位上海援青干部之前对各县经济社会情况排摸的结果，我们起草了《上海市对口支援青海省果洛藏族自治州 2010—2013 年及未来 10 年总体规划》，参与了《上海市对口支援果洛州开展干部挂职锻炼、教育培训以及人才交流工作规划》的讨论。在对口援助项目的安排上，我们主要是围绕"中央要求、较长打算、当前急需、上海所能"的工作原则和"统筹兼顾、集中集聚、注重实效"的工作方针，突出了"民生为本、规划为先、面向基层"的援助重点，遵循了"调研起步、培训开始、规划先行、试点推进、总结提高"的工作步骤，逐渐形成了做受援方想做援助方能做的事、做惠及更多百姓利益的事、做符合长远规划发展的事、做政府应该做的事、做援受双方优势互补的事的工作思路。

当时甘德县的上海对口帮扶规划编制也是由我负责，县里专门从县委、办、局抽调一些同志参与到规划设计，这些同志很多都是大学毕业以后由外地到青海省工作的，所以对当地情况不是很熟悉。办公条件比较简陋，电脑都没有。当时没有过多财政资金用来购买电脑，但做规划要进行大量的数据录入，我就把自己的电脑拿了出来。两个月后，经过多方的努力协作，这份规划终于拿出来了，项目库初步建立起来。为了使修编工作更具有针对性，修编后的项目库更具有可操作性，涉及的项目更能经得起遴选和反复推敲，我们在与县领导反复沟通的基础上，组织了发改、城建、国土、教育、卫生、扶贫、农牧、人保等部门的相关人员，对甘德县拟受援项目和重点进行了细致的梳理，对对口援助项目库重新进行了修编。按照轻重缓急，编制、充实、修改、完善了甘德县对口帮扶计划，起草了一份项目库修编的工作大纲，按教育、卫生、扶贫、农牧等的建设项目和人力资源培训分了五个方面进行归类。而在规模上，我们按照100万元以内、100万元—300万元、300万元—500万元、500万元以上分了四个不同的等级。在项目建设的时间安排上，我们与新制定的五年规划进行了一一对接，要求每个项目必须有明确的现状介绍、建设责任主体和建设周期等标识。另外，被列入项目库的项目要有500字左右的简介说明。期间，我们召开了三次专题会议进行反复论证，四次比较大地修改规划稿，最后交给责任部门、分管领导和主管领导进行审核和确认。

在此期间，我们还与相关部门的同志一起，对每个项目进行了实地勘察，听取了基层乡镇和部门领导的意见，掌握了基本的情况，对项目认定和汇编做到心中有底，努力为后期的帮扶工作做好项目支撑。面对高寒带来的强烈的高原反应和严重的睡眠不足，为确保援助项目进展顺利，我一方面积极争取县主要领导的支持，另一方面与相关分管领导和职能部门同志一起多次商量研究，进一步统一了思想、提高了认识。同时，我们分工协作，加快了工作节奏，分头落实项目的前期工作。期间，我也多次走访州、省职能部门和审批机构，征求他们的意见，获取他们的支持。还有就是与设计单位反复推敲学校的设计方案和功能布局，用较短的时间、较高的效率完成了项目前期工作。

突出重点、全力攻坚，努力多办实事

亟须解决教育和卫生问题。虽然国家对甘德县在教育方面投入非常大，从小学开始到初中九年义务制教育全部免费，但是当地基础设施条件还是比较差的，而且学校饮用水也有问题。原来考虑是从水源地引水，后来发现每个地方、每个学校离水源地很远。我曾经为了找到合适的饮用水源地，前前后后往两侧各找了五公里，在一公里范围内我都觉得成本太大，这些管道要铺设好，每年还要维护，花钱不说，还费时费力。最后，我决定采取打井的办法。因为"三江源"被誉为"中华水塔"，当地的水资源丰富，把地下水抽上来，用净化设备处理一下就可以作为学校生活用水了，这样成本反而更低。甘德县冬天温度要低到零下40多度，夏天最高温度也就25度左右，且昼夜温差比较大，一般夏天晚上也要到0度。为此，我们也解决了学校教室的供暖问题。这些孩子将来都是祖国的栋梁之材，能为他们做些力所能及的事情，我心里感觉很欣慰。

我们在甘德县做的第一个援建项目是改建、新建海拔4200米的青珍乡寄宿制中心小学。这个项目在单体投入上也是第一批援青建设项目中资金量最大的，改、扩建资金达到2500万元，涉及教学楼和操场的改建，学生宿舍楼、综合楼和室内活动室的新建，供水、供电、供暖的完善等等。按照上海市领导和州领导提出的建成藏区一流寄宿制小学的建设要求，同时结合高原特殊的气候条件，我们采取了一次规划设计、分步实施的建设计划。2012年7月28日，时任中共中央政治局委员、上海市委书记的俞正声同志亲临甘德县慰问牧民家庭，并参加了青珍乡寄宿制小学建设项目的开工仪式。为了做好上海市党政代表团到果洛参加的唯一建设项目的开工仪式，我除了抓紧做好开工前的各项前期工作外，多次赶到工地现场，从区域划分、场景布置、文字材料准备、版面制作到分工落实、安全保障等方方面面，亲自上手负责，确保了开工仪式的圆满完成。后来在学校建设过程中，我经常和建设责任单位的领导到实地察看工程的进展和建设质量情况。到我三年援青期满离开甘德县前，该项目各标段都得到保质保量地完成。

▲ 2012 年 6 月，祝华（左二）在青珍乡调研援建项目

　　还有就是建造了县医院的医技楼。当时，我看到产房有三个准备待产的孕妇，因为没有供暖设备，只是靠烧牛粪取暖，所以整个房间的墙壁被熏得黑黑的。房间里也没有像样的床铺，就是木板拼搭在一起，医院不提供被褥，只能从家里带过来。在楼梯的下面有一台不知道哪个地方捐的 X 光机，包装都没有打开，后来一问，原来是没人会使用。后来，我们就把这个医技楼作为第一批建设项目，现在已经盖好了。

　　从教育、卫生来讲，让我感受到东西部差异还是比较大的。我们有这个义务把这里的情况向上海大后方作一些反映。当然我们也动用了自己的资源，对乡村卫生室做了进一步改造。另外，我们动员上海的一些医院，如普陀区中心医院眼科定时、不定时地巡回义诊。因为藏区紫外线比较强烈，老年人患白内障的比较多。他们是第一批来对老年人白内障开展巡回医疗的团队，效果很好，现在已经常态化了。

　　2011 年 10 月到 2012 年 3 月间，甘德县遭遇了历时半年、百年不遇的雪灾。因为地处高原，又属于国家级贫困县，所以防灾减灾的自我保障能力是非常有限的。县四套班子领导分别蹲点到一线，采取了一切能想到的办法为牧民群众送上御寒衣物和粮食，给牧户送上干草和饲料。但由于雪灾持续时间实在

◀ 2012 年 7 月，祝华（前排左二）考察游牧民定居点

太长，加上高原艰苦的条件，给牧民群众的生活造成了非常大的影响。据我们统计，全县有将近 80000 头牛羊被冻死。当听到这一情况后，我及时向长宁区领导和有关职能部门作了情况汇报，这引起了区领导的高度重视。长宁区率先向甘德县捐助了 50 万元的救助款。我除了与县干部群众一样参与捐款外，还跟乡镇干部一起，冒着风雪深入基层牧委会了解灾情，慰问受灾群众，为受灾群众送去慰问金。三年来，我们共为贫困家庭和特殊人员送上慰问金 3 万多元。2012 年 8 月底，当听说上海水盟实业有限公司有意向青海发展，要为藏区群众办一些实事后，我主动跟这个公司的负责人多次取得联系，说明了当地的情况，主要是藏区学生进入冬季后饮水时常会得不到保障，最终得到了他们的支持。我建议先为果洛州的学校师生解决备用的饮用水问题。在冬季来临之前，价值 10 万多元的 1000 箱高品质的饮用水分发到了相关学校，解决了藏区师生在饮水上的后顾之忧。

三年来，在派出单位长宁区委、区政府的关心和支持下，我们一共落实了区级民生工程援助资金 110 万元，分别为县烈士陵园、牧民定居点解决了通电问题，为 4 个牧委会牧民的出行建了桥、通了路。同时，为了鼓励贫困学生继续就学，尽可能地提高他们的文化知识水平，2012 年，在区领导的支持下，我们募集到资金 50 万元，牵头组建了"长宁区促进甘德教育发展奖励基金"，并制定了基金的使用办法，初步确定了每年对全县 50 名品学兼优和特殊学生给予必要的奖励和资助。

随着 2011 年的换届工作的开展，作为甘德县政府老班子成员的一分子，我主动配合新县长启动好整年的工作。根据甘德县的实际情况，我牵头完成了预算内和预算外资金管理：预算内的资金人代会讨论通过的，按照审批权限来分；预算外的由分管领导提交县政府常务会议讨论。预算内的资金，设定个额度，分管领导签字就可以，不用报县长签字；超过某个额度才由县长签字。这种工作方法改善了以往存在的分管领导责权不明晰的状况，调动了当地干部工作的积极性和主动性。

针对甘德县旅游资源有限，基础相对薄弱的实际情况，我在充分调研的基础上，根据甘德县现有的格萨尔文化资源，提出了"提升软实力，挖掘和拯救格萨尔文化资源；把握比较优势，努力打造格萨尔文化长廊"的旅游业发展方向。甘德县有一定的旅游资源，但是这种旅游资源位置比较分散。当时县里面要求大力开发旅游业，这样对于整个经济能起到带动作用。我分管旅游工作时做了个旅游规划，我当时起名就叫"格萨尔长廊"。格萨尔是藏族的英雄，在流经果洛的黄河的两岸流传着很多格萨尔的传说。甘德县还有个中国"非遗"的格萨尔史诗村，这个村的老百姓大大小小都能唱格萨尔的赞歌，都能说格萨尔的故事，但没有文字资料，都是口口相传的，所以这属于非物质文化遗产。现在的年轻人大多不愿意去传承，这种历史文化马上面临着流失的困境，所以我们要挽救它。后来我就用 300 万对口援助资金修建了一个格萨尔史诗陈列室，让这些老人们到这里来给孩子们讲这方面的故事。在这里，关于格萨尔的故事、史诗、弹唱等各种表演形式应有尽有。在万里黄河第一峡——官仓峡那里还有几个景点，当地干部非常聪明，不同的地貌特征沿用不同的格萨尔战争的故事，把格萨尔真正的战场在这里展示出来。

注重交流、及时总结，发挥纽带作用

援青工作的扎实、有效推进，除了中央已经明确的资金量项目外，促进两地间的交流互访，增进相互之间的了解合作，争取社会方方面面的关注也是我们第一批援青干部重要任务之一。

三年来，我们在全州各县组织了 40 个班次、1033 人次的各级干部和各类专业人员赴上海参加学习培训和挂职锻炼。经过反复沟通，精心安排，我们促成了 5 批次双方党政代表团互访，其中长宁区党政代表团组团 2 次，甘德县党政代表团赴上海考察学习 3 次。三年来，共接待长宁区来青海的各类参观考察团 34 批次，共计 380 多人次。2011 年，我向派出单位争取了 10 万多元的培训经费，用于新建成的甘德县接待中心服务人员的培训和大中专毕业生择业技术培训。2012 年，我联系了派出单位，为果洛州 50 名党务专业干部举办了为期 15 天的专题培训，取得了比较好的效果。同年，我跟州人社局共同研究，制订了《关于上海市对口支援生态移民就业的实施方案》。期间，我积极争取上海市人社局的大力支持，安排了果洛州、县 30 名人力资源管理的干部到上海接受为期 15 天的专业培训。

为了进一步介绍宣传果洛，让社会各界关注果洛的发展和对口支援工作，在援青联络组的统一安排下，我曾两次陪同上海媒体采访组走访了全州各县，向他们介绍果洛的风土人情，介绍对口支援工作推进的情况，实地查看项目的建设情况。还陪同上海科学技术交流中心的领导和相关技术人员，考察了果洛信息技术运用情况，尝试性开展了远程教育培训。另外还两次陪同市旅游局等有关部门的同志到全州各县进行了考察。

政策问题至关重要，特别是身处果洛这样的高原民族地区，更要学习掌握党的民族、宗教政策。援青初期，按照中组部、市委组织部、青海省委组织部等部门的安排，我学习了中央领导对藏区工作的讲话精神、中央第五次西藏工作座谈会主要精神和民族宗教政策。通过学习培训，我充分认识到了做好援助藏区工作的重大意义，进一步了解了国情、省情和藏区民情。三年中，我虚心、诚恳地向所在地广大干部群众学习，学习他们的好思想、好品德、好作风、好传统，了解民俗、民情和文化。同时，我注重自身形象建设，时刻牢记援青使命，牢记党的宗旨，弘扬求真务实精神，围绕群众的利益开展工作，以群众的满意度检验工作，把解决民生问题放在援青工作的首位，真正在感情上贴近藏区群众、作风上深入藏区群众、工作上着眼藏区群众，兢兢业业、干干净净为群众办实事。我严格执行联络组制定的各项制度，怀揣着建功高原藏区的决心，勤奋工作、开拓创新、廉洁高效，树立和维护了上海援青干部总体形象。

从个人的角度来讲，三年援青的经历虽然是一阵子，但是影响却是一辈子。因为有这三年的磨炼，我坚定了克服困难的信心。因为有这三年的磨炼，以后的工作中我会更加注意跟周边的人加强沟通，深入基层，了解他们每个人的状况。

三年甘德行　一生甘德人

　　缪武，1968 年 12 月出生，浙江定海人。曾任长宁区团委常委、宣传部长，长宁区江苏路街道办事处招商中心主任、综合治理办公室主任、社保科科长。2013 年 7 月—2016 年 7 月，挂职青海省果洛藏族自治州甘德县委常委、副县长。回沪后，曾担任长宁区江苏路街道办事处副主任，现任长宁区天山路街道党工委副书记。

口述：缪　武

采访：王佩娟　祝　慧　袁鲁宁

整理：贾彦春

时间：2020 年 4 月 14 日

2013 年，我报名参加了援青工作，担任中共青海省果洛州甘德县委常委、副县长，开始了三年的援青生活。工作二十五年，我第一次离开家乡，来到果洛，来到甘德。初上高原，我从第一批援青干部的口中听到最多的一句话就是"一次果洛行，一生果洛情"。作为一名党的干部，我在接受组织的挑选后奔赴雪域高原开展工作，不仅要认真贯彻、落实好支援青海工作的各项要求和任务，更要全身心地融入甘德，服从县委、县政府的领导，尊重风俗习惯，向甘德的干部、群众学习。

三年中，我分管过对口支援、统计局、文体广播电视局、国税局、地税局、旅游局等工作，都能很好地完成任务。我们长宁支援青海的三名同志始终团结一致、相互关心、相互支持。对我来说，三年的支援青海工作收获很大，我不断适应工作情况、不断提高自己实际工作能力，为甘德的发展做出一些贡献，有了一个很好的舞台。"三年甘德行，一生甘德人"，这是我对第一批援青干部工作的最好传承。

初到甘德县　学做甘德人

其实，我对青海原本就是有感情的。因为我的父亲几十年都在青海进行石油地质的勘探工作，退休以后才回到上海，所以我一直都对青海有着特殊的憧憬。初到甘德，我就决定要走遍甘德，了解这片美丽的土地。

甘德县地处果洛州腹地，但地理气候条件较差。全县总面积 7046.2 平方公里，约占果洛州总面积的十分之一，平均海拔 4200 米。现辖柯曲镇、上贡麻乡、下贡麻乡、岗龙乡、江千乡、下藏科乡、青珍乡，并下设 36 个牧委会，3 个生态移民区，2 个城镇社区，153 个牧业合作社。当时，全县共有各级各类学校 16 所，医疗卫生机构 46 个，全县土地面积 1056.9 万亩，其中草场面积 976.88 万亩，占全县土地总面积的 92.4%。全县总人口为 38352 人，藏族约占总人口的 98%。

甘德县境内有丰富的自然资源。2013 年，"甘德牦牛"成功取得国家地理标志产品保护，甘德县成为全国海拔最高的有机畜牧业生产基地，畜牧业成为其特色产业之一；甘德县内，东柯曲河、西柯曲河、当曲河、黄河等穿流而过，水能蕴藏量约 27.33 万千瓦，水资源丰富；县内有国家一级保护动物金雕、丹顶鹤等，二级保护动物岩羊、水獭、麝等，野生动植物资源多样；汉藏药材资源有麝香、虫草、贝母、大黄等，品类丰富；而且甘德独特的雪域江河风景、古老的藏传佛教文化、纯朴的风情民俗，构成了甘德独特的自然和人文景观，班玛仁脱山、德尔文格萨尔史诗文化村、龙恩寺等，都十分引人向往。

但是，平均海拔 4200 米的高原还是给我的援青工作带来了无法避免的生理反应。我的血压始终居高不下，皮肤过敏，饮食困难，睡眠严重不足，特别是冬天每天只能睡两三小时等；参加义务劳动时拿着铁锹直喘气，冻得鼻涕直流；会议室开会坐的时间长了，气也喘得厉害。但是我始终要求自己一定要克服，即使自己因瞬间头晕导致头部撞开了一个大口子，经过简单的包扎处理后，我仍然坚持在县里开展工作。

工作中，我常常会独立或参与接待各类检查和验收等工作，所以必须迅速熟悉多条线工作，及时变换领导角色。在下乡时，语言是我们难以克服的现实困难，但我主动沟通、主动询问，并尝试学习一些藏语以便加强交流与沟通。平时政府部门的人员基本上都要下基层，各类会议都得等到晚上才能进行，而班子成员召开班子会则经常需要利用双休日。甘德县的各类交通并不完善，也不发达。从甘德县出发，到西宁共有 525 公里，开车大概需要 10 个小时；到州里去参加各类活动，开车大概是在 3 个小时。所以如果要下乡去开展工作，基本上白天出发，晚上 10 点以后结束成为常态。长时间且高强度的工作，其实对我们来说也是一个很大的考验。

生活习惯也有需要适应的地方，我们下乡调研开车时，经常遭遇风沙，像我们这种没有经历过沙尘暴的"上海男人们"，基本上就不知道东西南北。有一次下乡，我觉得浑身不舒服，一测心跳 120，血压 170/120，实际上就是严重缺氧，一同下乡的同事马上把我带到了卫生院，进氧舱进行紧急输氧。过了 20 分钟后，我的情况才稍有缓解，但整个人还是感觉比较吃力。在我看来，下乡工作时遇到的困难虽然艰险，还是可以克服的。还有一个更大的生活难题，就是我不吃牛羊肉。因为甘德县是牧区，牛羊肉是饭桌上的常客，所以这四年我尽量克服饮食习惯上的不便。即便如此，在工作上我毫不懈怠，争取高质量地完成任务。县四套班子的领导、同事对我们的工作状态、工作思路、工作方法、为人处事给予了高度评价，给予我们充分尊重和高度支持。有活动必请我们参加；分管领导不在，有接待任务就让我们负责接待。大家都把我们当自己人。

改观念规范　重民生保障

我们第二批援青干部最花心思的工作，是逐步改变当地干部群众的思想观念、形成基本的工作规范。我们秉持着把果洛州当故乡，把牧民当亲人，把干部当兄弟的理念去深入推进工作。这其中，帮助果洛干部群众改变观念、形成规范特别重要。

我们到了甘德县后，首先就是以上海的工作理念不断地来带动当地的干部群众转变观念，同时我们从建设项目入手开始建章立制，形成一整套科学、合理、规范的工作程序，用制度来保障整个项目的落实，确保工程项目质量的提高，让牧民群众有真正的获得感和幸福感。

甘德县处于社会经济发展的关键时期，我以项目为主线，一切按中央有关精神落实，一切服从县委、县政府领导，一切从甘德县实际情况和老百姓迫切需要出发，紧扣扶贫脱贫主题，坚持"输血"和"造血"相结合，立足实际，注重实效，突出重点。

我和同事一起走遍了甘德县的六乡一镇，经常走家串户，了解牧民生活，了解乡镇工作开展情况。有的乡产业缺乏，随着虫草的锐减，经济发展后续乏力；有的乡卫生院破旧不堪，设备堆积在破陋的库房无法使用；有的乡办公场所自然损坏严重，无法正常办公……普遍的现象就是人才匮乏、经济发展手段缺乏、交通发展滞后、草原破坏严重等。我们和县人大代表、政协委员等一起研讨了县发展规划，实地察看了建设情况；和县政府班子研讨了近期、中期县经济社会发展规划，制定了经济发展目标，援建工作计划等；定期全面走访、察看上海援建的项目，及时掌握进度，始终坚持"高标准规划、高标准实施、高标准监管、高标准验收"，深入施工现场蹲点，协调解决工程建设当中存在的困难和问题，有力推动了项目建设进程，切实保证援建项目质量能够经得起时间考验和质量检验。

高原上的施工质量通常都比较难以保证。首先甘德县气候条件恶劣，常年严寒，工程施工期一般集中在每年的 5 月中下旬到 9 月底，施工周期长、成本高。其次在高原上施工队伍来源比较少，容易施工不规范，对工程质量追溯也会形成问题。所以我们主要是从改变观念形成规范入手，将支援青海，变成思想观念的交流、管理经验的借鉴、工作方法的传递。

以往一个县的项目资料不过几张纸，如今来了上海干部，立项、招投标、进度、验收，每一项都要备案。这几年，对于"细致的上海男人"，当地干部和施工队常常说"受不了"。甘德县新建的医院大楼水管不达标，高海拔地区容易被冻裂，我们坚持要按设计方的要求，对大楼水管何时更换、何时验收进行明确规定，争取用最短时间做到高质量工程。上海干部的"固执"还是有效果的。如今各工程验收时，档案袋里 20 来个项目归置得整整齐齐。通过两批援青干部的不断努力，我们很欣喜地看到相关职能部门的各项工作逐渐走向了规范，各方面的工作质量，工作理念也有了很大的转变。在我们离开的时候，果洛州委书记对我们这些支援青海的干部给予了高度的评价。

在甘德县岗龙乡，干部群众普遍认同的观念之一是"知识最重要"。然而，

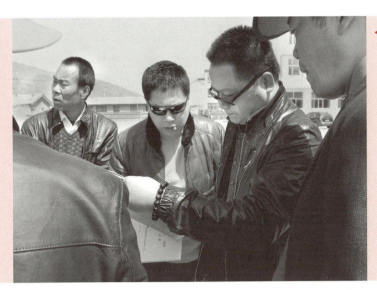

◀ 缪武（右二）下乡考察工程进度

曾几何时，"上学不如打工"的观念在甘德的不少乡镇里根深蒂固，岗龙乡近乎一半的大学生都在辍学打工。我们第二批援青干部，坚持每个月至少去两次岗龙乡，每次都会去当地的学校看看，或者找家里有大学生的家长们开会，希望可以转变家长们的一些陈旧观念。我们在甘德不仅学会了"讲课"，还自掏腰包，资助岗龙乡里考上重点大学的学生。有一次，一位大学生家里有了变故，交不上4000多元的学费了，一家人犹豫很久，试着给我打电话。我一听到这位学生的困境，立马就承诺："学费没问题。"诸如此类的事情还有很多，当时还有人笑称我这样的行为是"随手公益"，但我觉得自掏腰包帮助学生的行为虽是举手之劳，却很有可能改变他们的一生。

针对甘德县地区经济发展滞后的情况，我们把保障和改善民生列为对口支援工作的重中之重，着力解决人民群众最关心、最相关和最紧迫的问题。

在新农村建设方面，自2010年以来，援青干部投资建设了多个项目：甘德县农牧民定居点配套设施改造（316万元），柯曲镇市政设施改造和环境整治工程一期（200万元），柯曲镇东吾村、下贡玛乡隆恩村美丽乡村建设（100万元），柯曲镇市政设施改造和环境整治工程二期（300万元），甘德县贫困户住房建设（250万元），甘德县岗龙乡岗龙村乡村建设（200万元），甘德县江千乡隆吉村乡村建设（100万元），总投资1466万元，通过5年来的不懈努力，乡镇面貌焕然一新。

在产业发展方面，我们以牧民富裕为目标，以帮扶支持为手段，帮助甘德县建设成产业发展项目有生态畜牧业产业化项目（300万元），柯曲镇当吾村奶牛产业化养殖基地建设（200万元），县德尔文格萨尔文化保护工作中心（300万元），格萨尔文化旅游产业基地（格萨尔文化艺术研究院）游客展厅建设（300万元），上贡麻乡扎加隆村汽车修理厂建设（扶贫产业）（100万元），甘德县岗龙乡科拉村扶贫产业项目（200万元），甘德县柯曲镇当吾村藏羊养殖基地及饲草基地建设（200万元），甘德县柯曲镇德里尖村牦牛产业化养殖基地建设（200万元），甘德县蔬菜标准化市场建设（200万元），甘德县德尔文旅游基础设施建设（250万元），甘德县德尔文格萨尔史诗村环卫设施建设（100万元），共投资2350万元。

在社会事业方面，我们则以民生建设为中心，重点建设教育、卫生、牧民服务等项目：甘德县青珍乡寄宿制小学（一期、二期）（2500万元），甘德县牧民综合服务中心（780万元），甘德县民族中学综合楼（1200万元），县人民医院门诊综合楼建设（1200万元），甘德县中小学信息化教学项目（90万元），甘德县乡镇学校温暖工程（300万元），甘德县乡镇卫生院标准化配套建设（80万元），甘德县村级卫生室标准化配套建设（108万元），甘德县民族寄宿制中学标准化学校建设（400万元），甘德县乡镇卫生院标准化配套设施建设（70万元），总投资6728万元。甘德县牧民综合服务中心还完成了上海援建项目的首批绩效考评。

解群众难题 树"长宁精神"

我们在甘德县除了落实上海市对口援建项目，加强工程监管，完成项目。还有一个任务就是根据县里面的实际情况，利用各方面的资源优势，发动企业、单位甚至个人做一些力所能及的贡献。

作为一名援青干部，我牵头联系了上海长宁九华集团工会，给青珍乡寄宿制小学募捐了价值8万余元的学生生活用品和每年2万元的"九华伴我成长"

▶ 缪武（左二）看
望朴拉老人

奖学金，每年都有助学访问，给当地的学生们送一些学习用品、生活用品和助学的钱款，得到了当地各个部门以及学生的好评。此外，我们还联系了企业为青珍乡寄宿制小学建设电子图书阅览室，出资共计 30 万元；为岗龙寄宿制小学捐赠 12 万元助学资金；为甘德县人民医院捐赠了一套电子胃镜设备，共计价值 78.5 万元……在我们的积极协调联系下，甘德县派出 30 余人的文化代表团参演 2015 长宁金秋文化艺术节，展示雪域甘德的文化，加强了两地的文化交流，并以此为契机形成良性高效的合作模式。

　　我们援青干部自己也有帮困结对，希望为当地百姓做一些力所能及的事。在平时的工作中，我和我的同事非常注重对口乡村困难家庭孩子的助学工作，特别是针对那些考进各类大学的优秀学生，给予全覆盖的各类支持，三年来发放了各类助学金共约 8 万余元。我们还为甘德县的一位孤老改善了居住环境和生活，这件事情也成为 2015 年上海市精神文明建设好人好事。

　　那一次是在当地干部的陪同下，我和同事下乡调研，看到一间很破烂的小屋，便进去拜访，结果发现屋子里漆黑一片，躺着一位老人。通过询问才知道，这位叫朴拉的老人当时已 89 岁高龄，孤身一人，几乎是半身瘫痪，经济上主要靠乡村补贴，并由寺院僧人不定期过来照料日常生活，由于长期睡卧在地上，一到天气转冷，浑身关节疼痛难忍。看到这种情况，我即刻捐赠2.5万元为老人改善居住条件，让屋内采光采热保持良好。老人在新房中居住了一年后，由于生活条件改善，老人气色明显好转，关节也很长时间不疼了，她表示十分感谢上海干部的悉心关怀。能够为当地老百姓解决实际困难，这是我们支援青海干部应该做的事情。

第一批援青干部的主要任务是以调研、规划为主，确定项目。我们第二批去了以后，任务则主要是把项目落地。我们的团队精神有八个字，就是：积极、乐观、踏实、团结。没有什么花言巧语，大家就是努力地、积极地去把各项事情做好，踏踏实实地完成每一项工作。我们长宁派出的3名援青干部，代表着长宁形象，因此我们用好的精神面貌、好的工作作风、好的工作实效来体现出我们的"长宁精神"。

三年的援青历程中，也有一些遗憾的事情。2016年，我的女儿大学毕业，而我工作非常忙，正处于跟第三批援青干部交接工作的关键时期，外加其他各项工作要收尾，没能参加她的毕业典礼，见证她人生中的重要时刻。还有一件事情，就是建设了三年的玛沁果洛机场即将正式通航时，由于工作关系，最终我没能亲眼见证，心中总是感到很遗憾。

三年中，我最大的收获，就是"缺氧不缺精神"。甘德县物资匮乏，什么都要靠自己。我们援青干部每个人都想把自己的工作做好，所以缺氧不缺精神在我们心目中始终是引领指南。还有就是"功成不必在我"的决心与魄力。我们做成了一批项目，还有一批项目需要由后面几期的援青兄弟们继续推进。经过一批又一批的援青干部的努力，甘德县城现在已经成为青藏高原上的明珠，建设得非常漂亮。

感谢三年中果洛州委州政府、甘德县委县政府、长宁区领导、区有关部门给予我们的关心和支持。无论是需要安排果洛干部到上海挂职、培训、业务联系，还是其他相关工作，长宁区委组织部、合作交流办领导、同仁们都给予了及时、有力的支持；长宁区教育局、卫生局承担了很多的教学、培训等任务；长宁区文化局积极对接，加强两地间的文化交流；我的老娘家江苏路街道，除了对我工作上的直接支持外，在我爱人多次胆囊炎发作送医院治疗并最终手术摘除前后，给予关心、帮助；上海援青联络组领导给予我们工作、生活上的关心、支持。甘德县委、县政府从生活、工作多方面关心、支持我们工作，使援青工作稳步、健康、良性推进。三年甘德行，为果洛、为甘德付出我责无旁贷，为上海、为长宁奉献我无怨无悔。用心援青，用情暖心，我真情祝愿果洛、甘德变得更加美丽！

同饮一江水　情系一家人

　　张戎，1975 年 12 月出生，上海人。曾先后任赴滇扶贫医疗队分队长，汶川抗震救灾医疗队党支部委员。2011 年 8 月至今，先后任长宁区卫生局医政管理科科长，长宁区精神卫生中心副院长，长宁区卫计委办公室主任，长宁区卫健委副主任。期间，2013 年 7 月—2016 年 6 月，挂职青海省果洛藏族自治州甘德县政府办公室副主任。

口述：张　戎
整理：贾彦春

　　光阴似箭！转眼间，长宁区在甘德县开展对口支援工作已十个年头。十年来，上海市委、市政府，长宁区委、区政府以及上海市人民按照国家的统一部署安排，认真落实对口支援政策措施，选派优秀干部到甘德县开展工作，不断加大对甘德县的对口支援力度，为甘德县的经济社会事业全面发展起到了积极的推动作用。

　　我很荣幸，可以作为第二批援青干部，从东部上海到西域青海，从低海拔的海边城市到海拔4050米的雪域高原，奔赴甘德。在三年的工作锻炼中，我认真贯彻、落实好援青工作的各项要求和任务，更是积极配合好缪武副县长的工作，努力做好政府办公室副主任的工作。

突出重点，保障民生改善

　　甘德县地处青海省东南部，果洛州腹地。东邻甘肃省玛曲县，南濒黄河与达日、久治县西部相连，北部与玛沁县毗邻。全县总面积1010.58万亩，平均海拔4200米，氧气含量约为沿海地区的60%。2013年，全县实现地区生产总值2亿1665万元；全社会固定资产投资6亿2225万元；完成地方财政收入1246万元；牧民人均纯收入3307.73元。

　　自开展对口支援工作以来，我作为援青干部克服了工作和生活条件艰苦、

▶张戎（右一）助
学牧民孩子

高原反应强烈和饮食习惯不适应等众多困难，主动作为，率先垂范，用实际行动践行和发扬了"五个特别"的青藏高原精神，"人一之，我十之"的青海实干精神。一到甘德，我主动放弃休假，多次深入到六乡一镇、县直机关各单位进行实地考察，听取汇报，认真分析，对甘德县的经济发展现状、社会发展现状以及资源、基础设施、城镇建设情况进行了深入调研，提出了许多对甘德发展具有可操作性的建议。

针对甘德县地区经济发展滞后的情况，我们援青干部把保障和改善民生列为对口支援工作的重中之重，着力解决人民群众最关心、最直接和最紧迫的问题。我曾陪同缪武副县长走访甘德县对口帮扶的几户贫困户，积极筹划帮助89岁藏族老人搬新家。我们在关心贫困户的同时，也非常关注牧民的受教育情况。我记得当时有三户牧民家庭，因家中主要劳动力外出就读大学，家庭经济情况较为拮据。我们听闻后深受感触，当即资助四位大学生每人2000元，并且希望乡领导对这三户家庭要多给予支持与帮助，不能让大学生因为家庭经济原因而辍学。三户家庭纷纷表示竭尽所能要让孩子完成学业。

在保障民生改善方面，我配合缪武副县长，几年来对接沪青两地资源，投资建设多个项目：甘德县农牧民定居点配套设施改造，柯曲镇市政设施改造和环境整治工程一期，柯曲镇东吾村、下贡玛乡隆恩村美丽乡村建设，柯曲镇市政设施改造和环境整治工程二期，甘德县贫困户住房建设，甘德县岗龙乡岗龙村乡村建设，甘德县江千乡隆吉村乡村建设，总投资1466万元，通过不懈努力，乡镇面貌焕然一新。当时已经实施和正在实施的项目还有：投资2500万元的青珍乡寄宿制小学改扩建项目，投资1200万元的甘德县人民医院综合楼，投资1200万元的甘德县民族中学综合楼项目和学生洗浴楼项目，投资780万元甘德县牧民综合服务中心，投资300万元的甘德县德尔文史诗村建设项目，投资75万元用于巡回医疗设备配置和投资30万元的计划生育设备配置项目。甘德县人民医院综合楼、甘德县民族中学综合楼、甘德县牧民综合服务中心等3个项目都已完成主体结构封顶；甘德县农牧民定居点配套设施改造建设项目、生态畜牧业发展奶牛养殖基地建设项目、县城风貌改造建设项目等都在建设当中。同时，根据《上海市对口支援甘德县专项规划》，2015年争取对口支援项目8个，总投资1578万元；储备2016年争取对口支援项目6个，总投资9024万元。

我们还以民生建设为中心，重点建设教育、卫生、牧民服务等项目共8项：甘德县青珍乡寄宿制小学（一、二期），甘德县牧民综合服务中心，甘德县民族中学综合楼，县人民医院门诊综合楼建设，甘德县中小学信息化教学项目，甘德县乡镇学校温暖工程，甘德县乡镇卫生院标准化配套建设，甘德县村级卫生室标准化配套建设，甘德县民族寄宿制中学标准化学校建设，甘德县乡镇卫生院标准化配套设施建设，总投资6728万元。甘德县牧民综合服务中心还完成了上海援建项目的首批绩效考评。

此外，我还配合缪武副县长，以牧民富裕为目标，以帮扶支持为手段，帮助甘德县建设成5个产业发展项目：生态畜牧业产业化项目，柯曲镇当吾村奶牛产业化养殖基地建设，县德尔文格萨尔文化保护工作中心，格萨尔文化旅游产业基地（格萨尔文化艺术研究院）游客展厅建设，上贡麻乡扎加隆村汽车修理厂建设（扶贫产业），甘德县岗龙乡科拉村扶贫产业项目，甘德县柯曲镇当吾村藏羊养殖基地及饲草基地建设，甘德县柯曲镇德里尖村牦牛产业化养殖基地建设、甘德县蔬菜标准化市场建设，甘德县德尔文旅游基础设施建设，甘德县格萨尔德尔文史诗村环卫设施建设，共投资 2350 万元。

注重交流，发挥纽带作用

在开展对口支援的工作中，我坚持援青先援智的原则，借助上海市培训资源的实践平台，援建期间，先后组织全县不同层面的干部、专业技术管理人员共 300 余人次到上海接受培训，进一步开阔了本地干部职工的眼界，提高了专业技术人员的技能水平。我们还利用自己的社会资源和自身优势，积极沟通，募集资金 50 万元，牵头组建了"长宁区促进甘德教育发展奖励基金"，并制定了基金使用办法，初步确定每年对全县 50 名品学兼优和特殊学生给予必要的奖励和支助。因甘德县干部长期在高原缺氧条件下工作，身体健康状况不容乐观，我们与长宁区卫计委沟通协调，安排甘德县部分干部到长宁进行体检，体现了长宁人对雪域甘德的一片热忱。同时，我们还积极寻求对口支援、项目衔接的支持，使得甘德县分别与长宁的两家企业签订了农副产品购销协议，并与一家企业达成了投资意向。

在我们的协调下，在长宁九华商业（集团）有限公司的大力支持下，"九华伴我成长助学基金"在甘德县青珍乡寄宿制小学正式成立。此举不仅加强了甘德县与上海市长宁区的多方联系，同时，也为甘德县青珍乡寄校的贫困学生提供了一定的资金支持。长宁九华商业（集团）有限公司给青海省甘德县青珍乡寄校的学生发放生活用品，并宣传健康卫生生活习惯使"甘德长宁一家亲"得到了切实体现。

在抓好援青项目建设工作的同时，我们也在积极探索建立援青工作的长效机制，多方面开展援建。为进一步加强甘德与长宁两地的交流和联系，王为人书记带队的长宁党政代表团、长宁医疗专家团队、长宁文化局代表团、长宁企业家团队等多次前往甘德，以选送业务骨干或赠送物资、资金等方式开展援助工作。同时，我也积极联系长宁区相关部门，先后安排甘德县 18 名后备干部到各部门挂职学习；为甘德县人民医院捐赠近 80 万元医疗设备，并到甘德县培训当地医务人员 300 余人次；安排 4 名教师赴长宁有关学校挂职

培训；继续落实"九华伴我成长"奖学金并成为常态化。在我们援青干部的积极协调联系下，在 2015 年长宁金秋文化艺术节上，甘德县也派出了 30 余人的文化代表团，展示了雪域甘德的文化，加强了两地的文化交流。我也合理利用相关卫生资源，为县里干部和家属赴上海就诊、学习提供便利和服务。

　　在我们的对接下，长宁区卫计委下属部分医疗机构的院长和上海市同仁医院专家讲师团一行在区卫计委徐建康副主任和同仁医院马骏院长的带领下前往青海果洛州甘德县，进行医疗卫生条线的交流和授课。经过两天马不停蹄的跋涉后，专家讲师团终于登上了平均海拔 4000 多米的甘德县城。甘德在藏语中意为"吉祥宁乐"，甘德县总面积 7046 平方公里，人口 3.3 万，以藏族为主。当时，全县共有医院 2 所，卫生院 7 个，新的卫生系统大楼正在建设当中，卫生事业发展还有待加强。长宁区光华中西医结合医院大力支持，为甘德县人民医院捐赠一套先进的电子胃镜设备，提高了甘德县卫生系统的硬件水平，并承担为甘德县人民医院专业人员培训的任务。江流奔腾，承载着长宁区卫计委和上海市同仁医院对果洛对甘德的深厚情谊，将跨越雪山江河的重重阻隔，温暖着果洛草原，温暖着藏区人民的心。

增强素质，提升援青内涵

初到甘德，高海拔、低含氧的客观条件，使得我的血氧饱和度处于低水平，有明显的高原反应，头晕、胸闷、失眠等经常伴随着我每天工作生活。为尽快适应高原条件，我以良好的心态对待一切，进行自我调节，以巨大的毅力克服身体上的不适，积极投入到工作中。2014年初，我体检中发现有心肌缺血的问题，但我仍然坚持不下高原，只为进一步推进上海援青工作。因为生活工作在藏区，下乡交流语言障碍较多，我不仅主动向藏族干部学习简单的日常用语，还购买了学习藏语的书籍自学，使自己能够更好地融入工作中。

我从事临床医生工作十余年，在甘德县挂职政府办公室副主任，对我来说是一个新的挑战，我积极配合一同挂职的缪武副县长，担负起自己的岗位职责，积极协助领导开展各项工作，做好各类文书档案整理，援青工作信息报送，甘德与长宁的交流接待等。同时我服从当地县委、县政府的领导，与县委办、县府办、接待办共同合作协调，接待了长宁区委书记王为人带队的党政代表团、长宁区发改委、长宁区江苏街道办事处、长宁区卫生局、长宁区文化局等部门的工作交流与学习，加强了甘德县与长宁区之间的沟通、联络，起到宣传甘德、增加了解、共同发展的作用，也为今后的进一步合作奠定了基础。我也参与接待了省司法厅领导、副州长带队的州农牧局领导、省三江源办领导、上海市巡回医疗队等，一起接待了省委党校中青班调研组、省委党校宣讲团等。

在对口支援工作开展和对口项目实施过程中，我按照上海联络组的要求，不断加强自身建设。在政治方面，坚持把政治放在首位，从政治的角度去考虑问题，做到讲政治、讲党性、讲原则、讲大局，从政治的立场促进民族团结。在学习方面，自觉端正学习态度，加强学习党的理论、方针、政策，学习藏区民俗文化、党的宗教政策。在团结方面，处处以大局为重，相互尊重、相互交流、密切配合，妥善处理好各种关系，形成了一个团结的整体。与当地干部精诚团结、相互包容、相互尊重，维护了各民族之间、干部之间的团结，营造了团结共事的和谐氛围。在廉洁自律方面，勤俭节约，勤政廉洁。我积极适应高海拔给我带来的无法避免的生理反应，努力克服工作和生活中的诸多不便，主动融入当地干部群众中，认真学习，努力适应藏区生活习惯，积极开展基层工作调研，科学制定援青工作规划，严格落实援青工作措施，保证了援青项目的顺利实施。同时，我充分利用自身的知识和理念，通过日常的工作和生活，潜移默化的去影响身边的本地干部，改变本地群众。工作中，我常常会独立或参与接待各类检查和验收等工作，必须迅速熟悉多条线工作，及时变换角色，用自己的一言一行、一举一动树立了援青干部的良好形象，赢得了上级领导和全县干部群众的高度评价。

几年来，我积极参加甘德县组织的"群众路线教育"活动、"三严三实"教育实践活动、"两学一做"教育，认真参加各类学习，开展交流、批评与自我批评，认真剖析、积极整改，多次深入基层。我也认真制定方案，主动下乡，认真调研，虚心学习，听取各方面的意见与建议，积极整改并落实，走遍了对口联建的岗龙乡四个大队。有时下乡，晚上十点才能踏上返县之路。对于个别牧民、部门的实际困难，以及困难牧民居住在危房的现象，在缪武副县长的大力支持下，得到了妥善解决；为二十余户牧民送去面粉、粮食、日用品；为武警甘德中队修建蔬菜暖棚；为青珍乡政府解决急需资金等，深受当地牧民群众和干部的好评。"多下乡、多调研、多思考、抓落实"这也很好地展现了我们上海援建干部的工作作风。我们的足迹遍布甘德六乡一镇，调研各乡镇实际情况。走进牧户帐篷，走近牧民生活，深入了解乡镇工作开展情况。下贡麻乡的产业缺乏，虫草产量全县最低，经济发展后续乏力；岗龙乡的卫生院破旧不堪，设备堆积破陋的库房无法使用；部分乡政府办公场所极为简陋，长期不能修复，在临时房中办公。从中我们看到了甘德还处于发展的起步阶段，还有更多的工作需要我们援青干部努力。在这三年中，通过下乡调研，贴近群众，解决群众切实困难，捐赠财物，为贫困孤寡牧民搭建新的住房、为青珍乡政府办公设施捐赠修缮基金。深受乡政府及当地牧户的好评。

工作不息，援青奉献不止

对口支援工作开展十年以来，从国家到地方、从机关到团体、从干部到群众等社会各阶层，对对口支援工作给予了高度的关注和支持，特别是上海市、长宁区的主要领导高度重视，把开展对口支援工作作为党和国家赋予的一项重大政治任务和光荣使命，作为上海市认真贯彻落实中央第五次西藏工作座谈会和国务院《关于支持青海等省藏区经济社会发展的若干意见》，以及巩固和推进对欠发达地区对口支援工作成果的重要举措，真正做到了"部署规划到位、衔接协调到位、跟踪服务到位、督查指导到位、狠抓落实到位"，为对口支援工作的顺利开展和对口支援项目的顺利实施提供了重要保证。我作为援青干部不仅要抓好上海援建项目的工作，在思想上也毫不放松。我每周参加县委的中心组学习，并积极做好发言交流的准备；参与省委党校的调研工作并准备好交流材料，积极加强思想认识。

我主动融入本地干部群众中，认真学习民族宗教政策，积极开展基层工作调研，与当地干部群众融为一体，科学制定援青工作规划，严格落实援青工作措施，保证了援青项目的顺利实施。三年的对口支援工作，我们第二批援青干部用自己的实际行动彰显了上海干部的优秀形象。

对口支援项目的深入实施是对口支援工作顺利开展的重要保障。在项目实施过程中，援建单位始终坚持"高标准规划、高标准实施、高标准监管、高标准验收"，多次派出工作组深入项目实施地进行实地检查指导，援青干部也经常性的深入施工现场蹲点指导，协调解决工程建设当中存在的困难和问题，有力地推动了项目建设进程，切实保证了援建项目质量能够经得起时间考验和质量检验。正是有了这些高质量的品牌工程，为今后对口支援项目树立了标杆，建立了榜样，是对口支援工作顺利开展的根本保障。

时光飞逝，甘德人的精神深深触动我。"工作不息，奉献不止"是我援建工作的目标；"缺氧不缺精神，缺钱不缺干劲"成为我的座右铭；"同饮一江水，情系一家人"，变成我对甘德县不舍的怀恋。以对口支援和交流合作为契机，两地人民的友谊将更加密切，更加深入，更加巩固，两地的交流合作一定会结出丰硕的果实。

格桑花中闪亮着的"上海名片"

　　赵冬兵，1973年4月出生，安徽五河人。曾任上海市市政规划设计研究院规划研究所所长，奉贤区建设和交通委员会副主任、奉贤区奉城镇人民政府副镇长，长宁区建设和交通委员会副主任。2016年8月—2019年7月，担任青海省果洛藏族自治州甘德县委常委、副县长，其中2018年3月，兼任果洛州政协经济与提案委员会主任。回沪后，曾任长宁区建设和管理委员会正处职干部，现任长宁区周家桥街道党工委副书记、办事处主任。

口述：赵冬兵
采访：王佩娟　祝　慧　袁鲁宁
整理：王凤兰
时间：2020 年 3 月 26 日

　　2016 年 5 月，长宁区委组织部开展第三批援青干部选拔，我第一时间报名参加。经过体检、面试等环节，我于 7 月 24 日飞抵青海，任果洛州甘德县副县长，开始了为期三年的援青工作。

　　甘德县地处果洛藏族自治州腹地，属于高寒高海拔地区，自然地理和气候条件严酷，生态承载能力脆弱。全县地势高峻，平均海拔 4200 米以上；大风天气多，雪灾、雹灾等自然灾害多；空气稀薄、含氧量低、气压低、年均气温低。全县土地面积 7046 平方公里（1056.9 万亩），其中草场面积 976.88 万亩，占全县土地总面积的 92.4%。2014 年的全县人口为 3.6 万，藏族人口占总人口的 95.9%，下辖一镇六乡。

　　甘德在藏语中是"安乐吉祥"的意思，但因受到自然、地理、历史等因素影响，全县经济总量小，社会发育程度低，产业单一，生态畜牧业和文化旅游处于起步阶段，属国家级贫困县，同时也是青海省扶贫攻坚重点地区之一。根据甘德县基础设施建设相对滞后、公共服务能力不足、产业发展薄弱等特点，在长宁区委、区政府和当地党委、政府的领导下，我和相关同志瞄准工作重点，谋思路、促规划、排项目、抓落实，积极开展扶贫各项工作。

发挥专业特长，科学统筹，夯实根基建设

项目建设是助推甘德脱贫攻坚、提高社会保障能力、改善民生问题的重要载体。

要想把扶贫项目建设好，必须要回顾过去、总结经验，才能精准施策、少走弯路。上任伊始，为全面掌握在建和已建上海援建项目的情况，我带领相关同志对2012—2016年上海援建甘德县的26个项目进行实地勘察，走遍了一镇六乡7000多平方公里的土地，掌握了甘德县地情地貌的主要特点。我根据专业的标准和要求，对所有援建项目进行查看，感受高原气候下建筑施工的项目特点，为后期开展项目建设打下了坚实基础。刚开始随行同志不理解，认为项目都建完了，还有啥好看的。但我一直对他们说："只有正确了解过去，了解当地的实际情况，才能更好地开展工作、开创未来。"看着我厚厚的笔记，随行的同志不禁暗挑大拇指，觉得上海来的就是不一样，工作太扎实。

为了尽早尽快完成项目建设，我创新出"可研带初设""以初设促施工图"等工作方法，会同县项目办、设计院及相关建设单位，共同研究项目可研报告等前期设计资料。我还通过直接参加评审会听取专家意见等方式，积极推动援建项目尽快获得可研和初步设计批复。并且，我紧抓施工招标环节，推动援建项目早发招标公告、早开标、早评标，推动援建项目早日开工。在果洛州六个县当中，甘德县率先实现2017年援建项目于当年上半年全部开工建设的工作目标。

作为土木工程方面的博士，我深知建设项目规划是否长远，设计是否合理，功能是否齐全，是关系到扶贫项目能否发挥最大效用的决定性因素。进青之初，我查阅了当地建筑方面的大量档案资料，并会同县发改局和项目建设单位一起对项目进行分类，梳理总结不同项目的特点规律，研究如何更能发挥各类项目的最大效能，对此形成了一整套完整的项目建设总体思路。

工程项目作为一个综合性的过程，必须全程把控，规范严谨，丝毫不能马虎。在项目筹备阶段，我亲自带队到设计院，与相关专业技术人员当面交流、

◀ 赵冬兵（中）深入施工现场指导检查工作

具体布置，并抓住可研评审的关键时机，落实现场踏勘、方案比选等环节，确保项目方案设计合理、效益最优。项目建设时，我一头扎入工地，对总体进度和施工质量等进行仔细查看，尤其是专业技术问题，更是一丝不苟、严管细查。进青三年以来，我牵头召开各类工作推进会、现场调研会 30 余次，赴县受援办、设计院、施工现场等指导检查工作约 50 次，工作车辆的行驶里程超过十万公里。在严谨的工作作风下，关于我"这个博士县长有点麻烦"的说法渐渐传开。有些县里的同志说，博士县长布置的工作要踏踏实实地做，来不得半点马虎，因为这个人非常"砝码"（青海方言，厉害的意思）。

在长宁区委、区政府领导的关心和支持下，经过努力，相比 2016 年，甘德县 2017 年、2018 年、2019 年上海援建项目的资金支持力度不断加大，每年的增长幅度超过两位数，资金总数已由 2016 年的 2170 万元增长为 2019 年的 4420 万元，直接助力了甘德县的脱贫攻坚工作。在县领导的支持下，我脚踏实地做项目，"这个有点烦的博士县长"终于让大家尝到了甜头。2016—2018年，甘德县的援建项目建设连续三年走在全州前列。在年度计划安排实施的 23 个新建项目中，当年项目开工率 100%、当年项目竣工验收率 80%、投资完成率 76.1%，为甘德县甩掉贫困帽做出了突出的贡献。

强化制度引导，精准施策，建立长效机制

通过一段时间的观察，我觉得扶贫工作不能只停留在搞建设、上项目这样的"硬"扶贫上，"软"扶贫也十分关键。俗话说得好，"没有规矩，不成方圆"，只有建立严谨规范的制度、统一有序的标准、合理正规的秩序，才能改思想、改作风、改行动，才能促长远、保发展，彻底脱掉贫困的帽子。

在工作中，我发现甘德县在整体建设管理水平上相对较为薄弱，没有完整规范的管理体系。我结合甘德实际，针对援建项目特点，编写了《基本建设项目行政管理有关规定》《基本建设项目管理有关程序和制度》《建设项目文明施工和安全管理要点》等文件，详细阐述项目管理的总体原则、实施步骤，以及各项工作的方法、措施，为甘德县项目建设的总体管理工作起到较好的引领作用。此外，我结合甘德县实际情况，组织县里与上海援建项目有关的单位，从项目资料管理、施工安全管理、文明施工管理等方面进行培训，大幅度提升了当地干部的建设项目管理水平。由于效果十分显著，我在上海第三批援青干部联络组季度工作会议上进行交流，推广成功经验。

为提高援建项目管理工作规范化水平，弥补管理短板，我还牵头建立了甘德县上海援建项目月报及年度计划制度、目标考核机制，进一步理顺项目运行流程，确保各项工作齐抓共管、统一协调，彻底扭转了当地部分建设项目一定程度存在的"慢散迟等靠拖"等现象，并在甘德干部群众的思想中牢牢植入现代化管理理念，实现了扶贫先要扶思想，制度提高战斗力的发展格局。我多次针对援建项目施工现场存在的共性问题，进行集中讲解和纠正，积极推动援建项目施工标准化、规范化建设。随着管理水平的不断提高，各项工程建设平稳快速推进，实现天天有进展、周周见变化、月月见成效。三年来，甘德县政府在实现援建项目早招标、快建设、早竣工，牧民群众早受益的同时，还于 2017 年、2018 年连续两年获得"果洛州上海援建项目优秀管理单位"的光荣称号。在组织的关心下，我本人也荣获了"2018 年度上海市五一劳动奖章"荣誉称号。

我刚到青海时，果洛州的机场、高速公路都没有投入使用，只有一条大

◀赵冬兵（右二）
与专业技术人员
商量工作

（武）班（玛）公路穿境，连着玛沁县、甘德县、达日县和班玛县，还有乡级公路通往乡镇，交通条件极差，不仅给居民生活带来了极大的困难，而且也给脱贫攻坚工作带来了极大的阻碍。针对这个"老大难"的问题，我及时向长宁区政府汇报，并拟制公交线路总体运行方案。长宁区委、区政府专款划拨 50 万元帮扶资金，购置了两部扬子牌中型客车。2018 年 6 月 26 日，甘德县首条乡村客运班线运营工作正式启动，有效解决甘德县六乡一镇、20 个行政村、2 万多名群众的出行问题，对甘德县脱贫攻坚工作发挥了积极的作用，也为全县客运市场安全、健康发展提供了示范和引领作用。

转化资源优势，多处发力，拓展"造血"功能

产业援青是提升甘德自我"造血"能力，实现长远发展的重要途径。产业扶贫开发得好，就能变"输血"式扶贫为"造血"式扶贫，变"救济式"扶贫为"开发式"扶贫，促进贫困人口增收，提高贫困人口的自主脱贫能力，增强贫困地区内生发展动力，对脱贫工作有着重要而深远的意义。但如何能够找到符合当地特色的扶贫产业，让甘德县实现长远协调可持续发展，这是我一直在思考的问题。

甘德县地处三江源生态保护区畜牧业产区核心位置，因此必须突出特点，立足生态畜牧业发展主题，依托"有机畜牧业发展基地""甘德牦牛"国家地理标识认证等品牌优势，使牦牛酸奶、牛肉干、野生贝母、虫草和精美的手工饰品等特色产业走向市场。甘德虽然产品种类丰富，但是如何能够有固定的销售渠道，把这些产品成功送到消费者手中，是一个比较大的难题。2018年10月，在长宁区政府的大力推动下，甘德县土特产直销店在长宁区龙安市场正式开业，实现了甘德产品入驻上海营销的零突破。开业不到半年，直销店的销售额已突破30万元。我们还推动发展"互联网+"等新型运营模式，建立甘德土特产线上销售平台，并在商品化的过程中注重品牌塑造、市场推广、包装设计、渠道销售等有关工作，为甘德县高原土特产走进上海、走向全国提供有益的借鉴。

草原退化，黑土滩增加，鼠兔泛滥，传统畜牧业生产效益低下，是牧民群众致贫的主要原因。根据全县总体发展战略，我瞄准痛点，带领相关同志充分整合甘德县的草地生态资源，积极引导贫困户发展生态畜牧业及饲草种植业，推动生态与产业深度融合。2017年，我们通过甘德县江千乡恰曲纳村饲草基地这一建设项目，实现该村建档立卡贫困户劳务就业20人，种植饲草3000亩，当年收获鲜草66万公斤，净收入达到75.3万元，有效防止因灾害导致牲畜死亡、牧民再次返贫等情况发生。

在工作中，我勇于创新，积极推动形成"全方位、多层次、宽领域"的对口支援工作新格局，牵头推进《甘德县人民政府与长宁区人民政府携手奔小康行动协议》《长宁区教育局、甘德县人民政府关于加强教育事业帮扶共建的框架协议》《长宁区卫计委、甘德县人民政府关于加强卫生事业帮扶共建的框架协议》《长宁区新泾镇与甘德县六乡一镇携手奔小康乡镇结对协议》等共建协议签订，并落实甘德县及所属全部乡（镇）、贫困村与上海长宁的结对全覆盖。

积极推动长宁与甘德两地高层领导互访，协调落实长宁区党政代表团等赴甘德县考察的有关事宜。在我的牵头引导下，青海天果沙棘制品有限公司于2019年4月在甘德县注册成立，成为首家由上海企业在甘德注册成立的绿色食品企业。该公司计划在甘德县开展沙棘育苗及栽培种植、建设沙棘产品研发及生产基地，为当地产业经济发展注入新动力。除土特产品外，我还主动争取上海计划外资金及上海市药品企业支持，推动甘德大黄药材产业培育工作，并主动联系浙江纺织企业推广甘德牦牛绒，大力推动当地产业多方面迅猛发展。

深入调查研究，帮困解难，紧贴百姓心声

精准扶贫重在"精准"二字，其实质就是针对不同贫困区域环境、不同贫困农户状况，精准识别百姓需求，想尽一切办法帮助困难群众摆脱困境，帮助他们获得浓浓的幸福感。

针对当地医疗条件差、医护人员缺、医疗水平低等特点，由长宁援建的甘德县人民医院综合门诊楼极大改善了县人民医院基础设施落后的面貌，加快了全县卫生事业持续健康发展，进一步提高了综合医疗服务能力；同时也提高了医护人员的积极性，为强化甘德县卫生专业人才队伍建设提供了良好平台。

此外，长宁与甘德两地共同探索并逐步实施远程医疗培训、远程会诊等项目，依托信息化手段，推动两地医疗资源高效互通。2018年1月，在长宁区卫计委和同仁医院的支持下，同仁医院为甘德县高原艰苦岗位工作的专业技术人员安排了年度体检。6月中旬，3名甘德县医务人员抵达同仁医院，开始了为期三个月的业务进修。同年，长宁区卫计委还组织专家团和代表团赴甘德开展讲学、考察交流、帮扶活动，系统全面地讲解了医院管理、医院服务流程、医疗联合体建设和分级诊疗，并有针对性地对基本卫生公共服务、妇幼保健、急救、家庭医生签约等细化内容进行授课。

2016年8月，我刚到甘德县任职不久，听闻甘德县柯曲镇曲纳合村贫困户加拿家中共有5口人，年迈的老奶奶身患疾病，孙子孙女尚在年幼，家里只靠孩子们的妈妈苦心支撑。全家无固定经济来源，只能蜗居在租来的一处破败不堪的土房里。我主动向领导请缨，赶赴这户贫困老乡家中，并送上慰问金。随后在短时间内，我努力筹措建房资金。2016年9月，加拿家的新房开工。当加拿一家踏进属于她们的新房子，感激的话语脱口而出，"感谢党、感谢政

府、感谢各位领导……"

扶贫必须扶志，我们要让贫困群众逐步树立自尊、自立、自强、自信之志，以精神扶贫助推物质扶贫，全面提升贫困群众的"精气神"。长宁区积极参与甘德县青珍乡风貌改造项目，主要对青珍乡主街道沿线楼房进行外立面整治，实施安装 GRC 藏式构件，设置外墙真石漆、岩片漆、文化石、SPS 防水、铝单板、屋面彩钢等改造内容。改造项目由我主抓，2017 年 6 月 15 日开工建设，9 月 30 日便竣工并交付使用，共整治房屋外立面 3750 平方米，改造商铺店招店牌及门头 40 处。

感悟高原精神，爱国奉献，锤炼坚强党性

我不断加强自身建设，锤炼党性，自觉维护和树立上海援青干部的良好形象，做沪青两地的友好使者，谋划落实好三年的援青工作，与当地干部群众齐心协力，为打赢脱贫攻坚战做出应有的贡献。

刚到甘德县，高海拔、低气压、低氧、低温的恶劣自然条件就给我来了个"下马威"，爬个二楼都要喘粗气，身体非常难受。但我不断地告诫自己，作为共产党人要时刻牢记自己的使命任务，牢记援青工作的重要意义，"缺氧不能缺精神，艰苦更要能吃苦"。在开展扶贫开发工作的过程中，我深刻地认识到，除了要在行动上始终以脱贫攻坚为导向，统筹安排、周密部署外，还要把握正确的政治方向，认识到国家地域广、民族多、边疆与沿海、高原与平原之间的社会经济发展不平衡，是有着深刻的历史原因和地理影响的，而对口支援工作正是落实中央科学发展战略、民族政策的重要抓手。

结合甘德县实际情况，我提出"韧、细、实、柔、新、精、情、专"的八字工作法，韧：坚定目标、持续推进，细：抓住过程、注重细节，实：关注节点、解决问题，柔：和风细雨、达成共识，新：创新方法、提高效率，精：聚焦脱贫、注重实效，情：以情感人、以理服人，专：加强培训、防范风险。在工作中，我不断提高思想修养，时刻牢记要胸怀大局，在帮助受援地区实现又好又快发展的同时，虚心学习和努力发掘当地的有益经验和优势资源，为上海发展拓展新的空间、注入新的活力、塑造新的精神，努力实现互利共赢、共同

发展。

如今，在青南高原这片辽阔美丽的土地上，在党中央的正确指引下闪耀着上海援青工作中那些熠熠发光的"上海名片"。"上海青""上海亲"，自从2016年7月来到青海省果洛州，我们第三批上海援青干部就有了这样亲切的称号。"青"意味着在高高的青南高原上，我们积极进取、努力奋斗，为果洛地区脱贫工作奉献了青春、贡献了力量；"亲"意味着，在整个中华民族大家园，汉藏一家亲，在国家对口支援大政方针的指引下，我们有幸践行使命，在高原有了亲人、在牧区体验了亲情。三年来，我们在感情上深情地融入了甘德草原，和很多干部群众成了兄弟朋友。奉献报国的家国情怀指引着我们的工作，让我们的能力得到了提升，境界得到了升华。

长宁区对口支援果洛州甘德县工作，始终贯彻落实习近平总书记在中央扶贫开发工作会议、东西部扶贫协作座谈会上的重要讲话精神，帮扶项目有序推进、产业合作不断深化、人才交流日趋频繁、社会事业合作成效显著。在两地的共同努力下，2018年，甘德县全县经济社会各项事业实现稳步发展，全年完成地区生产总值3.52亿元，贫困发生率由24.8%降到7.42%，实现3个贫困村退出。最后，我真诚地祝愿甘德人民在党中央和习近平总书记的正确领导和关心关怀下，早日脱贫、共赴小康！

植根雪域高原著华章

江轶群，1977年7月出生，河北宁晋人。曾任长宁区国家保密局局长、长宁区委办副主任、长宁区新华路街道办事处副主任。2019年7月至今，挂职青海省果洛藏族自治州委副秘书长，其间还主要负责上海市援青干部联络组的日常工作。

口述：江轶群
整理：贾彦春

"玛卿的雪啊，你可是先祖不朽的誓言？

年保的峰啊，你可是父辈不屈的灵魂？

扎陵湖、鄂陵湖啊，你可是儿女祈盼的双眼？

还有我的母亲河，你流向故土的何方？"

……

对于果洛，最初的认知源于《天果洛地果洛》中的一段歌词。

沪青两地，一个远在世界屋脊，一个地处东海之滨，2010 年，上海市贯彻落实中央对口支援青海藏区的决策部署，承接对口帮扶青海省果洛藏族自治州的神圣使命，自此，推动沪青两地从干部到百姓、从政府到民间实现全方位交流、多领域交往、深层次交融，上海与青海就这样紧密地联系在了一起。

十年来，先后有四批上海援青干部、援青人才不远千里、不避苦寒，积极响应党中央号召来到果洛州开展对口支援工作，努力为青海果洛的改革发展持续注入动力。

这十年，是全体援青干部用青春、汗水和热血诠释忠诚的十年，是沪青两地人民用时间和行动改变命运的十年，更是青海果洛藏族自治州 20 万各族群众亲眼目睹沧桑巨变的十年。十年转瞬，渐渐发现，连接两地的，不仅仅是金钱和物资，更一脉相承着一种精神。

初心——标记雪域果洛的精神坐标

2019 年 7 月，上海正在被热浪席卷，而果洛青青的草原、屹立的雪山、凉爽的天气……恰是一年中最美的季节。就在这美景风光如画的时节，我作为第四批援青干部，来到了青海省果洛州，主要负责上海市援青干部联络组的日常工作。

上海第四批援青干部联络组共有成员 30 名。踏上青海这片土地前，我曾向上海第三批援青联络组组长倪斌、上海市政府驻西宁办主任刘瑞群等领导了解青海和果洛的人文环境、工作情况及注意事项，阅读了大量果洛藏族自治州的资料。我也曾跟随联络组组长冯志勇主动上门对第四批各位援青干部、援青人才的派出单位的组织部门进行了逐一拜访，全面掌握了每一位援青干部、援青人才的基本信息。之后，才正式开启了自己的援青之路。

刚到果洛，我便随联络组、上海市合作交流办项目指导组、上海市驻西宁办等深入基层一线开展全面调研，检查上海市计划内项目及续建项目，从项目进度、资金拨付进度、项目台账、重点难点问题等方面全方位进行调研检查，与州相关单位和各县对项目进展情况及今后项目需求和设想进行交流。

◀ 江轶群下基层调研召开座谈会

但是，各种高原反应症状也接踵而至，一个是重度失眠，每天不到两小时的睡眠成为日常，半夜经常惊醒就再也睡不着了，日复一日。另一个是心率加快、气喘得急，静躺在床上心率已达到 100 以上，与家人通电话说话快了就会呼吸急促。虽然环境艰苦，但我深知自己的职责与使命，在高原，每一名援青干部将"并肩战斗、携手前行"作为共同的价值理念和精神追求，竭尽所能帮扶高原群众，我也是其中一员，也拥有那种不畏艰险、勇往直前的信念。心理健康辅导、身体检查、各种生活所需……果洛州委办公室和果洛州委组织部的关怀使我很快克服了初上高原的各种不适，令我感受到融入果洛的温馨。

今天我们让更多当地老百姓切实感受到上海的"温度"，援青工作的"力度"，不断提升他们的幸福感和获得感，不负使命重托，坚定开启援青征程。在一次次深入调研中熟悉青海、在推动发展中尽力服务青海、在担当作为中尽情奉献青海，努力为新青海建设做出新的更大贡献，我想这正是我们所有援青干部迫切需要完成的使命和任务。

回顾近一年的援青经历，援青给我的最大收获是锤炼了意志，升华了人生，净化了心灵，增加了阅历，拓展了视野，开阔了胸怀。时至今日，临行前，上海市委书记李强关于"当好脱贫攻坚的'突击队'，建好密切党同人民群众联系的'连心桥'，跑好持续对口支援帮扶的'接力赛'，走好人生宝贵的'历练路'"的殷殷嘱托，至今萦绕耳边。

平均海拔 4200 米以上，大气含氧量仅为海平面的 54%，一年中无四季之分，只有冷暖之别，是青海省经济发展最落后，自然环境最恶劣的地方……看着已经三批上海援青干部走过的雪域果洛，我不禁想到，一个援青组织就是一个堡垒，一名援青干部就是一面旗帜，这是一次寻找精神之源的"初心旅程"。

担当——让果洛民生感受"上海速度"

接过第三批援青干部的接力棒，我感觉任务远比想象中更艰巨。医疗、教育、脱贫攻坚、交往交流，还有固定资产投资类等各种项目任务繁重、专业性强，这对于我们第四批的援青干部人才多集中于医疗、教育领域来说，还都是以前工作没有接触过。尽管如此，推动援建项目有序实施，半点也容不得马虎。2020 年是全面建成小康社会和"十三五"规划收官之年，也是上海对口支援果洛十周年。值此关键时刻，我们从前人手中接过"接力棒"，可谓使命特殊、任务艰巨、责任重大。

联络组在对果洛州 6 个县及州统筹项目检查时做到了全覆盖和制度化。这为我们梳理和落实整改反馈的问题，重新招标项目管理公司，补齐项目施工、监理资料，完善项目管理流程上赢得了时间，为今后好中选优、提高援建项目的质量和缩短工作周期奠定坚实的基础。

2019 年上海市对口支援果洛州项目 147 个，2020 年有 104 个。我们知道，只有做强了产业，果洛才能健康快速发展，人民才能感受到"安全感"。我也深知助力果洛打赢脱贫攻坚战是当前上海援青工作的重中之重，要在精准对接当地需求上下更大功夫，助推果洛产业转型发展，促进就业增收，注重解决贫困农牧民急难愁盼的现实问题和困难。我和此次所有的援青干部人才一样，只要党和国家有需要，就要义无反顾、迎难而上。

在 2019 年 10 月 17 日，第六个"国家扶贫日"之际，上海光大会展中心举办"2019 年上海市对口帮扶地区特色商品展销会"（简称"1017"展会）。我作为"1017"展会和农展会果洛地区联络员，把这两个展会作为果洛州对外开放和合作交流的最重要的窗口和平台，积极参与，精心布展，联系了 24 家企业在两个展会上设立 12 个展台，向上海市民展销青海高原特色产品六大类 100 余种。为了做好参展工作，拓展果洛州特色产品在上海市场的认可度和推广度，我和各县援青干部一起全力以赴，围绕"打品牌、展特色、拓渠道、真扶贫"做文章。早在展销会开幕前一个多月，我们就开始积极对接上海市对口帮扶地区"百县百品"评选工作，在当地政府牵头下，甄选出果洛州及各县品质高、竞争力强的优质特色产品向上海推荐，力争打造高原特色品牌。通过各方努力，果洛州甘德县的蕨麻、火麻、沙棘果，达日县的藏香，班玛县的藏雪茶，久治县的牦牛肉，玛多县的藏羊等 11 款产品被成功评为上海"百县百品"工程的优质农特产品，在展销会上有很高的辨识度，起到了品牌引领作用。援青干部们还与各参展企业结对，在筹备布展期间一起出点子、想办法，做好

◀ 江轶群（中）在
班玛县灯塔乡
班前村开展帮扶
活动

"设计师"。在展销过程中共同做宣传，讲产品，当好"推销员"，力求展示产品特色，彰显果洛独特的高原文化。最终，玛多藏羊首日即签下1000余袋的销售"大单"。每一个项目的成功举办，都实实在在地为果洛州做宣传，攒人脉，促销量，为果洛州带动消费扶贫、打赢脱贫攻坚战提供助力。

2020年2月，我陪同联络组组长冯志勇，深入久治县智青松多镇德合隆村调研督战决战决胜脱贫攻坚工作。我们在建档立卡贫困户家中，了解了他们的生产生活、家庭收入、子女上学的情况，查看了住房、穿衣、饮食、饮水等现状，倾听了他们有关脱贫方面的诉求。在牧民家中，我们不仅看到了好的"产业"对于脱贫攻坚的巨大成效，也听到了牧民群众在各级党委、政府的帮助下努力克服困难走上脱贫致富道路的幸福故事。

生态畜牧业是果洛州的第一大产业。为了做好果洛州的畜牧产业，我和其他援青干部一起积极尝试围绕果洛藏区实际情况，对接上海消费市场需求，构建果洛生态畜牧业产业链；精心组织参加上海各类展销会，利用消费扶贫的各项政策，为上海市和果洛州两地企业产销对接提供平台；支持发展电子商务和冷链物流，推动果洛优质牦牛肉等产品走向全国；积极引导上海消费扶贫联盟、贵州牛羊协会等优质企业进果洛，以资本和技术为纽带，构建适应全国大市场的生态畜牧业产业链，促进畜牧资源优势向产业优势转化。

此外，依托上海前沿优势，挖掘藏区特有文化传统对接上海工艺美术协会等行业资源，在牦牛皮手工艺品方面开拓市场需求，以政府牵线、协会引导、企业为主的"创意、生产、市场"三结合的文化创意闭环式扶贫模式日益成形，逐步发挥各自所长，放眼长效，授之以渔，让藏区牧民群众"脱真贫，真脱贫"。

强智——志为果洛添华彩

如果说，对口援青，民生改善和产业发展打造的是"硬件"基础，那么长久以来的交流交融、培育人才，就是培养"软实力"，为果洛州带来先进的技术、资源，培养一批"带不走"的人才。我们认为人才匮乏和干部人才结构不合理是制约果洛州发展的重要因素，为此上海充分发挥科技和人才优势，通过两地培训和支教、支医等多种形式，推进各类人才的引进、培训和培养，把智力援青作为对口支援的重要内容和"特色品牌"。

今年5月，我牵头组织了中福会代表团来果洛开展学前教育调研和讲学活动，以援青项目为带动，为中福会与果洛州教育局在设施建设、幼师培训、远程教育等项目做好对接打下了坚实基础。一直以来，为了更好地让项目带动改善教育现状，我们努力改善教师生活居住条件，加大教师队伍培训力度，着重在提升和改变理念、水平、质量和方法上下功夫，丰富上海与果洛职校联盟建设内涵，探索果洛与上海高职学校联合办学的新模式，提升职业学校办学水平和毕业生就业质量，进一步提升教育教学质量和水平。

在就业方面，上海市与果洛州把解决就业问题作为改善民生的重要手段，通过支持职业教育、开展就业创业和劳动技能培训、提供就业岗位等多种措施，加大就业支援力度。双方利用劳务协作补贴政策，鼓励开发各类公益性岗位，吸纳毕业生和贫困人口就近就业；建立就业岗位信息发布平台，提高现场招聘会质量，探索组团式招聘方式，促进了贫困劳动力跨地区转移就业。我参与了上海中小企业技术人才引进服务中心（上海市对口支援地区就业服务工作站）在果洛举办的有史以来最大规模的专场招聘活动，来现场求职者达 1250 名，达成意向 720 人，衷心希望帮助他们实现"就业一人、脱贫一户"的目标。

我还牵头完成了 2019 年上海市对口支援果洛工作总结，包括 1 个总报告和 6 个分领域报告，认真谋划，合理布局 2020 年项目。为使援建工作充分体现"中央要求、果洛所需、上海所能"，我与联络组项目管理组同事们，对接国家提出的重点领域，按照上海对项目资金计划编制工作的要求，根据果洛州"十三五"规划，会同果洛藏族自治州相关部门，抓紧开展调查研究，逐步扭转援青项目"小、散、乱"的局面。通过不断健全和完善援建项目的运营机制、管理机制和绩效考评机制，我们希望最大程度地释放援青资金的综合效能。作为州直联络小组组长，我还牵头负责州委组织部、宣传部等州直部门的援青项目的推进督促工作。

在不断地探索与挑战中，我和所有援青干部人才一样，发扬"敢为人先"的创新精神和"人一我十"的实干精神，把"海纳百川、追求卓越、开明睿智、大气谦和"的上海城市精神与"登高望远，自信开放，团结奉献，不懈奋斗"的新青海精神融为一体，在雄奇壮美的果洛经受考验、充分锻炼、迅速成长。截至 2020 年 6 月，我在青海生活工作的这段时间里，我和众多的援青干部一样，已经对果洛州的山山水水和各族群众都充满了感情，选择在这片土地上坚守党和国家的嘱托，坚守智力援青的重任。

如果说援青不苦，那是假话，半年甘苦，冷暖自知。但是以一名共产党员的忠诚与担当，我从不以为生活上的苦是苦，安下心沉下身，以"功成不必在我、功成必定有我"的精神，让自己三年的工作能实实在在为果洛留下一些开拓发展的新芽，在经济建设的春风中越发繁茂。

礼赞甘德脱贫摘帽

王全有，1975年3月出生，甘肃通渭人。1994年7月高考入伍。在部队曾任机械师、连队副指导员、政治处干事、政治工作部组织科科长、政治工作部副主任、东部战区政治工作部秘书办主任等职。2018年10月转业地方，安排到长宁区档案局工作。2019年7月至今，选派到青海从事对口支援工作，任果洛藏族自治州甘德县县委常委、县政府副县长。

口述：王全有

整理：袁鲁宁

2020 年，上海援青已整整十年。十年时间，在人类社会发展进步的历史长河中是一瞬间，但对咱们上海市、长宁区对口支援和帮扶青海省果洛州甘德县而言，十年征程，沧海桑田，是人类脱贫史上不可或缺的一部浓重的华彩乐章。我感觉自己很幸运，在援青十周年之际，作为第四批援青干部，肩负着上海市委、市政府，长宁区委、区政府的嘱托，怀着沪青两地人民的期盼，来到甘德县从事对口支援和帮扶工作。到这里以后，我亲眼看见了援建十年来所取得的辉煌成就，亲身体验了高原高寒牧区脱贫面对的艰难困苦，亲切地感受到了当地牧民群众的获得感、幸福感，对党、对社会主义、对上海的感激感谢感恩之情。"功成不必在我，功成必定有我"。我充满激情地投入了当地脱贫攻坚的各项工作，当成自己光荣而神圣的事业来拼搏。

澎湃的援青心路

援青十年，上海先后有四批援青干部人才响应党的号召，肩负组织的重托，离开大都市的繁华，告别热爱的本职岗位，来到自然环境严酷、工作条件艰苦的青海，自觉扛起报效祖国、服务西部、脱贫攻坚、全面小康的旗帜，饱含真情服务青海，以实际行动谱写了一例例动人的援青故事。我作为第四批援青干部，为前三批援青干部人才的觉悟、精神、牺牲而感动，他们是我学习的

2019 年 7 月，长宁区档案局魏红局长为即将出发的援青干部王全有（右）戴上大红花，鼓励其建功高原、奉献雪域

好榜样。

2019 年 7 月，是我转业地方工作的第九个月，长宁区档案局是我到地方后的首个岗位，局长魏红是我的领导。面对局里的工作新局面，我很珍惜这个岗位，在档案局干得很积极、很认真，也感到很有成就感。正在这时候，魏局长找我和局里的另一名同志一起谈话，征求我们两人的援青意愿，还嘱咐说回去好好考虑考虑，与家人商量。刚谈过话不到二十分钟，我就向魏局长毫不犹豫地表明自己的决心，坚定地表示要申请去援青，并且愿意到青海高海拔地区去。

随后经过市、区两级严格的考察、面试、体检、培训、家访等程序，我成为一个援青干部，从此打内心默默告诫自己，不能辜负了组织的信任和期望。现在回头想一想，十年来每一名援青干部，都要经过严格的组织程序，都要好中选优，坚持把最可靠、最优秀、最能干的人选送到援青第一线，这是上海对援青非常重视、高度负责、真情实意的一种体现。

从上海来到青海省果洛藏族自治州甘德县，到 4200 米的青藏高原，无论环境多么艰苦，我时刻牢记着自己是上海的干部，一定要把助力脱贫举过头顶，三年之中为当地经济社会发展、民生改善努力做一些好事实事。做到缺氧不缺精神，乏力不乏行动，下决心战胜自我、战胜困难，在雪域高原洒下奉献的心血和汗水。要在援青实践中锤炼党性、砥砺品格，提高能力、增长才干，严于律己、树好形象。

尽管我们离开了上海和原单位，但组织上对援青干部始终非常关注、非常牵挂、非常关心，定期掌握我们的工作情况，了解生活中面临的困难矛盾，反复叮嘱要保重身体；逢年过节还专门打电话，派人到家里去走访，帮助解决实际问题；年底休假回到上海后，还要召集援青干部开个座谈会，听大家谈工作、谈想法，为干好援青工作提要求、出主意、教方法；区委书记、区长还要亲自请大家吃上一顿久违了的上海家乡饭，与大家亲切交流、表达慰问。我切实觉得，作为援青干部，大家心中有使命、有荣誉，更有感动、有幸福。

甘德县退出贫困县序列

2020 年 4 月 21 日，一个喜讯在广袤的甘德县大草原上传送——全县终于脱贫啦！当日国家扶贫办宣布，按照国家和青海省制定的贫困县摘帽程序和标准，经县级申请、市州初审、省级专项评估检查、省扶贫开发工作领导小组同意、向社会七日公示等程序，甘德县退出贫困县序列。这标志着甘德县长期以来困扰祖祖辈辈的贫困问题从此得以解决。

已经脱贫的甘德县，处处洋溢着新气象。当地的藏族同胞身着民族盛装，在县城文化广场上载歌载舞，脸上绽放着雪莲花般纯美的笑容；大家的生活不愁吃、不愁穿，教育、医疗和住房安全有保障，城镇常住居民人均可支配收入33525 元，农村常住居民人均可支配收入 8389 元，全体居民人均可支配收入达到 11940 元；县城里藏式风格的建筑红墙绿瓦，楼房林立，街面上店铺一家挨着一家，生意做得红红火火；不远处的草山上还有一群一群的牦牛在静静地吃草，放眼望去，一切都沉浸在欢庆、幸福、快乐、祥和的节日般的氛围中！

甘德县是国家扶贫开发重点县和三区三州深度贫困县，"贫困人口多、贫困程度深、贫困面积大"是全县贫困状况的真实写照。通过查实，2015 年，甘德县精确识别贫困人口 2839 户，10785 人；当年年末全县总人口 11356 户，35478人。贫困户占 25%，贫困人口接近 30%，这表明每 4 户人家就有 1 户是贫困户，每 10 人中就有 3 人是贫困人员。尤其是牧区藏族同胞住危房，用电难、出行难、

◀ 2019 年 8 月 22
日，王全有（右）
到青珍乡牧民家
里，走访了解
"两不愁三保障"
面临的问题短板
情况

喝水难、看病难、上学难等问题尤为突出。2019 年我来到甘德后，当地的干部经常会聊起十年前全县的贫困状况，大家讲到最典型的就是县城里的工作生活条件。那时候县城里几乎没有楼房，放眼望去就是几排竖着烟囱的砖瓦平房和帐篷房，县里党政机关的办公、住宿也都是平房，房间里没有自来水，没有卫生间，没有供暖设备，仅有一个简陋的铁炉子烧牛粪取暖。让人哭笑不得的是，在寒冷的冬夜，机关干部连解手方便一下都成问题，因为要起床到室外去，到山坡上的一个旱厕，有时下了雪，连滚带爬地上一趟厕所，有时深夜里还会遇到狼，有极大的人身安全风险，只好深更半夜叫醒同伴或敲响邻近住户的门，两三个人结伴去上厕所。这样的状况，就在十几年前，当时的贫困程度大家由此可想而知。

看看今日美丽图景，回首十年前的困苦，作为一名援青干部，我感慨万千、唏嘘不已，沉思良久、难以平静。我经常想，只有在中国共产党的坚强领导下，在全心全意为人民服务的宗旨实践中，在社会主义大家庭的互帮互助下，在集中力量办大事的制度优势下，才能实现像甘德县这样的脱贫伟业。

扑下身子干在实处

我的援青工作已经快一年了，经过这个起步之年、开局之年的实践，自己最大的体会，就是觉得对口支援和帮扶工作大多是啃硬骨头、挖穷根子、破历史问题，困难矛盾多，难度大。常常会碰钉子、遇挫折，如果没有不怕反复、百折不挠的倔强劲，不下一番苦功夫、细功夫、实功夫，光想着走什么捷径的话，脱贫工作十有八九会落空，援青干部的工作也会暗淡无光，甚至无所作为，当地干部群众也不会认可。我认为，唯有牢记身份、肩扛责任、扑下身子、真抓实干。

甘德县地处"中华水塔"三江源的腹地，环保是最大的责任，不能大搞工业化的开发；当地海拔高、纬度高、气候寒冷，全年没有无霜期，不能种植农作物，种青稞也不行。在这种情况下，脱贫靠什么？发展什么产业？重点帮扶什么？需要我们援青干部慎重选择、找准突破口。我深入全县"六乡一镇"了解情况，倾听县乡领导、村两委班子和广大牧民的心声，深刻认识到甘德县经济社会发展唯有一条路可走，那就是发展有机生态畜牧业，准确地说就是打造牦牛养殖产业，改变多少年来牦牛养殖牧民自给自足、没有形成产业链、无法创造商业价值、不能带来经济效益的原始状况，把牦牛养殖打造成黄金产业、主流产业、致富产业、小康产业。弄准确、想透彻以后，就下决心来干。一是研究制定《甘德县牦牛产业产值倍增计划》，与当地有关部门一起搞好顶层设计。二是把国家农业部多年认定的甘德县全域无污染、绿色有机生态牧场的品牌竖起来，把这张名片擦亮，主打"天域雪珍"绿色有机牦牛肉系列产品。三是到青海省大通县国家级牦牛养殖科研基地考察，实地学习牦牛养殖、育种、育肥等技术。四是到青海省夏华集团考察，实地了解掌握牦牛屠宰流程、冷鲜藏储、精细加工等情况。五是采取援青项目支援和招商引资相结合的办法，建甘德县标准化牦牛养殖基地，建甘德县牦牛肉产品加工中心，改造村乡合作社养殖大棚，换代升级县屠宰场设备，打造完善牦牛养殖、育肥、屠宰、加工、冷藏等上游产业链。六是抓住"10.17"国家扶贫日上海市农展会、"五五购物节"、消费扶贫专项行动等契机，努力把牦牛肉产品推向上海甚至长三角市场。七是充分利用"拼多多""盒马鲜生""虫妈邻里团"等网络平台，让牦牛肉产品走上电商之路。八是加强市场营销，通过食品公司代理，把牦牛肉推向上海的大超市、大酒店和西餐厅。九是让牦牛肉产品加入上海对口帮扶地区扶贫产

品名录，成为政府机关、企事业单位工会的采购对象。十是与上海市消费扶贫联盟理事会紧密合作，设立牦牛肉产品专柜，在上海市长宁区龙安市场等地方长期固定销售，并定期参加各种消费促销活动，让牦牛肉产品在上海市场大面积铺开。十一是通过"景域·驴妈妈"开展网络直播带货，增加产品知名度，提高人气，促进消费扶贫。通过以上措施，全方位打造牦牛经济、牦牛产业、牦牛肉品牌、牦牛肉市场，形成全产业链，让牦牛养殖成为巩固脱贫成果、致富奔小康最有力、最根本、最主要的保障。

野生中药材，也是甘德县大草原上的一大宝贝，分布广、产量大、品质好，比如：冬虫夏草、大黄、贝母、当归等，都有很好的开发价值，种植中药材也是脱贫致富的好路子。看到这一点后，我积极与上海现代中医药科技有限公司联系对接，邀请该公司技术人员到甘德来实地考察，与他们一起走了草原上的许多地方，探寻中药材生长情况，研究仿野生种植的可能性，最终在县里上贡麻乡选定建立了野生大黄种植基地，与该公司签订了包种植技术指导、包全部产量收购的长期合作协议，后续还会不断扩大种植品种，会建立不同的种植基地，仅此一项为乡集体年收入增加几十万元。

甘德县不只有牦牛肉、中药材，还有许多农牧土特产品。据统计，当前主要有"鳌胤"牌纯牦牛酸奶、牦牛奶酒、牦牛奶雪糕、火麻仁油、牦牛肉软罐头、野生蕨麻、黄蘑菇、野葱花、糌粑牛轧糖、高原有机肥等几十种土特产品，涉及佳源生态、三江源生态、雪山牧业、岗龙酸奶、果洛雪域之舟等十几家县属企业。为了让这些企业的产品销售出去，我发起成立了甘德县企业家联合会，通过与对口支援的上海市长宁区新泾镇对接协调，得到大力支持，在该镇专门为甘德县设立办事联络点，设立甘德县农牧土牧产品展示销售专营店，使县里的企业和土特产品在上海有了"桥头堡"，帮助盘活当地的民营经济，增加企业营利和政府税收，促进人员就业，拓宽群众致富渠道。

惟有真情共患难

一次青海行，终身青海情。我2019年7月来到甘德县大草原，就被美丽的景色所震撼。澄澈、干净、安宁，蓝天白云、雪山草地、苍鹰骏马、牦牛羊群，仿佛一幅幅唯美的、流动的画，无比壮美，让人陶醉。想想将在这里奋斗三年，一种"但为沪青见真情，直把甘德当故乡"的感情油然而生，一心要在援青岁月里为甘德人民付出自己的满腔热情。

积极办好当地群众的急事难事，帮困解忧。看到雪灾严重之年，一些牦牛会被冻死、饿死，牧民失去了赖以生存的牦牛，就会一夜之间返贫。为了解决这一问题，我利用上海市长宁区捐助的资金，联系太平洋保险公司青海分公司，为牧民购买"藏系牦牛降雪量气象指数保险"，让牧民在大灾之年无大难。看到县里的中小学缺少教学用具和器材，我积极协调上海的企业捐赠几十台电脑和几千册图书。看到当地警员维稳任务重、工作条件差，外勤常常吃不上饭，我积极联系长宁区为县警队捐赠野战炊事车一辆。看到县医院缺乏医疗设备，我对接上海的有关医疗公司，捐赠一批急需的医学检验仪器。看到每年6月份草原盛产黄蘑菇，牧民由于采摘保管不善，好东西变质白白浪费了，实在可惜，我联系企业为县里捐赠了一套烘干机器，建立小型加工厂，可以对蘑菇、蕨麻等草原生长的食材进行初加工，保质保鲜保储藏。牧民除了食用，还可以批发卖出，调动了致富积极性。

2019年12月27日，甘德县一位17岁、读高二年级的藏族姑娘东格措，患脑血管动脉瘤突发疾病，为了抢救年轻的生命，确保手术成功、不留后遗症，重返属于她的美好校园，我作为援青干部，积极协调安排转院，克服种种困难，及时让"小卓玛"住进了上海市华山医院，并成功实施手术。现在，"小卓玛"已经完全康复，回到了学校。然而面对手术费、住院费、治疗费，及其一家人在上海租房住宿、来回机票等20多万元的开销，除医保能够报销之余，还有一笔不小的花费。为防止大病返贫，我联系协调上海市长宁区红十字会，为东格措一家争取到了6万多元的爱心捐款，解了燃眉之急。经过这件事，让我们的援青工作越来越接地气、越来越有人情味。

继续在高原踏雪前行

为什么要援青？在青时干什么？离青时留什么？我时常拿这样的问题提醒着自己、拷问着自己。我知道，我的援青历程才算起步，还任重而道远。古人云："青山本不老，为雪白头。"遥望三年援青路，在青藏雪域高原上，我要自觉发扬和践行诞生在这里的"两弹一星"奉献精神、玉树抗震救灾奋斗精神、可可西里坚守精神，以"人一之我十之"的实干劲头，再接再厉，戮力前行。

当前，受内外多重因素的影响，甘德县经济下行、防止返贫的压力大，城乡基础设施还存在较多短板弱项，公共服务能力水平有待提升，主流经济产业还未完全成型，民生领域仍然有不少困难矛盾，对口支援和帮扶工作面临许多新任务新情况新问题。按照"摘帽不摘责任、摘帽不摘政策、摘帽不摘帮扶、摘帽不摘监管"的"四不摘"要求，把已经展开的各项工作不折不扣地抓好落实，扎实推进产业扶贫、转移就业、义务教育、健康卫生、住房安全、基础设施、环境整治、低保救助、精神脱贫等"九大后续巩固行动"，保持摊子不撤、频道不换、靶心不散、力度不减，为甘德县全面巩固脱贫成果、推进乡村振兴战略、新型城镇化建设继续贡献智慧和力量。

最后，希望甘德县人民脱贫致富奔小康的道路越走越宽广，祝愿沪青两地、长宁与甘德之间，各民族之间的友谊之花、幸福之花、团结之花盛开在祖国大地，更加璀璨，更加馨香，更加迷人！

"红"与"绿"：对口援赣大山情

曾新跃，1958年12月出生，浙江定海人。曾任长宁区卫生局整党办公室联络员、长宁区江苏地段医院党支部副书记、长宁区城市规划管理局办公室主任。2002年3月—2004年5月，任江西省井冈山市委副书记（挂职）。回沪后，先后任长宁区招商局（协作办）副局长，长宁区天山路社区（街道）党工委副书记、办事处主任、党工委书记，长宁区社工委书记兼主任，长宁区新华路社区（街道）党工委书记、长宁区新华路街道党工委书记，上海九华商业（集团）有限公司监事长等职。

口述：曾新跃

整理：袁鲁宁

井冈山是中国五大革命圣地之一，被誉为"中国革命的摇篮""中华人民共和国的奠基石"。井冈山市位于江西省西南部，地处湘赣边界、罗霄山脉中段，全市面积 1297.5 平方公里，地形以山地为主，是典型的山区市。井冈山市属亚热带季风气候，雨量充沛，适宜植被生长。据考证，井冈山至今仍保留大片原始态或半原始态森林。可以说，这片土地把"红"与"绿"完美地结合起来。但由于自然条件、交通不便等原因，当地经济发展相对滞后。在这样的背景下，我被选派到井冈山市进行为期两年的挂职锻炼。时间不算长，但留给我的是一辈子用不完的精神财富。正如"坚定信念、艰苦奋斗，实事求是、敢创新路，依靠群众、勇于胜利"的井冈山精神，它是引导中国革命走向胜利的精神财富，也是我在井冈山工作时期化精神内力为工作热情的重要源泉。

做好新时代"推销员"

2002 年 3 月 20 日，我从上海市长宁区规划局选派到江西省井冈山市挂职锻炼，担任市委副书记一职。挂职的第一年，我主要分管全市旅游、招商引资等工作，第二年我主要分管全市宣传、文化、教育、卫生、体育、精神文明建设等方面的工作。挂职前，我在上海市长宁区从事的是部门的工作，来到井冈山市，我要抓的是全市性的工作。对我来讲，这是一个全新的领域，工作领域多了，是对我能力的考验和锻炼，尽管难度增加不少，但我在工作中也摸索出自己的一套工作方法，为较好地完成援赣工作铺平了道路。为此，我一方面深入基层、深入群众调查研究，对工作也是经历了由不熟悉到熟悉的过程，身边的领导、同志也都成了我的老师；另一方面，结合井冈山红色资源，我不断加强自身的革命传统教育，深入实地学习井冈山斗争史，领悟井冈山斗争精神。这些精神食粮的获取，是充实、提高我的工作水平的重要途径。

由于挂职锻炼时间只有两年，很容易让人产生应付心理和"做一天和尚撞一天钟"的思想。但我认为，组织上把我安排在井冈山市挂职，是组织对我的信任和鞭策，必须认真对待挂职工作，这样才不会辜负组织的重托和井冈山市人民对我的殷切期望。

2002年，我分管的工作之一就是招商引资。当时，井冈山有一定的知名度，但除了红色旅游资源外，其他资源的优势就没有那么明显了，招商引资总体上难度不小。首先，我在思想上进行了突破。当时，井冈山市委、市政府确定招商引资的总体工作思想是"以诚招商、以情招商、以商招商、以智招商"。例如，为更好、更规范地引资，制订了井冈山市招商引资工作实施意见、鼓励市外客商投资优惠办法、全市招商引资项目等规范性文件，目的就是赢得企业的进一步信任，用现有的商业资源吸引企业入驻。同时，我们主动跨前一步，为企业排忧解难，加强各个项目事前、事中、事后的跟踪管理。费了不少脑筋，但收获还是比较大的。

在井冈山挂职的两年里，我还担任了市第一招商引资工作队队长一职，主要是负责上海、江苏等地的招商引资工作。两年来，我主动作为，充分利用井冈山这块"金"字招牌，把井冈山市委、市政府确定的招商指导引资思想进一步细化，采取"朋友招商、感情招商、团结招商、艰苦招商"的工作思路。井冈山是红色旅游胜地，每年都有大量的来自四面八方的游客，这其中也包括很多客商老板。在接待中争取洽谈合作的机会，是我们井冈山市抓招商引资工作一个比较大的优势。为此，在洽谈合作上我更多的是讲究工作的艺术性，做个有心人，在接待好客人的同时，又推介好井冈山，可以说，我自己扮演的就是一名推销员。如何让客商乐于投资井冈山，取得接待和招商的"双赢"效果，就是我第一年在井冈山挂职的主要工作和挑战。

截至 2002 年底，通过全市上下的共同努力，井冈山市实现了引进内资项目 5.5 亿元，实际引进外资项目达到 924.6 万美元，超额完成了上级下达的任务，在全吉安市 13 个县市区中排到第一名。

持之以恒强攻旅游业

旅游业是井冈山市经济的支柱产业。自从 1995 年以来，井冈山的所有党政领导都把发展旅游业摆在突出的位置。井冈山市旅游资源十分丰富，风景名胜区占地 261.3 平方公里，分 11 大景区，76 个景点，460 多处景物景观；加上红色革命历史，可以说，"红"与"绿"构成了井冈山旅游资源的主体特色。近年来，井冈山也是依托这种优势，确定了"旅游兴市"的发展战略。随着旅游业的不断做大、做强，井冈山市也是先后获得"中国旅游胜地四十佳""中国优秀旅游城市"和"国家 AAAA 级旅游区"等荣誉称号。

我来到井冈山挂职之后，积极地致力于井冈山旅游事业的发展。2002 年 3 月，我到任后首先做的是对井冈山市的旅游业进行实地排摸和调查。井冈山拥有绮丽的自然风光和革命人文景观，是集合风光旅游、传统教育理想的旅游避暑胜地，但受制于交通、通讯等设施建设。当时经过实地调查研究后，我提出努力争取在吉安站或井冈山站开行始发列车，提高铁路运输运载的能力。同时，还要加快井冈山境内景区道路改造的步伐，以方便游客们出入游览。俗话说，酒香还怕巷子深。要把井冈山市的"好酒"卖出去，着实要花上不少气力。还有一点，要把井冈山旅游接待能力提升一个档次。这也是针对旅游高峰期出现的接待困难来讲的。不同的游客，有着不同的需求，也会有不同的消费档次。如果仅仅停留在现有的接待水平上，很有可能会造成游客的流失，所以要在消费服务上做足文章。同时，我们坚持把工作做细、做到位，这对旅游业，包括其他行业，都是很重要的。

进一步修编井冈山风景名胜区规划。在 1987 年经国务院批准、制定井冈山风景名胜区总体规划后，1998 年又对部分景区（点）的规划进行了编制和

◀ 曾新跃（中）下乡工作调研

修改。2000 年，随着原井冈山市和原宁冈县的合并，井冈山风景名胜由 8 大景区扩展到了 11 大景区。为了使景区开发工作走上统一、规范的轨道，在深入进行风景名胜资源调查和收集风景名胜区扩展范围与面积说明等资料的基础上，我带领团队编制了《井冈山风景名胜区扩展规划》。之后，我们结合专家们的审议意见和市党政机关搬迁至厦坪的实际情况，将茨坪的发展方向做了调整，就是把城市化、景区化转变为单纯景区化。这在当时还是很超前的。茨坪的规划范围，也由原来的 12 平方公里缩小到 8.96 平方公里。此后，还先后编制了大井、龙市、茅坪、笔架山、石燕洞、鹅岭、猴峰等景区或景点的详细规划，为资源保护和开发利用提供了详细的规划材料。

在旅游业宣传上，我们把"走出去"和"请进来"两方面结合起来。"走出去"是要促销我们的旅游业。我们精心挑选，组织一批又一批小小宣传队，分别到全国各大城市进行井冈山市旅游推介，可以说是主动跨前一步，为的就是巩固和开拓客源市场。两年来，我们先后在上海、广州、南京、长沙、无锡、合肥、北京、天津、济南等地举办了"井冈山旅游产品推介会"，取得了比较不错的效果。"请进来"是要宣传我们的红色旅游资源，我们邀请新闻媒体记者、摄影家、作家和各界名人以及旅行社来井冈山采访、采风、踩点,把井冈山的红、绿旅游资源宣传出去,提高我们井冈山的知名度和影响力,吸引越来越多的游客来井冈山旅游观光。在宣传井冈山方面,打出井冈山这块"金"字招牌,在《人民日报》《解放日报》《新民晚报》《光明日报》及上海电视台等几十家新闻媒体宣传井冈山旅游资源,受到当地干部群众的好评。

为了使井冈山旅游年年有新产品,我组织有关部门积极采取招商引资、向上争资和自筹资金的办法,对原有的景区(点)进行修缮、开发,提升了景区(点)的档次,吸引更多的游客前来观瞻。井冈山客家风情展,茨坪旧居毛泽东、贺子珍蜡像展,毛泽东诗词碑先后建成。当时石燕洞景区、笔架山景区、大井生态农业观光园、鳄鱼生态村等新景区(点)也是在建设之中。2004年基本建成并对外开放了。当时我已经离开井冈山,回到上海了。当时东山东方红广场、黄洋界滑道、猴峰索道等项目也在运作当中。通过全市上下的齐心协力,当时的井冈山每年都有新的景区(点)向游客们开放。

在积极发展井冈山旅游市场的同时,我们也在不断加强旅游市场的监管力度。当时的旅游市场总体上还是比较规范的,但也是存在着黑导和沿街兜售等不良市场现象。针对这样的情况,在工作中我们及时加强对导游员、旅行社和宾招单位的管控力度,在源头上进行整治。同时,把各方的力量整合起来,联合联动,由市领导和公安、工商、旅游、城管、卫生等部门抽调专人组成联合值班小组,每天都在城区内进行值班巡查,检查市内的环境卫生、受理各方投诉建议,处理纠纷,大多都是现场办公,主要还是整治旅游市场上存在的一些乱象。这些措施净化了井冈山旅游市场的环境,受到老百姓的普遍好评,自然而然也会得到游客的积极反馈,这也是一种宣传的方式吧。所以说,做好旅游市场或者其他什么工作,都是要用心去做的,做得好,老百姓自然会记在心里,就会跟身边人说,井冈山旅游值得去。

以2002年井冈山旅游市场为例,一年共接待游客达113万人次,实现旅游收入达5.59亿元,以旅游业为代表的第三产业增加值占国民生产总值的42.58%,高出第一产业9个百分点。旅游业支柱地位越来越明显。当时井冈山旅游业发展虽然比过去取得了一定的进步,但如果从全国、全省旅游业发展的大局来看，这些成绩只能说是初步的、原始的、低附加值的。究其原因，还是在于井冈山旅游存在着产业不大、观念不新、设施不全等多方面问题。想要解决这些问题，就必须在"大旅游、大产业、大市场、大发展"的战略构想上做文章；要在推进井冈山旅游向高层次、高品位、高效益方面发展，满足不同层次人的不同需求上做文章。也就是说，做好旅游业，要在更加高端的领域里，把不同层次的人群吸引进来，成为他们的寻根故园、休闲乐园和精神家园。当然，这个要求在当时是很高的。后来，我写了一篇《加快井冈山旅游业发展的几点思考》，收录在《红土足韵》这本书里，也是有感而发。

不遗余力抓精神文明建设

井冈山被誉为"中国革命的摇篮"，是全国的旅游胜地。由于它的特殊地位，不断加强精神文明建设，对于当地的整体发展来讲，它的重要性都是不言而喻的。

那两年，江西省委开展了不少的主题教育活动。根据这些主题教育精神，我组织实施了井冈山市的精神文明建设工程，取得了不错的效果。比如，开展"喜迎十六大，放歌井冈山"大型群众性广场文化活动，"青春风采"展示演讲比赛，组队参加吉安市"塑造江西新形象——吉安在行动"电视知识竞赛，一路过关斩将，获得此次电视知识竞赛的一等奖。通过组织这些活动，井冈山人的新形象得到了再一次塑造，也就是开明开放、求新思变、诚实守信、善谋实干的井冈山新形象。

2003 年 4 月，江西全省范围内开展"弘扬井冈山精神，兴我美好江西"主题教育活动，并由此在全国范围内掀起了重回"革命精神原创地"，重温老一辈无产阶级革命家丰功伟绩，高举伟大的井冈山精神旗帜的热潮。为此，我们开展了一系列配套活动，比如说，创建井冈山市文明行业活动、井冈山市导游员星级评定暨导游大赛活动、井冈山市干部演讲比赛活动、井冈山市山歌大赛等。这些活动形式的开展，有助于让广大干部群众感受到井冈山精神的伟大力量，可以把它化作工作、学习的强大精神动力。只要把干部群众的思想、力

量进一步统一、凝聚起来，江西在中部地区的崛起就指日可待了。值得一提的是，2003 年 10 月，我们还举办了"2003 中国井冈山旅游文化节"，这也符合井冈山当时确定的"文化搭台，旅游、招商唱戏"的基本建设思路。当时邀请了 150 名旅行商、100 名客商、100 名记者前来参加。为了成功举办旅游文化节，我们动用了全市的力量，集中进行了一个月的精心筹备工作。我自己在筹备工作中担任了宣传文艺组的组长，既当指挥员，又当战斗员。我还邀请了上海服装集团时装模特队来表演助兴，使得井冈山旅游文化节增添了新鲜的"色彩"。这次旅游文化节，实现了签约旅游专列 41 趟次、旅游包机 11 趟次，来山游客达到 25 万人次。当时总的感觉就是很有成就感。

除此之外，我们还精心筹备了井冈山精神大型展览。大家都知道，井冈山精神是毛泽东、朱德等老一辈无产阶级革命家亲手培育的中国革命的精神瑰宝。有人说，井冈山精神过时了。要我说，井冈山精神永远不会过时，随着中国特色社会主义的发展，它的生命力也会越来越强大的。这就看我们如何宣传、如何加以运用了。记得这次大型展览是在 2003 年 11 月 16 日在北京中国国家博物馆举行首展的。展览完成后，又在全国各地进行了巡展。这个展览借助了声、光、电等现代化的手段，直观、形象、生动地展现了毛泽东、朱德等老一辈无产阶级革命家和井冈山军民的伟大革命实践活动。这次展览的影响很大，为我们的"红色胜地"做了非常好的宣传，让全国观众领略到了井冈山血与火锻造的红色历史，雄伟神秀的绿色奇观，从而树立了新时期井冈山的新形象。

红色情怀驻我心

艰苦奋斗是井冈山精神的重要方面，是当年井冈山斗争时期支撑老一辈无产阶级革命家在各种困难和考验面前顽强进取、百折不挠、敢于胜利的强大精神力量。

众所周知，井冈山是革命老区。工作、生活条件都比较艰苦，与上海比有着不小的差距，但我能迅速适应井冈山的工作、生活环境，这得益于身边同事的无私帮助和家人的理解支持，让我能够心无旁骛地安心工作，做到不怕苦，不怕累。即使在工作、生活中累点、苦点，我心里也很高兴。"一心一意挂职，全心全意工作"，这是我援赣两年期间一直奉行的行为准则。两年里，节假日我基本没有休息，八小时以外经常自愿加班加点，工作忙碌而充实。同时，我也利用自己的一些优势，想方设法为井冈山市及干部群众解决一些实际困难。比如争取到上海长宁区城市规划设计研究院为井冈山市新城区编制了部分规划设计；争取到上海服装集团和香港星华贸易有限公司向井冈山市中小学生捐赠3.5万套服装；争取到上海天利公司等单位捐赠1万件衣物；争取到2000多册图书，为市委机关干部成立图书阅览室做了力所能及的事情；争取到上海银行捐赠70万元，用于建造新城区教学大楼等。这些事情虽然不大，但都是一些惠及干部群众的好事、实事和善事。

有人说，"一次井冈行，一生井冈情"。两年井冈行，其中滋味只有我自己可以体味，难以忘怀。在井冈山挂职的两年中，我深刻地体会到，井冈山精神带给我的变化，某种程度上讲，是对我人生的一次锤炼和心灵的洗涤。在这里，我感受到红色文化的强大力量，个人离不开集体，更加离不开精神的力量。我在当地工作之余也是挤时间学习。即使工作到深夜，回到住处后，仍要先看半小时到一个小时的书，然后才休息。这个习惯到现在仍然在保持。可以这样说，紧跟时代步伐，坚持"四史"教育，活到老，学到老，还是要发挥革命、建设传统教育，在广泛的学习中增强我们的党性修养。精神的力量是伟大的，上海长宁人开拓创新、求真务实的精神、"开明开放、求新思变、诚实守信、善谋实干"的井冈山干部精神，这些在工作、学习中，我都有所领会，并逐渐融合在自己的血液里。

援青工作十周年　累累硕果记心间

　　索南多，1973 年 11 月出生，藏族，青海玛沁县人。曾任共青团果洛州委青年联合会秘书长、直属机关团委书记、组织部组织科主任科员、共青团果洛州委副书记。2011 年起，任青海省果洛藏族自治州甘德县委副书记、县政府县长。

口述：索南多
整理：祝　慧

　　自对口支援工作开展以来，甘德县认真贯彻中央对口支援青海藏区工作的决策部署和青海省委、上海市委关于援青工作的总体安排以及州委州政府的部署落实，紧紧围绕县委、县政府中心工作，把对口支援工作放在各项工作的突出位置，充分发挥援青干部的桥梁纽带作用，不断加大与对口支援地区、单位的沟通协调力度，积极反映全县经济社会发展中存在的困难和问题，促进两地、部门之间的沟通交流，争取对口支援单位的资金和项目支持，对口支援工作取得了显著成效。我有幸见证了十年的对口援青工作，并亲身参与其中。甘德县点点滴滴的变化，援青干部潇潇洒洒的情怀，援青项目桩桩件件的落实，都让我为之动容。

对口支援有保障

　　对口支援工作十年以来，从国家到地方、从机关到团体、从干部到群众等社会各阶层，无不对对口支援工作给予了高度的关注和支持。交通运输部，上海市委、市政府，长宁区委、区政府按照国家的统一部署安排，高度重视对口支援工作，认真落实对口支援政策措施，选派优秀干部到甘德县开展工作，不断加大对甘德县的对口支援力度，为甘德县的经济社会事业全面发展起到了积极的推动作用，特别是老百姓住危房、用电难、出行难、喝水难等突出民生问题得到了有效解决，广大牧民群众真正看到了变化、得到了实惠。这些成绩的取得，是中央和省州党委、政府正确领导的结果，也是交通运输部和上海市长宁区的鼎力支持、倾力帮扶的结果，为对口支援工作的顺利开展提供了重要的保证。

甘德县是国定贫困县，也是三区三州深度贫困地区。2015年，全县精准识别贫困人口2839户10785名。但在中央支持藏区发展的大背景下，在交通运输部、上海市、长宁区坚强有力的对口支援下，甘德县于2019年底已顺利通过省州脱贫攻坚考核验收，2020年3月份完成国家第三方评估验收。十年来，上海市累计援建甘德县建设项目共计54个，援建总投资2.0401亿元，其中"十二五"期间实施项目15个（均已完工），"十三五"期间实施项目39个（2016年11个，2017年9个，2018年7个，2019年12个），各类续建、新建项目正在稳步开展。

十年的对口支援工作，之所以为甘德县发展带来巨大变化，归根到底离不开援青干部的无私奉献。上海市选派的四批援青干部努力克服高寒、缺氧、饮食习惯等困难，以"服务甘德、奉献青海"为己任，充分发挥沟通协调作用，切实推进对口支援工作扎实开展，为地区经济社会发展做出积极贡献。援青干部们经受了脸被晒黑、嘴唇干裂、彻夜失眠、高寒缺氧的磨砺，但他们却像热爱故土一样，深深地爱上了这片辽阔的土地，把甘德当作第二故乡，时刻牢记自己的光荣使命。他们主动克服语言、生活、环境等诸多方面的困难，踏遍甘德的山山水水。在深入的调研过程中，个个都成为了"甘德通"。

援青干部们在落实援建项目、服务各族人民、带动人才成长、促进两地交流等方面都作出了卓有成效的努力和工作，极大地推动了甘德的经济社会发展，赢得了各族群众的交口称赞，为我们树立了学习的榜样。他们的真情和奉献精神，必将成为我们宝贵的精神财富，鼓舞和激励着我们奋进的脚步。每一位援青干部，带着对甘德各族群众的深情厚谊，怀揣智慧、爱心与激情，以建设甘德、发展甘德、稳定甘德为己任，忘我工作、无私奉献，经受了艰苦环境的考验，取得了无愧于人民群众、无愧于组织的优秀业绩，书写了"忠诚援青、智慧援青、务实援青、廉洁援青"的动人篇章，赢得了全县干部群众的广泛赞誉。

援青干部注活力

在对口支援工作开展和对口项目实施过程中，每一批援青干部都以"五个特别"的高原精神和"人一之，我十之"的青海精神，克服生活难题，主动融入我们本地干部群众中，认真学习民族宗教政策，努力适应本地藏族生活习惯，积极开展工作。

援青干部多次深入到六乡一镇、县直机关各单位进行实地考察，听取汇报，认真分析，对甘德县的经济发展现状、社会发展现状以及资源、基础设施、城镇建设情况进行深入调研，并对脱贫攻坚、畜牧业发展、道路网改造、项目发展、壮大集体经济等问题进行了重点调查了解，并在大量调研的基础上，提出许多对甘德发展具有指导性、可操作性的意见建议。他们还在调研的基础上，科学制定援青工作规划，严格落实援青工作措施，保证了援青项目的顺利实施。援青干部针对甘德县地区经济发展滞后的情况，把保障和改善民生列为对口支援工作的重中之重，着力解决人民群众最关心、最直接和最紧迫的问题，并始终注重发挥桥梁纽带作用，积极促进沪青两地友好往来。

在第一批上海援青干部祝华同志的牵线搭桥下，募集资金 50 万元，牵头组建了"长宁区促进甘德教育发展奖励基金"，并制定了基金使用办法，初步确定每年对全县 50 名品学兼优和特殊学生给予必要的奖励和支助，并利用自己的社会资源和自身优势，积极沟通，促进交流，促成了 5 批次的双方党政代表团互访，其中长宁区党政代表团组团 2 次，甘德县党政代表团赴上海考察学习 3 次。在双方互访的基础上，在援青干部祝华牵头协调下，甘德县分别与两家企业签订了农副产品购销协议，并与一家企业达成了投资意向。

第二批援青干部缪武和张戎同志初到甘德，就致力于改善民生问题。三年里，缪武把甘德走遍了。光这"走遍"，便让当地乡镇干部佩服。当地下乡，常常开车很久也不见一户人家。到了乡镇之后，再往定居点去，几乎没有路。一次为了精准脱贫调研，缪武在岗龙乡的山路里走了 9 天，最远一天徒步走

▲ 四批援青干部的工作缩影

了 20 多公里，也只能靠走，偶尔几天借到马了，才能骑马。如此 9 天调研下来，岗龙乡的同志都觉得，上海来的缪县长很"给力"。缪武也由此发现了甘德的不足：农牧民技能单一，有的乡镇产业缺乏，经济发展乏力；各方面专业技术人才短缺，有的乡镇卫生院破旧不堪，上海捐赠的医疗设备不敢拆封；有些居住点交通滞后、信息闭塞，有贫困户收到捐款翻来覆去地看，竟是不认识钱……在深入基层之后，缪武与甘德县人大代表、政协委员一起研讨当地的发展规划，并和县政府班子共同制定经济发展目标和援建工作计划。同时，缪武同志积极联系九华集团工会，设立了每年 2 万元的"九华伴我成长"奖学金。

第三批援青干部赵冬兵和王平牵头带队对 2012—2016 年上海援建甘德县的 26 个项目进行实地踏勘，查阅项目档案资料，建立了甘德县上海援建项目月报及年度计划制度、项目会商及目标考核机制，进一步理顺项目运行流程，不断提高援建项目管理工作规范化水平；而且积极牵头联系上海同仁医院与甘德县医院探索并逐步实施远程医疗培训、远程会诊等项目，依托信息化手段，推动两地医疗资源高效互通，并协调长宁区卫计委组织专家团和代表团赴甘德开展讲学、考察交流、帮扶活动，系统全面地讲解了医院管理、医院服务流程、医疗联合体建设和分级诊疗的重要性，强调"基层首诊、双向转诊、急慢分治、上下联动"的重要性，并有针对性地对基本卫生公共服务、妇幼保健、急救、家庭签约、类风湿等细化内容进行授课。同时，赵冬兵同志经过深入调研发现，由于居住分散，牧民往返于县城和乡镇之间时，只能靠个人车辆，不仅开销大，而且冬季开车还会有安全隐患。为何不在县城和乡镇之间开通政府管理的客运班车路线，既保证牧民出行安全，又能解决部分就业岗位呢？在赵冬兵的争取下，2017年底，上海长宁区对口帮扶资金购置的两部中型客车运抵甘德，开始尝试乡村客运运营，首批开通的两条线路聘用了5名司机和售票员，全部来自贫困家庭。

第四批援青干部王全有和李晓明在深入调研的基础上，积极申报各类援建项目，2019年，申报并实施援建项目10个，总投资达3760万元。2020年，申报下达甘德县上海援建项目10项，总投资3946万元。同时，积极联系引进企业投资，引进上海现代中医药发展投资有限公司，与上贡麻乡签订大黄种植协议；引进天域雪珍公司加工生产牦牛肉，并推向上海市场等。2019年12月，甘德县籍高二年级学生东格措在上体育课时，突发头疼、头晕、恶心、呕吐等症状。经头颈部CTA检查，初步诊断为脑部左侧脉络膜前脉动脉瘤，蛛网膜下腔出血，脑肿胀，病情危重，必须及时进行手术介入治疗。但由于医疗条件有限，必须急转上海华山医院。援青副县长王全有想尽办法对接转院事宜，让"小卓玛"及时住进了华山医院。正当春节期间准备手术时，新冠肺炎疫情突发，手术被迫中止，延期到春节后进行。为防止"小卓玛"病情加重，医生让她必须留在上海。王全有同志积极为"小卓玛"及她家人安排解决在上海过年的食宿，还特地送去了青海牦牛肉，并多次登门看望，嘘寒问暖，反复叮嘱做好疫情防护，及时给予了精神鼓舞和实际帮助！随后，不断协助解决抗疫情期间无法做手术、进出上海把关严、外地人员一时在上海就医难等各种难以预料的困难，终于在4月11日为"小卓玛"成功实施了手术。

援青干部身上的这种主动作为、不畏艰险、认真负责的敬业精神，已成为我们甘德干部职工学习的榜样和楷模。在援青干部的影响下，我县各级干部同他们积极下乡调研，一起考察工作进度。比如，自青珍乡寄校项目落实以来，各级领导多次就项目进展情况进行实地检查，紧抓寄校的道路铺设及电力、电

信线路移除等工作，全力确保学校基础设施顺利开工建设，并督促学校高度重视教育教学工作，把学生升学率和入学率放在同等重要的位置，加大学校管理工作，不断提升教育教学水平，全力确保校园和学生安全。比如，与援青干部一同深入游牧民定居房建设工地、黑土滩综合治理项目等地进行实地检查，针对检查中存在的问题，现场要求乡镇积极协调施工单位进行整改，确保各项目保质保量如期完成并交付使用。再比如，去敬老院看望慰问孤寡老人和困难群众，并为他们送去了慰问金和慰问品，每到一处，各级领导都认真查看老人们的宿舍、食堂和活动场所等，并与老人们互拉家常，亲切地询问老人的身体状况及生活情况，同时叮嘱相关工作人员要照顾好老人们的日常生活起居，让老人们在这里能感受到家的温暖……

当前，青海甘德与上海长宁心连心，在抗疫一线展现兄弟般的情谊。地处三江源腹地的甘德县联防联控，各乡镇、各部门全力以赴，每天做好返乡人员居家医学观察、设卡检疫点体温监测、卫生监督等工作，开展了一场全县总动员的疫情防控阻击战。随着疫情发展与防控工作的开展，甘德县相关各类防护物资短缺。为更好地缓解防护医疗资源紧张问题，让坚守在一线的医护人员、工作人员得到有效的防护，第四批援青干部李世锋和王全有同志，在第一时间发挥资源平台优势，积极联系协调派援单位，从上海市为甘德县筹集了 2000 只防护口罩和 100 桶 20 斤装的消毒液用于一线疫情防控工作。

第二批援青干部赵冬兵同志也心系甘德，时刻关注着甘德疫情防控情况。在了解到疫情防控物资短缺时，他第一时间通过个人筹款，购买了医用口罩 1200 个、一次性手套 1000 和护目镜 200 副，从上海邮寄到甘德，让坚守在一线的医护人员、工作人员得到有效的防护。他时常说："甘德就是我的第二故乡，我爱甘德，因为我在甘德汲取了基层工作经验，并得到了锻炼，我要用自己的实际行动来回报这份无以言表的恩情。"这份深厚的甘德情令人动容。

援青干部充分利用自身的丰富知识和先进理念，通过日常的工作和生活，积极帮助本地干部和群众共同成长。十年的对口支援工作，援青干部用他们的实际行动彰显了对口支援地区和单位的优秀形象，用他们的辛勤付出搭建了对口支援两地人民坚固的友谊桥梁，用他们的无私奉献为对口支援工作的顺利开展注入了不竭的动力。

援建项目奠基础

在项目实施前期，对口支援单位针对青南牧区经济社会发展现状开展了大量行之有效的基层调研工作，夯实了对口支援规划工作基础。在项目实施过程中，始终坚持"高标准规划、高标准实施、高标准监管、高标准验收"，援建单位多次派出工作组深入项目实施地进行实地检查指导，援青干部也经常深入施工现场蹲点指导，协调解决工程建设当中存在的困难和问题，有力推动了项目建设进程，切实保证了援建项目质量能够经得起时间考验和质量检验。这些高质量的品牌工程，为今后对口支援项目树立了标杆，建立了榜样，为对口支援工作的顺利开展奠定了坚实的基础。特别是在高原新牧区建设、生态保护、教育卫生、产业发展、民生改善、基层政权、市政建设、交融交流交往等领域中的积极投入，为甘德经济社会发展作出了积极贡献。

"十二五"以来，甘德县上海援建项目的顺利实施，不仅强有力地推动了甘德县"十二五"规划圆满收官，国民经济各项指标超额完成，同时进一步加

◄ 2019 年 10 月 3 日，索南多（中）在柯曲镇调研"两不愁三保障"工作

快推动了教育、卫生、文化事业向前快速发展，畜牧业发展实现稳中求进。

"十三五"期间，上海援建项目的顺利实施，不仅强有力地推动了甘德县"十三五"建设稳中求进，同时直接助力扶贫工作，为甘德县打赢脱贫攻坚战奠定了坚实的基础。主要表现在以下几个方面：

一是促进牧民增收，助力脱贫攻坚。青珍乡龙尕尔村饲草基地建设项目，2018 年去除劳务费后收入后达到 20 万元，176 户贫困户 927 人，人均分红215 元；江千乡隆吉村、叶和青村资产收益项目，在玛沁县大武镇购置 594 平方米二层商铺，用于经营火锅店，2019 年增收 32 万元，隆吉村脱贫摘帽进一步得到巩固。

二是促进产业发展，培育"造血"功能。甘德县扶贫产业园项目，2018年土特产品加工基地已生产牦牛软罐头 1 吨，营业额 12 万元，纯利润 6 万元；生产颗粒饲料 2100 吨，营业额 546 万元，利润 54.6 万元；生产蕨麻粉生产6.5 吨，营业额 50.7 万元，纯利润 19.5 万元，有力促进了产业发展。

三是完善了基础设施，改变了城乡面貌。江千乡隆吉村、上贡麻乡旺日乎村美丽乡村建设，青珍乡风貌改造等基础设施建设项目的实施，是以新型城镇化引领城乡一体化，实现了城乡建设统筹发展。

四是教学环境得到改善，教育实现均衡发展。青珍乡寄校、县民族中学综合楼、乡镇学校温暖工程、中小学信息化教学以及标准化学校配套设施建设项目相继实施，及时有效地解决了甘德县中小学生上学难、住宿难的问题，改观了教育教学环境，同时更好更快地推动了甘德教育事业向前发展。在教育扶贫方面，先后四批援青干部积极动员社会力量支持甘德县教育事业发展，分别设立了"长宁区促进甘德教育发展奖励基金"、"九华伴我成长"奖学金、"新泾镇、甘德县共青团雏鹰助学金"，至今已有400余名贫困学生得到资助，圆了贫困学生的大学梦。在信息化教学方面，2016年实施的援建项目中，县民族寄宿制中学标准化项目中的两个网络教室自交付使用以来，已开课2440学时，授课学生达3025人次；监控系统的投入使用为校园的安全保卫工作增添了先进的技防手段。

五是医疗条件持续改善，健康卫生加速推进。2016年上海援建项目乡镇卫生院标准化配套设施建设的实施，进一步改善了甘德县基层医院基础设施建设落后的现状，2016年门急诊总人数为16471人次，比2015年同比增长28%。2018年，甘德县继续组织开展传染病攻坚及防控工作，依托上海援建资金完成筛查16365人，手术治疗28人，药物治疗188人，在提高牧民群众整体健康水平的同时，努力把因病致贫、因病返贫的风险降到最低。截至2019年底，全县组建家庭医师团队29个，全县重点人群家庭医生签约、履约率达100%，居民健康档案建档率达95%，健康教育宣传覆盖率达98%，全县综合医疗服务能力得到进一步提高，医疗卫生服务体系得到加强。

六是劳务协作促进内生发展动力。2018年，长宁区支援建设甘德县50万元帮扶资金，用于购置两辆牌中型客车，开通了甘德县首条农村客运班线，5名司乘人员均是甘德县下藏科乡建档立卡贫困户，人均工资2000元/月；此外，甘德县4名待业青年被西宁果洛大酒店录用（餐厅服务员2人，客房服务员2人），1人被上海浦东翡翠游龙农庄公司录用（餐厅服务员）。

2020年是决战决胜脱贫攻坚、全面建成小康社会和"十三五"规划的收官之年。当前甘德县经济压力依然较大，城乡基础设施存在较多短板弱项，公共服务能力水平低，缺乏支撑经济发展的大项目，稳增长的形势依然严峻。

近年来，除上海市、长宁区对甘德县进行帮扶外，交通部、中铁建也是进一步加大对口帮扶力度，在中央第五次西藏工作座谈会后，先后选派多名优秀干部到甘德县开展工作，他们牵头协调，积极寻求帮扶措施，不断加大项目衔接力度。因此，在接下来的"十四五"规划中，我诚挚希望交通运输部、中铁建、上海市、长宁区能够继续加强对口支援力度，为甘德县脱贫后续巩固、乡村振兴、新型城镇化建设等工作增添新的动力，使甘德县与全国其他地方一道同步迈入小康社会。

"长金"千里结情缘
"东成西就"促脱贫

杨菊，1977年10月出生，云南金平人，无党派。大学毕业后一直在从事扶贫工作。先在云南省金平县扶贫开发办公室工作，后考入金平县司法局，借调到县扶贫办工作。现任金平县扶贫开发办公室副主任。

口述：杨　菊
整理：吴　红

悠悠藤条水，巍巍西隆山，浩浩长宁爱，暖暖金河川。1996 年至今，上海长宁千里之外与云南省金平县携手谱写一曲携手共进的友爱之歌。以长宁之爱点亮了金平的山坳，让泥泞变成了坦途；以长宁之爱铸就了小山村改天换地的新风貌；以长宁之爱为生命健康护航，为孩子们的健康成长插上希望的翅膀……

金平县位于云南省东南部，面积为 3677 平方公里，辖 13 个乡镇、93 个村委会、4 个社区、1152 个村民小组及 1 个农场，总人口 37.8 万人，与越南 2 省 5 县接壤，边境线 502 公里，拥有金水河国家级一类口岸及分水岭国家级自然保护区，是云南省对外开放重要窗口及滇南生态安全屏障之一，世居苗、瑶、傣、哈尼、彝、汉、壮、拉祜、布朗 9 种民族，少数民族人口占到 87.9%。金平县是云南省 27 个深度贫困县之一，原有 9 个贫困乡镇（5 个深度贫困乡）、90 个贫困村（深度贫困村 69 个），建档立卡的贫困人口 28260 户 123804 人。1992 年，工作重心才转到改革发展轨道上来，经济社会发展的步伐较为滞后。

金平县于 1996 年被列为上海市长宁区对口帮扶与经济协作县。二十四年来，上海市长宁区委、区政府以帮助金平脱贫致富为己任，"真情实意、真金白银、真抓实干"推进对口帮扶合作，围绕群众最关心、受益最直接、要求最急迫的问题开展工作，使对口帮扶合作不断创新模式、机制和举措，形成了"政府援助、人才支持、企业合作、社会参与"的工作格局，加快了金平县贫困群众脱贫致富步伐。二十四年来，上海市长宁区累计为金平县投入帮扶资金2.538 亿元，组织实施白玉兰重点村、温饱、整村推进、新纲要示范村、教育、卫生、产业扶持、小额信贷、劳务协作等 10 类 389 个项目，累计受益 5.37 万户 26.31 万人，带动减贫 8.06 万人。

一片叶子，富了一方百姓

我入职扶贫办公室的第一天，就看到办公室里的同事忙忙碌碌，电话里交待着"上海项目……"。当时我心里就不停地嘀咕，金平这个边陲小县城跟"大上海"有什么关系？后来我才知道，在 1996 年金平县与长宁区就结下了这份"山海情"。二十四年来，两地在经济、文化方面广泛交流。打开项目登记表，涉及社会发展方方面面的项目名录一页页地摆放在面前，它们散布在金平县的村村落落，饱含着长宁对金平的无限关怀和希望。长宁区领导干部、驻红河州援滇干部、各行业部门专业技术人员及社会各界爱心人士不顾长途跋涉的劳顿，念着金平的名字从千里之外寻来，踏遍金平的山川、河流，只为帮助这一方百姓实现脱贫致富的梦想。

马鞍底乡在金平县城东部，东、南、西三面与越南老街省坝洒县迤底乡和莱州省封土县瑶山乡接壤，北部跟勐桥乡相邻，国境线长达到 156 公里。边境线上的地西北村委会石头寨村位于与越南比邻的边境山区，有农户 37 户 144人。2012 年以前，村民们的住房都是土墙瓦顶房，主要是依靠种植水稻和玉米等传统农业来维持生计。交通闭塞、信息不畅、发展相对滞后、村落选址存在安全隐患等都是石头寨村的真实写照。

2012 年，沪滇帮扶资金 150 万元投入到石头寨村，实施整村推进项目。之后我们又将其他资源整合到项目中来。如今的石头寨，安居房规划得很合理，卫生路、排水沟、道路绿化、活动室和公厕等设施配套也很齐全。同时，村子里建立健全了卫生保洁制度，从根本上改变了农村的"脏、乱、差"的现象，村庄整体很干净，看着舒服多了。基础设施改善了，我们就开始在产业扶持上加大了力度。目前，石头寨村种植古树茶 500 亩，发展山地鸡和本地小耳朵猪养殖，村民经济收入都有了大幅度的提高。石头寨村也成为马鞍底乡实施整村推进项目的典型案例，为边境地区实施精准扶贫积累了宝贵的经验和做法。以前的村民看到有陌生人到村子里，都转身把门关上，不愿意接触。如今去到村子里，村民们都会热情地搬出小凳子，跟客人们唠唠嗑："来来来，家里坐坐，如今家家住大平房，原来住的大山上都种满了古树茶，现在住的村子里房前屋后种起了香蕉，日子是一天比一天好了。"有了安全稳固的住房，吃穿不愁了，村里还组建了古树茶专业合作社。村里的茶在长宁区干部群众的帮助下摆到了上海超市的货架上。可谓是"一片叶子，富了一方百姓"。如今茶产业成为全村乃至全县不断壮大"古树茶"产业的强大动力。

一条道路，盘活老集寨乡

2019 年，上海市长宁区实施产业发展、农村建设和社会事业三大类 14 个子项目，投入帮扶资金 4000 万元，有力地推动了老集寨乡尽早脱贫。在项目设计上，按照"缺什么、补什么"的原则和"两不愁三保障"的指标要求，我们广泛地征集了项目区农户们的各种需求，并且比对了全县脱贫攻坚项目库的项目，按照轻重缓急的顺序，挑选出了老集寨乡最急需的项目。之前，全乡通往 4 个村委会的通村道路是真正的"水泥"路，晴天一身灰，雨天泥泞不堪，跟车能见度不超过 5 米，村民们种的茶叶、养的猪鸡都不能拿到集市上卖，当地的村民可以说是怨声载道。项目实施后，我们灌通了乡政府驻地到村委会的入村道路，架通了饮水管道，新建了"阿鲁广场"，建盖活动室、垃圾池、卫生厕所一系列农村基础设施等让群众看得见、得实惠的惠民工程。当地老百姓从此也告别了"晴通雨阻的水泥路"，走上了幸福的"康庄大道"。他们亲切地称这条路为"长宁路"。"长宁路"更像是个地标，承载着来往奋斗者的足迹和群众脱贫致富的信心。

要脱贫也要致富，产业扶贫至关重要。如今的老集寨乡，产业扶贫项目可以说是遍地开花。茶叶加工和茶技改造、土鸡养殖项目、村集体烤房建设等一批批产业发展项目先后落地，优先安排贫困户到这些岗位上就业。村里原来有

◀ 杨菊（右一）入户调查项目需求情况

五十多年种植绿茶的历史，村民们几乎家家都种了茶，但传统的手工炒制很难达到现在的行业标准，也没有统一的标识，没有市场，慢慢地大家也就都不去采茶了。项目设计初期，村民们都提出他们守着茶山却没有收入，于是申报项目时就计划在村内建一个标准化的茶叶加工厂，进行技术改造。项目建成后，他们引进当地的茶商到村里收购茶叶，加工后进行包装销售。如今，村民们的积极性有了，到了采茶季节都到自家茶园里采茶，收入也就有了很大的提高。可以说，一棵茶树，展现了两地的互助真情，也体现出了万众一心打赢脱贫攻坚战的坚定决心。

凝聚合力，加快推动后续扶持。团结新村是老集寨乡最大的易地扶贫搬迁点，项目建成后有 173 户 869 人搬迁到新的地方生活。上海市长宁区在团结新村的教育和医疗方面投入资金 300 万元，援建了 1 幢内设有诊断治疗、观察、药房、公共卫生、值班室等五室的标准化卫生室和 1 所配套实施的标准幼儿园。项目建成后，当地医疗卫生和教育条件改善了，儿童也可以就近上学，降低了适龄儿童辍学率，提高了当地群众生活的获得感。团结新村村民周梅说："以前在高山的时候住的是土房，路不方便，小娃读书也不方便。现在从高山搬到矮山，小娃接送也方便，我们住的房子也好，读书看病也方便。"村里的老人普陆发说，以前从地里驮着收割的玉米，用摩托车拉到村委会堆着，再慢慢一点点往家里背，遇到下雨天骑翻摩托车是经常的事儿；如今可以直接驮到家门口，也不怕摩托车打滑了。今年打工回来的村民们背着手在村子里走了几圈，回到他家里坐着喝茶时都说，真不敢相信，才出去一年，家里发生那么大的变化，水泥路铺到了家门口，水管拉到了家里，天一黑路灯就亮了，广场也建好了，还有大妈们跳广场舞，这些我们在城里才能看到的，如今村里也有了，真不敢相信啊。

曾经的老集寨守山望山，道路泥泞，晴通雨阻，产业致富增收难。如今的老集寨乡架通了群众致富的康庄大道，产业转变发展模式，传统产业带贫机制被盘活……这一切的变化得益于上级党委、政府的倾心投入，更得益于上海市长宁区的爱心帮扶。千里帮扶结情谊，"东成西就"助脱贫。有上海市长宁区的帮扶"东风"，老集寨乡的脱贫步伐更加地坚实有力！

助力教卫，共谋群众发展

习近平总书记说："让贫困地区的孩子们接受良好教育，是扶贫开发的重要任务，也是阻断贫困代际传递的重要途径。"随着贫困人口吃不饱、穿不暖的问题得到了基本的解决，上海长宁把更多的关注点放在如何斩断贫困的代际传递，持续帮扶金平教育事业上来，累计投入帮扶资金1040万多元，实施了希望小学基础设施建设、捐资助学等项目，为孩子们建设了美丽的校园，给困难的学生带去了希望的曙光，也为边疆教育事业撑起了一片希望的蓝天。

以教育扶贫为着力点，补齐金平县的教育均衡发展短板。近年来，长宁区为金平县筹集电脑454台、图书25.1342万册，成功地帮助金平县顺利通过了国家级教育均衡发展评估。在这样的基础上，双方教育交流也在不断地加强，长宁区不断派教育方面的专家到金平县进行支教，金平县不少教师也到上海市进修和学习，这一来一往之间，师资力量不断壮大，教师的教学水平也有了明显的提高。近年来，两地开通了"长宁—金平对口帮扶共享课程云视课堂"，共享课程云视课堂的建立可以有效地解决边疆地区学校师资缺乏与不平衡的问题，实现对口帮扶学校间的优质教学资源不受时空限制、共建共享，还可以

◀ 杨菊（左一）配合上级项目督查检查

远程提供学校、社区有特色的文化、艺术、科技等丰富的学习资源，供不同学校、不同学习者选课学习。同时，还可以支持多个地方、不同学校之间的老师们远程开展教研活动。

长宁第一希望小学早在 1997 年就落户金平县了，但我们要说的是马鞍底乡中梁小学。这所小学地处中越边境，创办于 1956 年，是金平县马鞍底乡最边远的一所村级完小。在这所学校任教三十多年的张官富校长亲眼见证了中梁小学的整个发展过程。现有的教育基础设施都是经过英国华侨杨门允和摩托罗拉（中国）有限公司共同捐资兴建的，还有政府的配套资金和边境地区的转移支付项目等持续多年地投入，硬件建设才得以完成。当时，全校只是配备了 1 台老旧电脑和打印机，教育教学多数时候都是使用"手写"这一比较原始的模式，学生测验也只能采用"手抄"。教育网络没有开通，现代教学资源无法使用，还采用"教师讲、学生听"的传统模式。因为教育资源十分有限，加上中梁小学又地处边远山区，教育资源投入相对较少。学校卫生设施也很简陋，没有淋浴室，孩子们往往是在周末放学回家的路上，途经河沟洗洗澡，安全隐患很严重。得到长宁区的爱心企业、公益组织和爱心人士的帮助后，学校新建了电脑室、多媒体室、舞蹈室和改阅览室，完善了体育活动室，规划建设了学生淋浴室、洗衣房等基础设施和功能提升项目，以及"少年中国"边疆少数民族地区学生看上海项目、"青苗助学"计划等 15 个子项目。功能建设完成后，学校开设了美术、舞蹈等课程。刚开设美术课时，孩子们都不会画，也不敢画，一张大白纸只在角落画个小小的图。经过一段时间学习后，我们的美术教室贴满了孩子们画的画。开设文体美术的社团后，孩子们在比较宽松的环境里，性格明显开朗了许多，愿意主动地分享和交流他们的感受。以前这些孩子大多内向，写作文时遇到写父母的题材就会默默流泪。在电脑教室里，孩子们可以掌握电脑的实用知识，享受优质的教育资源。来自上海长宁的爱心让孩子们沐浴在爱的春风里，现在每届毕业生都会有十几个考到县里上初中，继续接受良好的教育。

近年来，长宁区在医疗卫生方面也给予了大力援助。例如，长宁区为金平县各级医疗机构累计捐助医疗设备近 300 万元，上海复旦大学附属妇产科医院捐赠金平县医疗设备价值 170 多万元，这补齐了金平县在医疗卫生事业基础设施上的短板。长宁区卫健委出资 25 万元搭建了远程医疗会诊中心，解决了医疗服务基层群众"最后一公里"的问题。患者可以即时享受到发达地区著名医院的"专家号"。上海复旦大学附属妇产科医院也先后派出 7 轮 31 名专家到县人民医院结对帮扶，同时也接纳了金平县 7 名医护人员到上海进修培训。长宁区卫健委从所属的医疗单位先后派出了 2 轮 6 名医疗专家团队到县人民医院、县妇幼保健计划生育服务中心、县疾病预防控制中心结对帮扶，同时也接纳了金平县 30 名医护人员到上海进修培训。长宁区卫健委下属街道卫生服务中心与金平县 13 个乡镇卫生院实行了"一对一"对口支援。上海长宁区针对需求，运用远程诊疗设备，广泛地开展了医学技术指导，开启了边疆医疗卫生服务的"信息时代"。这主要体现在，长宁区派驻金平的医疗队队员每周都会参与科内的教学查房，每月都会开展一次科室培训，融入疑难病例讨论、学术讲座。同时，医疗队深入到乡村开展公共卫生讲座和义诊。通过开辟边疆地区缺乏的新手术、新技术、新诊疗和临床技能，金平县人民群众"看病就医难"问题得到了极大的缓解，县域内就诊率达到 90.74%。2017 年 9 月 17 日，产妇白某某因产后大出血危及生命，在上海复旦大学附属妇产科医院援建专家主刀手术下痊愈出院。

云品入沪，放飞山区凤凰

扶贫扶长远，长远看产业。通过援滇干部向上海的宣传，东方卫视《我们在行动》节目组听说我们县里养的本土鸡，鸡脚比外来鸡种长三分之一、肉质口感好且具有药辅滋补价值后，就到县里挖掘群众放养于陡峭山坡土鸡独具特色的优势，为我们县打造了"金平诺玛飞鸡"的品牌，并推荐进入上海市场。节目组到金平县后，他们从品牌策划、包装设计、市场营销等方面来提升产品的附加值，在引导农户销售价值上做足了文章。

节目拍摄后，东方卫视向全国观众呈现和宣传了"金平诺玛飞鸡"品牌和勤劳质朴的金平人民，帮助县里组建了"龙头企业 + 专业合作社 + 农户"的经营模式，寻找当地企业金合鹿畜牧养殖有限公司。该公司优先向金平诺玛养殖专业合作社收购"飞鸡"；合作社除供应集中统一饲养的"飞鸡"外，优先向社员和农户定点收购"飞鸡"。同时，我们也稳定了建档立卡贫困户的销售量，也就是说每销售一只可以获得 15 元—20 元的净收益。在这个基础上，我们细分了市场需求的规范标准，完成了从产品到商品，从商品到"网红"商品的飞跃。"飞鸡"持续升温，首轮入围了"百县百品"工程。

上海市 5A 级社会组织——上海乐群公益服务社协助建立了"金平诺马飞鸡行业协会"。这个协会主要是规范养殖专业合作社，畅通进入上海主流商业圈、对口地区特色产品展示体验馆以及认定的扶贫专柜销售，逐步提升在上海市场的占有率和美誉度，打造消费者青睐的"明星"产品。我们注册成立了金平九美商贸有限公司，主要是组织采购农特优产品，以扶贫大礼包的形式远销到长宁。为了帮助我们"飞"进国际市场，长宁区对接了上海西郊国际农产品交易中心，整合了拼多多、大众点评、苏宁易购、易果生鲜、盒马鲜生等零售平台销售。"诺马飞鸡"上线以来，获得销售收入 860 万多元，产业分红 121 万多元，受益建档立卡贫困户达到了 2742 户。

历史见证，这场跨越山海、跨过世纪的东西部扶贫协作和对口支援工作的意义是非常重大的。在上海市长宁区对口帮扶金平县工作中，沪滇两地都是围绕"中央要求、金平所需、上海所能"的原则，把"民生为本、教育为先、产业为重、人才为要"的工作方针落实到具体工作中去。两地在多个领域扶贫协作里实现了优势上的互补，帮扶机制也在不断地深化，项目扶持成果也在逐渐地凸显出来。人才支援扶贫扶智，对口帮扶取得了显著的成效，书写了东西部扶贫协作的生动满意的答卷。沪滇扶贫协作之花在广阔的边陲大地傲然绽放，沪滇人民的友谊将万古长青。

后 记

　　2020 年是全面建成小康社会之年，根据习近平总书记关于"脱贫攻坚不仅要做得好，而且要讲得好"和中央关于党史工作"一突出，两跟进"的要求，经中共上海市委同意，市委党史研究室组织全市各区党史部门，在各级党委领导下，编写的"上海助力打赢脱贫攻坚战口述系列丛书"，经过各方的通力合作，与大家见面了。

　　《长宁的责任》是"上海助力打赢脱贫攻坚战口述系列丛书"中的一本。区委党史研究室高度重视本书的编写工作，长宁区档案局局长、区委党史研究室主任魏红主持全书的编写和修改；长宁区档案局副局长、区委党史研究室副主任王佩娟参与了全书的组织、协调；区委党史研究室编纂研究科全体人员负责全书的框架设计、推进落实以及统稿。全书由魏红主任、王佩娟副主任负责初审，区委组织部部长宋宗德终审定稿。在本书编写过程中，得到了区委办、区委组织部、区合作交流办等单位的大力支持和帮助。同时，还得到了口述者的高度重视和积极配合，他们精心准备访谈内容，每个细节、每个数据都力求翔实。讲述的对口支援的那段不平凡的岁月和经历，真实反映了长宁援建干部同当地干部、群众团结一心，致力当地发展的深厚情谊。在此，一并表示由衷的感谢！

　　由于我们编写水平有限，加之本书内容时间跨度大，选题内容难以做到均衡全面，书中疏漏和不足之处，敬请广大读者给予批评指正，提出宝贵意见！

编者

2020 年 6 月

图书在版编目(CIP)数据

长宁的责任/中共上海市长宁区委党
史研究室编. —上海:学林出版社,2020
ISBN 978 - 7 - 5486 - 1672 - 6

Ⅰ.①长… Ⅱ.①中… Ⅲ.①扶贫-经济援助-工作
概况-长宁区- 1979 - 2020 Ⅳ.①F127.513

中国版本图书馆 CIP 数据核字(2020)第 146357 号

责任编辑 张予澍 吴耀根 李晓梅
封面设计 范昊如

上海助力打赢脱贫攻坚战口述系列丛书
长宁的责任
中共上海市长宁区委党史研究室 编

出　　版　学林出版社
　　　　　　(200001 上海福建中路 193 号)
发　　行　上海人民出版社发行中心
　　　　　　(200001 上海福建中路 193 号)
印　　刷　上海商务联西印刷有限公司
开　　本　720×1000 1/16
印　　张　18.75
字　　数　29 万
版　　次　2020 年 8 月第 1 版
印　　次　2020 年 8 月第 1 次印刷
ISBN 978 - 7 - 5486 - 1672 - 6/K · 181
定　　价　96.00 元